高校会计教学创新

与人才培养研究

刘　雯◎著

中国商业出版社

图书在版编目（CIP）数据

高校会计教学创新与人才培养研究 / 刘雯著. -- 北
京 : 中国商业出版社, 2023.12
ISBN 978-7-5208-2792-8

Ⅰ.①高… Ⅱ.①刘… Ⅲ.①高等学校—会计—人才
培养—教学研究—中国 Ⅳ.①F233.2

中国国家版本馆CIP数据核字(2023)第244353号

责任编辑：陈　皓
策划编辑：常　松

中国商业出版社出版发行

（www.zgsycb.com　100053 北京广安门内报国寺1号）

总编室：010-63180647　编辑室：010-83114579

发行部：010-83120835/8286

新华书店经销

定州启航印刷有限公司印刷

*

710毫米×1000毫米　16开　17.25印张　232千字

2023年12月第1版　2023年12月第1次印刷

定价：98.00元

＊　＊　＊　＊

（如有印装质量问题可更换）

前　言

　　当前，我国经济的发展不仅追求规模的扩大，更关注质量的提升、效率的增强、公平性的增进和可持续性的保障。这种转变对会计行业以及会计人才的需求产生了深远影响。会计，作为企业经济活动的记录、核算、分析和决策工具，对推动经济的高质量发展起着重要作用。因此，市场对于会计人才的需求日益旺盛，不仅需要他们具备扎实的会计专业知识，更需要他们具有较强的适应能力和创新能力，以便在快速变化、日益复杂的经济环境中有效地发挥作用。高校是我国会计人才的主要培养基地，面对新时代的挑战，高校有责任适应这种变革，从而满足社会对会计人才的需求。因此，高校应以更开放、更国际化的视角，重新审视和调整其会计人才培养的方式与方法。这不仅是我国会计教育适应新时代的必由之路，也对推动会计专业的建设与可持续发展具有重要的现实意义。通过改革和创新，高校能够培养出大批既掌握扎实的专业知识，又具有国际视野、实践能力和创新精神的复合型会计人才，这无疑将为我国经济社会的高质量发展提供强大的人才支持。

　　本书共分为七章，各章内容概述如下：

　　第一章为概述，首先对会计教学的概念、原则和方法进行了简要介绍，其次分析了新时期高校会计教学创新的需求，最后阐述了高校会计教学创新与人才培养的理论基础。

第二章为高校会计教学模式创新，详细讨论了任务驱动型教学模式、翻转课堂教学模式、慕课教学模式和微课教学模式等多种创新模式。这些模式的引入和应用，将有助于提升学生的学习效果和培养学生的实践能力。

第三章为高校会计课程体系的创新建设，主要内容包括高校会计课程体系解读、高校会计课程体系创新建设的基本原则和策略，并进一步探讨高校会计课程评价体系的构建。

第四章为职业能力视角下的高校会计实践教学，深入探讨了会计实践教学的重要性、会计实践教学的实施，以及会计实践教学基地的建设，本章旨在为会计实践教学提供指导，促进学生的综合能力和职业素养的提高。

第五章为高校会计人才培养的整体策略，主要内容包括明确会计人才培养目标、制订会计人才培养方案、强化会计师资队伍建设和完善会计人才培养保障体系。这些策略将有助于推动高校会计人才培养工作的全面提升。

第六章为高校会计人才培养的评价体系构建，在阐述高校会计人才培养评价体系认知的基础上，详细分析了高校会计人才培养评价体系构建的原则与步骤，探讨了高校会计人才培养评价体系建设的内容和完善策略，以确保高校会计人才培养工作的质量和效果。

第七章为基于校企合作的高校会计人才培养，重点研究了校企合作在会计人才培养中的应用。本章在分析校企合作知识的基础上，分析了会计专业推行校企合作的重要性以及影响因素，并提出了校企合作模式下会计人才培养的策略，以促进高校会计人才培养与实际职业需求的对接。

在整个研究过程中，本书汲取了丰富的理论知识和实践经验，力求为高校会计教学与人才培养工作提供有益的参考。希望本书能够为广大会计学者、高校教师、学生以及相关从业人员提供启发与帮助，推动高校会计教学不断创新，培养更多优秀的会计人才，为社会经济发展贡献更多的力量。

由于笔者水平有限，书中难免存在不足之处，恳请广大读者批评指正。

目　录

第一章 概 述

随着社会经济的发展和技术的进步，会计教育面临着新的挑战和需求。为适应这些变化，创新教学方法并培养出符合时代要求的会计人才，已经成为一个亟待解决的问题。本章将围绕三个关键部分展开：会计教学基础、新时期高校会计教学创新的需求，以及高校会计教学创新与人才培养的理论基础。

第一节 会计教学基础

一、会计教学的概念

会计有两层意思，一是指会计工作，二是指会计工作人员。会计工作是会计从业人员根据会计相关法律法规、会计准则对本单位的经济活动进行核算和监督的过程。会计工作人员是从事会计工作的专职人员，按照职位和岗位分为会计部门负责人、主管会计、会计、出纳等；按照专业技术职务分为会计员、助理会计师、会计师、高级会计师等。

本书所说的"会计"，指的是会计学专业的系列课程。为了给社会培养合格的会计专业人才，各高校必然会为会计系、学科、专业的学生开设一系列的专业课程，如初级财务会计学、中级财务会计学、成本会计学、会计理论专题、管理会计学、非营利组织会计、财务管理学、审计学、财务分析学、电算会计学、国际会计学、资产评估学等。这些课程，有的属于传授会计理论知识的，有的属于训练会计实践技能的，它们共同为完成会计专业人才培养目标而服务。因此，这里所说的"会计"，实际上是会计学专业课程的总和与总称。尽管它包括每一门单一的会计课程，但指的并不仅仅是某一门单一的会计课程。

与之相应，"会计教学"指的便是高校会计学专业所开设的会计专业课程的教学，包括会计理论课程的教学与会计实践课程的教学。当然，高校的会计教学，既有博士生层次的会计教学，也有硕士生层次的会计教学；既有本科生层次的会计教学，又有专科生层次的会计教学。由于博士生层次和硕士生层次的会计教学带有明显的学术探索色彩与以学生自我探讨为主的特色，而且教学内容的研究领域更为精细，教学对象的人数相对有限，难以按班级授课制形式教学，教学时更关注会计理论的发展与建设，而不太关注会计实践能力的培养，即它们不属于以培养会计从业人员为主的教学体系，因此博士生与硕士生层次的会计教学没有涵盖在本书所说的"会计教学"概念范畴里。这样，本书所说的"会计教学"，专指高校本、专科层次的会计专业课程的教学。目前，我国有相当一部分中专学校和职业高中也开设了一系列会计专业课程，甚至一些课程的名称和所使用的教材也与高校的一致，但是必须说明，本书所说的"会计教学"并不包括中专学校和职业高中的会计专业课程的教学。因为无论是中专学校，还是职业高中，都属于中等专业学校，而非高校。同时，随着我国办学体制的改革，中专学校正在逐渐削减，由本、专科学校取代，因此，即使把它们纳入本书所指的"会计教学"中来，意义也不是很大。

二、会计教学的原则

（一）会计教学原则的概念

教学原则是基于教育教学目标，并根据教学规律制定的，旨在为教学工作提供基本的引导和要求。这些原则并不仅仅适用于教师的教学行为，同样适用于学生的学习过程，并且需要在整个教学过程中贯彻执行。教学原则揭示了人们对教学活动的本质特性和内在规律的理解，它们如同指导性的理论和行为规范，有助于教学工作的有效进行。因此，教学原则的正确和灵活应用对于提升教学质量和效率具有关键的保障作用。它们作为教学的导向，既包含了对教学观念、观点、认识和看法的反映，又涵盖了教学的方向、路径、方式和方法。可以看出，教学原则处于教学理论和教学实践的交叉点，是教学的引导思想，同时也对教学提出了基本要求。

会计教学原则指的则是各种形态、各个阶段、各门课程、各个环节的高校会计教学的原则。简单地说，高校会计教学的原则，既是会计教学整体的原则，又是会计教学具体操作过程的原则。它要求，一条教学原则一旦提出来，就必须具有全面、广泛的适应性。只适应整体的会计教学原则，或者只适应会计教学某些局部内容的教学原则，都是不能成立的。从这个角度来看，会计教学原则又从根本上制约着高校会计教学的理论与实践，这种制约作用贯穿高校会计教学的始终。所以，如果要给"会计教学原则"下一个定义，那么便是，会计教学原则是高校会计教学的原理与法则，也是高校会计教学的总的指导思想与基本要求。

（二）会计教学的具体原则

会计教学工作必须遵循一定的原则，一般来说，会计教学原则包括全面发展原则、直观性原则、理论与实践相结合原则、启发性原则和循序渐进原则，如图 1-1 所示。

图 1-1　会计教学的原则

1. 全面发展原则

全面发展原则是会计教学的一项重要原则，其主要目的在于确保学生在吸收专业知识的同时，也得到德行方面的培养，实现知识与品格的共同成长。在这个原则的指导下，教师不仅要教授会计的技术性知识，如准确记账、合理报表等，同时也需要引导学生理解会计的伦理道德，如公正、诚信、专业性等。教学过程不仅应关注学生的学术表现，而且要着眼于他们的全面发展，如学习技能、人际交往、批判性思考等能力的培养。在实际的教学过程中，全面发展原则可以通过案例分析、小组讨论、模拟实践等多种方式实现。例如，教师可以引导学生参与到真实或模拟的会计案例分析中，通过这些案例，学生可以理解到会计不仅涉及技术性的数字处理，更涉及伦理道德的选择。全面发展原则是关注学生的全面发展，不仅仅局限于知识技能的提升，更重要的是培养学生的综合素质，使他们能在未来的工作和生活中表现出高尚的道德风貌。在整个教学过程中，全面发展原则起着扶持和引导作用，以期达到教书育人的最终目标。

2.直观性原则

直观性原则是指在教学过程中尽可能采用形象化、实物化的方法，让学生能够直观感受到学习内容，从而加深对学习知识的理解和记忆。在会计教学中，通过直观的方式，使得抽象的会计概念和复杂的会计流程形象化，有助于学生更好地理解和把握会计知识。在教学中遵循直观性原则，教师需要具备丰富的实际经验和教学能力，既要对会计理论有深入的理解，也要熟悉会计实务操作，能够根据学生的学习特点和需要，设计生动有趣的教学内容和方式，帮助学生深化理解，提高学习效率。因此，直观性原则在会计教学中的应用，是提高教学效果，培养学生实际操作能力和创新思维的重要手段。

3.理论与实践相结合原则

会计是一门既注重理论也注重实践的学科，理论教学能使学生明确会计的基本原理，理解会计的规律，掌握会计的技能；实践教学能使学生熟悉会计业务的流程，了解会计工作的具体环境，提高解决实际问题的能力。因此，会计教学必须坚持理论与实践相结合的原则，通过将会计理论与实际案例相结合，让学生在实践中理解和应用会计理论。理论与实践相结合不仅能够使学生更好地理解和掌握会计理论，而且可以提高他们的实际操作能力和解决实际问题的能力。在教学过程中，教师需要设计一些实际案例，让学生运用所学的理论知识去解决，通过这种方式，可以让学生在实际操作中感受到会计理论的实用性和重要性，从而增强他们学习会计的兴趣和动力。此外，教师还可以组织一些实地考察或实习活动，让学生直接参与到会计实际工作中，这样不仅可以让学生了解到会计工作的实际环境，也可以提高他们的实践能力。

4. 启发性原则

启发性原则是指在教学过程中，教师通过问题引导，使学生在思考和探索中获取知识，培养其独立思考、自主学习的能力。在会计教学中，教师应以启发性原则为指导，激发学生的学习兴趣，培养其独立思考、解决问题的能力。在教授会计理论时，教师可以提出一些具有实际意义的问题，让学生运用所学的理论去解答，使他们在解决实际问题的过程中理解和掌握会计理论，从而提高他们的应用能力。在教授会计实务时，教师可以设计一些实际案例，让学生通过分析和讨论，找出问题的解决方案，从而提高他们分析和解决问题的能力。此外，教师还可以组织一些课堂讨论，让学生互相交流，共同探讨问题，这样不仅可以提高他们的思维能力，也可以提高他们的沟通能力和团队协作能力。

5. 循序渐进原则

循序渐进原则是指在教学过程中，教师应将知识内容有条理地、有系统地、从易到难地、由浅入深地进行讲解，使学生在学习过程中能够理解、接受并掌握所学内容。在会计教学中，这一原则尤其重要，因为会计是一个具有强烈逻辑性和系统性的学科。从单一的会计科目到复杂的会计体系，从基本的会计原理到高级的会计理论，这一切都需要通过循序渐进地学习才能够全面掌握。教师在教学过程中，一方面，应当重视循序渐进原则，从基础知识开始讲起，逐步过渡到复杂的理论和技能。同时，为了保证学生能够跟上教学节奏，理解和掌握所学知识，教师还需要适时地对教学内容进行回顾和巩固，以确保学生的学习效果。另一方面，教师也应该根据学生的学习情况和接受能力，灵活调整教学内容和教学进度，使学生在舒适的学习环境中，以最适合自己的速度进行学习。遵循循序渐进原则，是保证会计教学质量，提高学生学习效果的关键。只有让学生在一个合理的教学节奏中，从基础知识开始，一步一步地掌握会计理论和技能，才能真正培养出具有良好会计素养和高效会计能力的人才。

三、会计教学方法

会计教学方法是指在会计教学中，为完成教学任务，教师和学生所采用的教学手段。[①]会计教学方法包括教师教的方法和学生学的方法。教学方法受教学的目的和内容所制约。会计教学常用方法有讲授法、讨论方法、实证方法、会计电算化教学方法，如图1-2所示。每种教学方法还包括若干具体教学方法，教师在教学过程中，依据教学任务（教学总任务、每门课程及其章节的具体任务）、教学内容和教学对象进行选择。

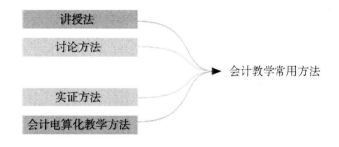

图1-2　会计教学常用方法

（一）讲授法

讲授法是一种常见的会计教学方法，以口头语言为主要表达工具，教师向学生传递知识、解析原理、阐释技术，包括讲述法、讲解法、讲读法以及讲演法等多种形式。讲授法每一种形式都以教师的口述为核心，通过教师的解说，学生获得信息并进行吸收和理解。讲授法的优势在于其适用范围广泛，能够在有限的时间内传递大量的信息，具有很强的系统性。无论是理论知识还是实践技术，都可以通过讲授法进行有效的教

---

① 于玉林.现代会计理论、实务与教育研究[M].北京：中国财政经济出版社，2000：552.

学。教师在使用讲授法进行会计教学时，需要注意以下几个方面：一是内容要系统，讲授的知识需要有清晰的体系和严谨的结构，让学生能够看到知识的全貌和逻辑联系；二是语言要标准，需要使用通俗易懂、清晰明了、简洁准确、生动活泼的语言进行讲授，以便于学生理解和记忆；三是方法要多样，教师需要根据讲授内容和学生的特点，灵活运用各种教学方法（如实例分析、问题提问等）来达到教学目标。讲授法在会计教学中发挥着重要的作用，是实现知识传递、技能培养的有效途径，但它需要教师具备丰富的专业知识和良好的表达能力，才能发挥出它应有的作用。

（二）讨论方法

讨论方法是一种重要的会计教学手段，它通过教师的引导，让学生对问题进行深入探讨和辩论。讨论方法可以分为提问讨论、自由讨论、小组讨论和集体讨论等几种类型。提问讨论是教师在课堂上向学生提出各种问题，学生根据自己的理解和思考给出答案，这样的问题可能是重要的、启发性的、复习性的或检查性的，其目的是激发学生的思考，对所学知识进行复习和检查。提出的问题需要有明确的目标和针对性，有适当的难度，并在必要时进行适当的诱导，对学生的回答进行评议和指导。自由讨论是教师提出问题后，让学生在课堂上自由讨论。这种讨论方式可以激发学生的积极性，让他们在讨论中理解和掌握新知识。小组讨论是教师将学生分成若干个小组，让他们对某个问题进行讨论，然后由各组的代表向全班汇报讨论结果，教师对讨论内容进行总结，提出自己的见解。这种方式有助于提高学生的团队合作能力和口头表达能力。集体讨论则是教师针对一些重要问题，组织全班进行讨论。集体讨论时，教师可以提前给出讨论问题，让学生在课外进行预习，或者将学生分组，每组讨论一部分内容，然后在课堂上由各组代表进行汇报。讨论方法的运用能够调动学生的积极性，提高他们的思考能力和表达能力，也有利于形成良好的教学氛围。

（三）实证方法

实证方法是一种强调实际操作和实践的教学方法，它通过使用实物、教具、图表等具体手段，让学生模拟实际情况进行操作和练习，验证和掌握基本知识与技能。实证方法包括演示法、图解法、实验法、实习法、参观法和现场教学法等多种形式。

演示法是教师根据讲授内容展示实物或进行示范操作，让学生通过观看获得感性认识，进一步理解和印证所学内容。例如，在会计教学中，教师可能会展示会计凭证或者示范如何填写和处理会计凭证，让学生对会计工作有更直观的理解。图解法是教师通过图表进行教学，这些图表可能是会计凭证、账簿、表格、流程图等，旨在帮助学生更好地理解和掌握会计知识。实验法是在教师的指导下，学生采用相应的材料、设备和资料进行操作练习，以掌握所学的知识和技能。在会计教学中，学生可能会在会计实验室中，利用真实的会计凭证、账簿和报表，对一定时期的经济业务进行会计核算，以便熟悉会计过程和掌握会计核算的基本技能。许多财经学院的会计专业会设置会计实验课，如会计核算基础实验课、财务会计实验课、电算化会计实验课等，这些课程需要相应的实验教材来配合教学。

实证方法在教学过程中，可以将理论与实际、感性认识和理性认识结合起来，以此提高教学质量。在选择和使用实证方法时，教师需要根据教学内容选择适当的实证方法进行教学，以最大限度地促进学生的学习效果。

（四）会计电算化教学方法

会计电算化教学方法是一种借助现代科学技术手段进行会计教学的方法。这些现代科学技术手段包括电子计算机、录音、录像、幻灯、电视、电影、广播、语言实验室和卫星等。其中，电子计算机、录像和幻灯的使用最为常见。

会计电算化教学方法充分利用了现代科学技术的优势，能够扩大教育面，传播新知识，增强感性认识，加深理性认识，帮助学生掌握基本技能。在具体使用会计电算化教学方法时，需要注意三个方面的结合。首先，教师需要结合教学内容和实际可行的条件，包括物质条件和人员条件，选择适当的科技手段。例如，如果教学内容涉及复杂的会计软件操作，那么电子计算机的使用就显得尤为重要。其次，教师需要把文字教材和形声教材结合起来，如在讲解理论知识时，通过录像展示实际操作过程，让学生既能看到文字说明，又能听到操作步骤，形象直观地理解和掌握知识。最后，教师需要把硬件和软件结合起来，硬件如电子计算机、投影设备等，为教学提供物质支持；软件如教学软件、录像等，为教学提供内容支持。

电算化教学方法在会计教学中的应用，为教学提供了更多可能性，能够使教学更具有活力和效率，因此应该给予足够的重视。在教学过程中，教师需要不断尝试和探索，充分利用电算化教学方法的优点，提高教学质量和效果。

第二节　新时期高校会计教学创新的需求

会计教学所处的是多层次、多方位的环境，不同教学环境之间是一种纵横交错、相互制约的关系，直接影响着会计教育的发展。在当前，以全球化、网络化、高新技术化和知识化为显著特征的新经济时代，无疑使会计教学环境具有构成复杂、变化快速等特点。当前复杂的会计教学背景要求会计教师不仅要分析和研究教学环境因素，还要具有应对教学环境变化、科学合理组织会计教学的能力，不断提升学生的环境适应能力、利用能力以及应变能力，培养出能够适应会计环境变化的合格人才。

一、会计教学环境分析

教学环境就是影响教学活动的各种外部条件。当前，我国高校会计教学要特别注意环境因素的变化和影响，如图 1-3 所示。

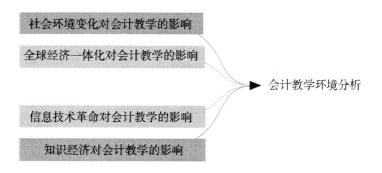

图 1-3 会计教学环境分析

（一）社会环境变化对会计教学的影响

随着市场经济体制的确立、改革开放进程的加快，金融市场的角色变得越来越重要。金融资本的影响力随着我国金融市场的不断发展而增强，银行会计、证券公司会计等金融业会计的重要性日益突出。这就要求高校会计教学必须纳入相应的金融业会计等内容，相关教学内容也需要随着经济的发展而不断充实。这一切都为会计教学带来了巨大的挑战，教师不仅要理解并掌握各种新的会计理念和方法，而且要有足够的教学技巧和经验，能够将这些理念和方法灵活地应用到教学中去，以适应快速变化的社会环境。同时，这一切也为会计教学提出了更新的教学内容，改革教学方法，提高教学效果的迫切要求。教师不仅需要对新的会计规则有深入的理解，还需要灵活地应用各种教学方法，通过实例分析、案例讨论、业务模拟等多种方式，使学生在理解会计规则的同时，能够熟练掌握其应用，提高其解决实际问题的能力。

（二）全球经济一体化对会计教学的影响

在经济全球化的背景下，会计不再仅仅是国内的财务计算工具，而是全球经济交流的语言。这就要求会计教学不仅要掌握本国的会计准则，还要了解和掌握国际会计准则。此外，还要理解和把握全球经济发展的趋势与规律，了解和掌握世界各国的经济环境和商业习惯。同时，随着跨国公司的进入和本土化经营，对于能够熟悉和适应全球经济环境的会计人才的需求也在持续增长。这就要求会计教学不仅要培养学生的会计技能，还要培养他们的国际视野和跨文化交流能力。此外，随着全球经济一体化的推进，会计领域的新问题、新情况和新挑战不断出现，这就需要会计教学能够及时地跟踪和反映这些变化，把它们融入教学内容中，提供给学生最新、最全面的信息和知识。全球经济一体化也对会计教学的方式和方法提出新的要求。例如，教学方式不仅要注重理论的讲授，还要注重实践的操作；教学方法不仅要注重知识的传授，还要注重能力的培养；教学评价不仅要注重知识的掌握，还要注重能力的提高。这就要求教师在教学过程中，不仅要有丰富的知识储备，还要有高超的教学技巧，能够灵活应用各种教学方式和方法，激发学生的学习兴趣，培养他们的实践能力和创新能力，以适应全球经济一体化对会计人才的新要求。

（三）信息技术革命对会计教学的影响

信息技术革命对会计教学的影响体现在多个方面。第一，现代信息技术的广泛应用，为会计信息系统带来了深远影响，信息技术的高效智能化特性使得会计业务能够得到高度自动化的处理，同时也使得会计信息系统在传统核算功能的基础上增加了控制功能和管理功能。这就要求会计教学不仅要教授学生传统的会计知识，也要向他们传授如何利用信息技术进行会计业务处理、会计信息报告，以及会计控制和管理的知识与技能。第二，信息技术革命使得组织结构发生了变化，传统的金字塔式组织结构正在被新的网络组织结构取代，这使得会计工作的对象和方式发生了改变，与之相适应，会计教学也需要相应的调整，要向学生传授在网络组织结构中进行会计工作的方法和技巧，包括如何进行网络环境下的会计信息处理、如何进行网络环境下的会计控制和管理等。第三，信息技术革命对会计教学方法和手段也提出了新的要求。传统的教学方法和手段已经无法满足现代会计教学的需要，教师需要掌握和利用信息技术，例如，网络教学、远程教学、数字化教学资源等，来提高教学效果和效率。第四，信息技术革命对会计教学评价也带来了挑战。传统的会计教学评价往往注重知识的掌握和理论的理解，而现在，学生的信息技术应用能力、会计信息系统的使用能力、网络环境下的会计工作能力等也需要被考察和评价，这就要求会计教学评价系统进行相应的调整和更新。

（四）知识经济对会计教学的影响

知识经济强调有效信息的运用和知识积累，这使得会计教学不再是纯粹的知识灌输，而是要更注重学生的创新思维和应用能力培养，只有这样，学生才能在日后的工作中有效运用所学知识，解决实际问题。

在知识经济环境下，会计的生存环境也经历着较大变化。会计人员需要对实践中的自身工作方法以及工作手段进行不断更新和变革。这就明确了会计教学的前瞻性目标，即应该教授学生对未来可能出现的问题和挑战的预见以及应对的策略。会计教学内容也需要不断更新，以满足知识经济的需求。

随着知识经济的发展，无形资产投入主导的新型经济形态越来越普遍。这就要求会计教学要引导学生理解和处理无形资产，如何对无形资产投入和产出进行合理的计量与报告。同时，会计教学也必须紧跟知识经济的发展趋势，掌握新型业务种类，从而教授学生如何适应并处理这些新型业务。

知识经济的发展，使会计的生存环境也产生了巨大的变化，会计能够记录与反映经济的发展，它既是一种工具，又是一种手段，这就要求会计人员作为实际操作者和使用者，为适应会计环境的变化，要对自身工作方法及工作手段，做到在实践中不断进行变革和更新。会计教学体系对培养和教育会计人员起着重要作用，因此也要对其加以重视。

二、新时期高校会计教学的创新

（一）转变教学理念，创新教学方式

高校会计教师应直面新时期为高校会计教学带来的挑战。作为一名高校会计教师，应清醒地认识到传统的教学观念已不能适应新时期的发展需求。不管是高校还是教师均应积极吸收新的教学理念，并灵活应用到会计教学实践中，真正做到由传统教学模式中的传道授业解惑者转变为引导者。高校会计教师只有通过改变教学观念，才能满足互联网环境下高校会计教学的要求。

在教学方式上，也应不断创新。教学方式的创新不只是在于教学方法和手段的变革，更在于如何更好地引导学生自我学习，鼓励他们主动思考。借助互联网环境下的新型教学手段，如在线教育平台、互动讨论区等，可以为学生提供更加丰富的学习资源，拓宽学习途径。通过组织学生进行小组讨论、案例分析等活动，可以提高他们的团队合作能力和解决实际问题的能力。同时，将实践性教学手段引入课堂，如企业实地考察、实习实训等，可以让学生亲身体验会计实务，增强他们的实践操作能力。教学方式的创新应注重提高学生的主动学习能力、团队合作能力和实际操作能力，这也是新时期高校会计教学的重要要求。

（二）丰富会计教学内容，完善会计教学课程体系

为满足新时期的教学要求，高校应系统地设计会计课程体系，包含不同层次和专业方向的课程，如基础会计、成本会计、审计、财务管理、管理会计、税务会计等。这些课程可以从宏观和微观两个层面全面系统地阐述会计的各个方面，为学生提供全方位的知识体系。同时，随着全球经济化，国际会计准则和国际财务报告准则的影响力日益提升，因此，应将这部分内容纳入课程体系，让学生了解并掌握国际通行的会计准则。此外，信息技术在会计领域的应用也日益广泛，大数据分析、云计算、区块链等新兴技术在会计领域中的应用，为会计提供了全新的工作方式和工具，也对会计人才的要求提出了新的标准。因此，应当将这部分内容纳入课程体系，使学生能够跟上技术的发展，掌握新的技术工具，满足未来会计工作的需要。在设计课程内容时，也应当关注实际操作技能的培养，将会计软件操作、企业财务分析报告等实践性的内容纳入教学内容，使学生能够在理解会计理论的基础上，掌握实际操作的技能。

（三）构建会计实践教学体系

实践教学，包括课程设计、实习、实训、毕业论文和创新实践活动等，是以培养学生实际操作能力和实践创新能力为目标的教学环节，是会计教学的重要组成部分。会计是一门应用性很强的学科，实践能力的提升不仅能够使学生对理论知识有更深入的理解，更能够为其未来的职业生涯做好准备。

构建会计实践教学体系，首要任务就是确保教学内容的实际性。要在课程设计中考虑到实际的会计业务操作和处理流程，可以引入真实的商业案例，让学生在解决实际问题的过程中，深化理论知识的理解，并锻炼自己的实践能力。如在成本会计课程中，可以让学生模拟企业的成本计算过程，进行成本控制和成本决策。其次，强化学生的实习实训环节，让学生在实习的过程中，了解会计的实际工作流程，对会计理论知

识进行实践检验。与此同时，建立校企合作，通过与企业的紧密合作，为学生提供真实的工作环境，让他们在实习过程中，能够接触到实际的会计工作，提升实践能力。

（四）提升会计专业教师的素质水平

在高校会计教学整体环境中，会计专业教师无疑是普遍具有较高素质水平的。随着经济的飞速发展，新时代背景下，要求高校会计专业教师要直面并快速适应新的会计教学要求，在新的要求下，部分会计专业教师可能难以适应新的教学要求，这就需要高校加强对会计专业教师的培训，不仅要培养教师的互联网思维，还要培训教师的教学业务能力，使得教师能够更好地面对会计教学。互联网思维能使会计教师更好地适应线上线下融合的教学模式，改变传统的教学方式，提高教学效率。教学业务能力则要求会计教师具备扎实的会计专业知识，熟悉会计实践环境，了解会计行业动态，可以随时将最新的会计理论和实践知识融入教学中，让学生及时了解和掌握会计行业的发展趋势。同时，高校也应加强对会计专业教师的培训，通过开展教师进修、研讨会、教学竞赛等活动，提高教师的教学理论水平和教学技能。高校还应鼓励教师进行企业实践，让他们深入企业了解最新的会计业务流程，将实践经验融入教学，使得教学内容更加贴近实际，更能满足社会对会计人才的需求。

第三节　高校会计教学创新与人才培养的理论基础

高校会计教学创新与人才培养必须以对大学生的个性及个性发展的充分研究为基础，对个性的研究历来受到多学科的关注，本节从教育学、心理学、管理学等学科视角出发，对高校会计教学创新与人才培养的理论基础进行探讨。

一、素质教育理论

（一）素质教育的概念

素质教育是依据人的发展和社会发展的实际需要，以全面提高全体学生的基本素质为根本目的，以尊重学生主体性和主动精神，注重开发人的智慧潜能，形成人的健全个性为根本特征的教育。[①]

（二）素质教育的内涵

1.素质教育是面向全体学生的教育

素质教育倡导人人有受教育的权利，强调在教育中使每个人都得到发展，而不是只注重一部分人，更不是只注重少数人的发展。每个人都得到发展，不仅是民主的基本概念，而且是每一个人的基本权利。尊重和保护这种权利，并创造条件实现这种权利，是素质教育区别于应试教育的标志之一。

面向全体学生的素质教育不分等级、层次、类型，不论学生的家庭背景、身份属性或学业成绩如何，素质教育都应秉持平等对待的原则。对于学生而言，这意味着每个人都有机会获得公平、公正、公开的教育资源，享有同等的教育权益。

2.素质教育是促进学生全面发展的教育

社会主义现代化大生产需要全面发展的新人。实施素质教育，就是通过德育、智育、体育、美育、劳动技术教育等有机结合，来实现学生的德智体美劳等方面的全面发展。这就要求学校教育不仅要抓好德智体美劳等各方面，而且要使各方面教育相互渗透，协调发展，以保证学生的全面发展和健康成长。

---

① 刘恩允. 教育学基础 [M]. 北京：教育科学出版社，2016：77.

3.素质教育是以培养创新精神和实践能力为重点的教育

在这个快速发展的时代，创新精神和实践能力的重要性日益凸显，成为现代社会竞争力的核心。素质教育正是以此为出发点，助力学生自我发展。从基础的知识学习，到复杂的问题解决，都强调原创性思维的运用，让每个学生在学习过程中拓宽视野，锻炼思维，挖掘潜能。素质教育不仅重视理论的学习，更强调实践的参与，让学生在实际操作中，从理论中学习，从实践中成长，从而积累经验，提升技能。素质教育不再是单纯的课堂讲授，而是充满活力和挑战的学习体验，让每个学生都有机会发展成为具备创新精神和强大实践能力的人才，为未来的生活和工作打下坚实的基础。这是以培养创新精神和实践能力为重点的素质教育的独特魅力所在。

二、人本主义教育理论

（一）人本主义教育理论的意蕴

教育既包含了教育者的价值预设，也蕴含了教育过程中的意义和人文情怀。因此，真正的教育必须以人为本，将人作为教育的价值取向和出发点。以人为本的教育关注人的生成与发展，将教育过程视为成人的过程，注重培养学生的全面发展和幸福感。如果进一步阐述，人本主义教育理论具有以下意蕴。

1.人是教育的价值取向

教育的本质在于育人，即以人为核心。在教育过程中，人是教育的价值取向，也是教育的出发点和归宿。因此，教育必须以人为本，注重培养学生的全面发展和幸福感，让学生成为理想的人。理想的人不仅具有优秀的专业能力和知识结构，还具有高尚的道德品质和良好的人际关系，能够自主思考、独立决策、自主行动。教育以人作为自己的价值追求，意味着教育必须超越人的现状而不断追求理想的人。教育应当构想、设计、筹划理想的人，并以此为目标去实现教育的追求。同时，教育对人的筹划和理想的人格形象追求也应当是宽容的。教育应该让每个学生都能够在自己的成长过程中发现和发掘自己的潜能，实现个体的全面发展和幸福感。

2. 人是教育的出发点

人是教育的逻辑起点，这意味着教育必须从人的实际状态出发，关注他们的兴趣、需求和现实发展水平，以此为基础来进行教育策划和实施。教育的目标是培养理想的人，但理想的人是建立在实际的人基础上的。因此，教育必须关注现实社会生活中的人，并以他们为出发点。这要求教育必须重视个体差异，注重个体的全面发展，从而帮助每个学生实现自己的人生价值和幸福感。人是教育的逻辑起点还意味着教育以人为目标取向，以人为中心，时时处处关注人的需求和发展，以人的方式来把握人，以人的逻辑来理解人。教育的目的是培养自主、创造性和有责任心的人，使他们成为社会的积极分子。因此，教育必须紧密地联系社会现实，关注社会和人类的需求，以此来培养具有社会责任感和创新精神的人才。

3. 以人的方式把握学生

教育须以人的方式来把握学生，以人的逻辑来理解学生。这意味着教育必须尊重学生的价值和尊严，重视学生的独特性和完整性。以人的方式把握学生是以人为本的教育的内在意蕴。以人的方式来把握学生意味着教育必须重视学生的人性。教育不能仅仅是知识和技能的传授与训练，而应该是观照学习者灵魂的教育。教育必须关注学生的内在世界和情感体验，而不是只关注表面上的行为和结果。灌输式的教育只是把知识和技能作为工具，而忽略了学生的完整性和自主性。因此，教育应该避免灌输式的教育，而要以人的方式把握学生，尊重学生的个性和独特性，引导他们自主地发展和成长。

（二）人本主义教育理论的内容

人本主义教育理论包含的内容十分广泛，主要涵盖五大层面，如图1-4所示。

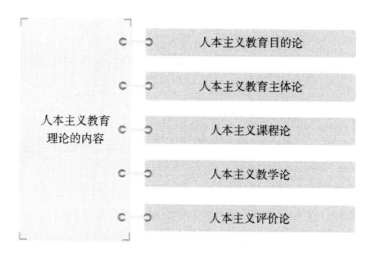

图1-4　人本主义教育理论的内容

1.人本主义教育目的论

人本主义教育目的论强调以人为本，认为教育的最终目的是培养全面发展的人。人应该具备多方面的素质和能力，包括高尚的品德、广博的知识、实践能力和创造性思维等。这些素质应该是有机融合在一起的，而不是简单地累加。因此，人本主义教育目的论注重对学生的全面培养，强调教育的综合性和系统性。人本主义教育目的论的另一个重要特点是以理想的人格为目标。这种理想的人格不仅具有高尚的道德品质和精神追求，还应该具备探索精神和自我实现的能力。人本主义教育目的论认为，教育应该为学生提供广阔的人生视野和发展空间，让他们能够认识自我、理解社会、开发潜能，实现自我价值和社会价值的统一。在实现这一目标的过程中，人本主义教育目的论提倡个性化教育和自主学习，注重发现学生的潜能和特长，尊重学生的兴趣和需求，激发他们的学习兴趣和主动性。此外，人本主义教育目的论也认为教育应该注重培养学生的社会责任感和公民意识，使他们成为有担当、有贡献、有影响的社会人才。

2.人本主义教育主体论

人本主义教育主体论强调学生是教育的主体，这是因为人本主义教育理论认为，教育是以人为中心的，教育的目的是培养全面发展的人，因此，学生作为受教育者，应该成为自己的主人。教育者应该尊重学生的个性和差异，充分发挥他们的潜能和创造力，帮助他们自我实现和自我完善。在人本主义教育中，学生的个性和需求是非常重要的。教育者应该认识到每个学生都是独特的，有不同的需求和兴趣，因此应该根据学生的个性和需求来制订教育计划和教学策略。同时，教育者应该给学生提供一个开放的环境，让他们自主地探索和创造，不仅仅是教给他们知识和技能，更重要的是教给他们如何学习、如何思考和如何创造。另外，人本主义教育主体论认为，教育应该关注学生的全面发展。学生不仅需要掌握专业知识和技能，还需要培养自尊心、自信心、自我认知和自我控制能力，帮助他们建立自己的人生目标。教育者应该给学生提供丰富多样的学习机会，让他们在学习过程中不断发现自己的兴趣和潜能，帮助他们实现个人价值的最大化。

3.人本主义课程论

人本主义课程论强调课程的设计应以学生的全面发展和个性化需求为出发点，旨在培养学生的创新思维和实践能力，使学生能够更好地适应社会的发展和变化。人本主义课程论包括以下几个方面：一是以学生为中心。课程应该以学生的需求和兴趣为中心，满足学生的发展需求，让学生主动地探索和发现知识。学生应该在学习中扮演积极的角色，自主地选择学习内容和学习方式，发挥他们的个性和创造力。二是多元化的学科内容。课程应该涵盖多元化的学科内容，包括科学、艺术、文化、体育等领域，突出学科之间的互动性和交叉性，提高学生的综合素质和跨学科能力。三是强调实践和应用。课程应该注重实践和应用，让学生能够将所学知识和技能应用于实际生活中，培养学生的实践能力和创新思维，激发学生的学习兴趣和动力。四是培养学生的思辨能力。课程应该注重培养学生的思辨能力，使学生能够理性地分析问题、判断事物，提高思维深度和广度。五是强调多样化的评价方式。课程评价应该采用多样化的方式，包括书面考试、口头表述、项目作品评价等多种形式，注重评价学生的创造性和实践能力，鼓励学生不断尝试和探索。同时，评价也应该是一个反思和改进的过程，以提高教学质量和学生的学习效果。

4.人本主义教学论

人本主义教学论是人本主义教育理论的重要组成部分，强调教学应该以学生为中心，关注学生的需求和特点，促进学生的自我发展和创新能力。人本主义教学论包括以下几方面重点内容：一是以学生为中心。人本主义教学强调以学生为中心，将学生视为主体，而非被动的接受者。教师应该关注学生的需求和特点，根据学生的不同背景和兴趣，采用不同的教学方式和手段，以激发学生的学习兴趣和积极性。二是进行启发式教学。人本主义教学主张采用启发式教学方法，引导学生探索问题、发现问题、解决问题，培养学生的创新能力和自主学习能力。启发式教学强调学生的体验和参与，建立良好的师生关系，促进学生的思考和交流。三是采用多样化的教学手段。人本主义教学认为，教学应该具有丰富多样的形式，包括讲授、讨论、实践等多种教学手段。教学应该灵活多变，以满足学生的学习需求，激发学生的学习兴趣和主动性。四是建立良好的师生关系。人本主义教学强调建立良好的师生关系，教师应该尊重学生，与学生平等相待，关注学生的个性和需求。建立良好的师生关系可以促进学生的情感发展，增强学生的自信心和自我认知能力。五是注重培养自主学习能力和合作精神。人本主义教学认为，教育应该培养学生的自主学习能力和合作精神。学生应该具备独立思考、自我学习和协作能力，以适应未来的社会和职业需求。

5. 人本主义评价论

人本主义评价论认为，评价应该以学生为主体，即评价的目标应该是帮助学生发展和成长。教育者应该注重评价的多元性，即评价的内容应该不仅仅是学习成绩，而是全面考查学生的各方面素质和能力的发展情况。因此，评价应该具有多种形式，如自我评价、教师评价、同伴评价、家长评价等，以多方位和多角度了解学生的发展情况。同时，人本主义评价论强调评价的科学性和公正性。评价应该科学、客观地反映学生的实际水平，而不是简单的比较和排名。教育者应该采用科学的评价方法和工具，如综合评价、能力评价、情境评价等，以全面了解学生的发展情况。评价应该公正，避免因种族、性别、经济背景等因素而影响评价结果，为学生提供公正、合理的评价和指导。此外，人本主义评价论强调评价的反馈性和指导性。评价应该为学生提供有益的反馈和指导，帮助学生发现自己的潜力和优势，并为其未来的学习和发展提供指导。评价不应该只是单纯地得出结果，而应该为学生的成长和发展提供帮助与支持。

三、多元智能理论

1983年，美国心理发展学家霍华德·加德纳（Howard Gardner）提出了多元智能理论。多元智能理论认为，在传统的教育过程中，学校往往只强调学生在数理逻辑和语言（包括读和写）这两方面的发展，而这并不是人类智能的全部，不同的人可以有不同的智能组合。人类的智能至少包含语言智能、逻辑数学智能、空间智能、肢体运作智能、音乐智能、人际智能、内省智能、自然探索智能八个范畴。[①] 多元智能理论的这种框架最早只是在幼儿园学前教育以及小学教育的阶段进行推广，目前在中学、大学，甚至职业培训也是适合的。

（一）多元智能理论的含义

多元智能理论认为，智能是在某种社会或文化环境的价值标准下，个体用以解决自己遇到的真正难题或生产及创造出有效产品所需要的能力。具体包括以下含义。

1.每个人的智能结构都是不同的

多元智能理论认为，每个人的智能结构是由八种相对独立的智能构成，每种智能都有其特有的运行机制和解决问题的方式，而且这些智能在每个人身上的组合是独特的，形成了各具特色的智能结构。有的人在一两个或者多个智能方面拥有极高的天赋，而在其他智能方面可能只是一般或者水平较低；也有的人所有的智能都处于中等水平，但却可以通过巧妙地组合这些智能，在处理特定问题或在特定领域表现出超常的能力。因此，多元智能理论揭示了人类智能的独特性和多样性，以及其在解决问题和创造价值时的巨大潜力。

2.在智能的发展上，环境的影响尤其是教育的影响可以发挥重要的作用

在多元智能理论看来，每个人都各具潜能，但潜能的激发和实现有赖于个体所处的环境，尤其是教育可以发挥重要的影响。在高校教育中，鼓励自由发展的学习环境、科学的课程和教学安排、和谐的师生关系、优良的校风学风等，都对个体智能的发展方向和发展程度产生积极与重要的影响。

---

① 常涛，徐晖，李冉. 高职院校专创深度融合创新实践 [M]. 北京：中国纺织出版社，2022：32.

3.多元智能理论强调应该用多维视角看待智能问题

传统的智力理论只强调语言智力和数理逻辑智力，用这样的视角去看待人的智力发展是不全面和不科学的，多元智能理论强调智能的多元化，而不认同智能仅由一两种核心能力构成，这些对于发现人的智能并培养人的各种智能都有积极意义。

（二）多元智能的范畴

1.语言智能

语言智能是多元智能理论的重要组成部分，也是人类交流、理解世界、表达思想和情感的重要工具。语言智能体现在人们使用言语进行有效沟通，理解和掌握语言的规则，以及创造性地运用语言的能力上。有高度语言智能的人常常能流利地掌握一门或者多门语言，善于运用语言进行表达、交流、讲述故事和进行说服等。这类人往往对于词语和语句的选择极其敏感，他们能精准、生动地传达思想，引导听者进入他们创造的语境。语言智能对于任何人都极其重要，无论在日常生活中，还是在工作、学习、艺术创作等各个领域，语言都是连接人和人、连接人和世界的重要桥梁。对语言的熟练掌握和深入理解，更是开启世界、理解他人、表达自我、激发创新的关键。因此，语言智能的发展和提升，对于每个人的成长和发展都具有重大意义。

2.逻辑数学智能

逻辑数学智能是多元智能理论中的另一个重要组成部分，它关乎人的推理、识别模式和处理逻辑问题的能力。高度逻辑数学智能的人能够灵活运用抽象思维，轻松解决复杂的逻辑问题和数学难题，能看出隐藏在现象背后的规律和模式。他们善于使用符号、函数和假设进行思考，能够理解和创建复杂的逻辑或数学证明。逻辑数学智能不仅在学术领域如数学、物理、计算机科学等方面发挥重要作用，也在日常生活中占据重要地位，帮助人们解决问题、理解世界运行的规律。逻辑数学智能的提升可以增强人们对世界的理解和控制力，更好地理解复杂现象，并在必要时提供有力的决策支持。对于提高问题解决能力、理解复杂系统、推动科技进步等方面，逻辑数学智能具有不可替代的重要性。

3. 空间智能

空间智能涵盖了对空间关系和方位的感知，以及形状、颜色、线条、空间和尺度等视觉元素的认知。此类智能表现在能够在心中形成和操控三维或更高维度的空间模型，理解和运用图像的语言，以及创造和解读地图、图表和图像等。拥有高度空间智能的人通常在艺术、建筑、工程、航海、飞行，以及棋类游戏等领域表现出色。他们能够理解并精确地描述空间关系，运用空间概念进行问题解决，甚至能够通过视觉和想象来理解和创造新的概念。空间智能使人们能够在复杂的环境中导航，理解和创造视觉艺术，设计和建造物体与结构，以及理解和制作地图与图形。因此，空间智能是个体理解世界、进行创造性工作和在特定职业领域取得成功的重要因素。

4. 肢体运作智能

肢体运作智能，也被称为动觉智能，是指人体的灵活运动和手眼协调能力，包括使用身体进行表达和解决问题的能力。拥有高度肢体运作智能的人通常在体育、舞蹈、手工艺、表演艺术和手术等领域表现出色，他们能够准确控制身体的动作，将复杂的思想和情感通过身体语言表达出来，或者运用身体解决复杂的问题。肢体运作智能使人能够以身体为媒介，精确地执行复杂的运动，创造独特的表达，或者进行精细的操作。此外，肢体运作智能还可以帮助人们在空间中导航，理解和创造舞蹈，设计和制作工艺品，以及进行各种需要手眼协调的活动。在一些领域中，肢体运作智能的高低直接关系到个体的表现和成功。因此，肢体运作智能在个体的成长和发展中，具有重大的意义。

5.音乐智能

音乐智能是识别音调、节拍、音色和音乐形式等音乐元素的能力，以及创造、表达和欣赏音乐的能力。拥有高度音乐智能的人能够灵敏地捕捉到音乐的细微变化，理解并运用音乐的语言，同时在创作和表演音乐上有出色的表现。音乐智能使人能够创造和理解音乐，享受音乐带来的乐趣，以及使用音乐进行情绪表达和沟通。音乐智能不仅在音乐家、作曲家、指挥家、乐器演奏家等音乐专业人士中体现，也在普通人的生活中起着重要的作用。如通过音乐欣赏和创作音乐来调节情绪，通过音乐表达内心世界，或者在日常生活中通过旋律、节奏、音高的感知来更好地理解和应对生活中的各种情境。音乐智能的存在丰富了人类的精神生活，提高了人类的生活品质，对于人类文化的发展起着重要的推动作用。

6.人际智能

人际智能是指能够有效地理解别人及其关系，以及与人交往的能力，包括四大要素：一是组织能力，包括群体动员与协调能力。二是协商能力，指仲裁与排解纷争能力。三是分析能力，指能够敏锐察知他人的情感动向与想法，易与他人建立密切关系的能力。四是人际联系，指对他人表现出关心，善解人意，适于团体合作的能力。

7.内省智能

这种智能主要是指认识到自己的能力，正确把握自己的长处和短处，把握自己的情绪、意向、动机、欲望，对自己的生活有规划，能自尊、自律，会吸收他人的长处，会从各种回馈渠道中了解自己的优劣，常静思以规划自己的人生目标，爱独处，以深入自我的方式来思考。喜欢独立工作，有自我选择的空间。这种智能在优秀的政治家、哲学家、心理学家、教师等人员那里都有出色的表现。内省智能可以划分为两个层次：事件层次和价值层次。事件层次的内省指向对于事件成败的总结。价值层次的内省将事件的成败和价值观联系起来自审。

8.自然探索智能

自然探索智能是对自然界的理解和应用，尤其是对生物、地理、天文等领域的敏锐观察和深入了解。拥有高度自然探索智能的人能够敏锐地洞察自然界的变化，理解和记忆生物、地理、气候等各种自然现象和规律，以及对自然环境的热爱和保护。他们可以在研究自然现象时，用直观和理论相结合的方式，发现新的知识，解决问题。自然探索智能不仅有助于人类理解和探索自然世界，也有助于人们发展出尊重自然、爱护环境的价值观，对于环境保护、生态保护等领域有着极为重要的作用。人们可以通过培养自然探索智能，以更加全面和深入的角度理解和应对与自然环境相关的问题，从而推动人类社会和自然环境的和谐共存。

四、协同理论

（一）协同理论概述

协同理论是系统科学的重要分支理论，由德国物理学家赫尔曼·哈肯（Hermann Haken）于 1971 年提出，并于 1976 年对于协同理论进行了系统的阐述。

协同理论通过建立完整的数学模型和处理方案，在微观到宏观的过渡上，对各种系统和现象中从无序到有序转变的共同规律进行描述。协同理论着重探讨各种系统从无序变为有序时的相似性。协同理论的创始人哈肯说过，他把这个学科称为"协同学"，一方面是由于人们所研究的对象是许多子系统的联合作用，以产生宏观尺度上结构和功能；另一方面，它又是由许多不同的学科进行合作，来发现自组织系统的一般原理。

（二）协同理论的作用

作为协同理论研究对象的系统是一个相对抽象的概念，在许多学科中都有体现，因此，协同理论具有广泛的适用性。协同理论在高校会计人才培养中的应用主要体现在校企合作育人系统中。

在会计人才培养中，校企合作是重要的人才培养方式，校企合作指的不仅仅是学校与企业之间在个别领域的简单合作，而是双方建立一种相对稳定的合作关系，学校与企业共同为学生创造良好的实践技能学习与训练环境，通过校企合作办学、构建校企共同体、建设校企人才教育培训基地等方式，提升校企合作育人的水平，为学生创造充足的实践机会，帮助学生将理论应用于实践，再通过实践深化对理论的认识。

校企合作需要学校与企业之间深入融合，且这种合作贯穿高校会计人才培养的整个过程，可以说，在校企合作中，学校与企业之间构成了一个相对完整的人才培养系统，在这个系统中，学校与企业充分发挥自身的资源优势，以保证学生能够在系统学习会计理论知识的同时，获得足够的实践训练机会。而这个校企合作育人系统的合理运作，就需要以协同理论为指导。协同理论对校企合作育人的指导作用主要体现在以下几点。

1. 利益协同

利益协同是校企合作系统中各主体需要首先处理的问题。学校与企业之间的利益有所不同，企业以追逐经济效益为价值取向，这是由其本质导致的，因此，企业在现实发展中更加强调经济利益与现实价值，学校则更加看重长远利益和社会利益，因为学校承担着为国家培养人才的重任，经济利益并不是其主要追逐目标，所以在管理过程中，学校会舍弃一部分经济利益，以换取更大的社会利益和综合效益。因此，若想实现学校与企业之间在人才培养领域的充分融合，就必须寻找双方的利益契合点，实现利益协同，只有以共同的利益为基础，才能使校企双方深入开展合作。

2. 战略协同

协同理论对于校企合作育人系统发展战略的制定具有重要的指导作用，战略代表着系统中各个子系统的发展方向，只有当各个子系统的发展方向相对统一时，系统才能不断获得发展。在会计人才培养中，战略协同程度的高低与政府、学校、企业之间的利益取舍有着很大的关系。例如，政府考虑的主要是促进社会整体发展，学校考虑的主要是人才培养与办学能力的提升，企业主要追求的是提升经济效益与市场竞争力。不同的利益出发点影响着各主体发展战略的制定，因此，必须强调利益协同的重要性。利益协同是校企合作的基础，而校企合作的全面展开则需要政府、学校和企业之间充分协调，共同制定校企合作育人系统的总体发展战略，各主体的具体发展战略需要以总体发展战略为出发点，不能背离总体发展战略的基本路线。

3. 资源协同

资源协同就是将系统中各子系统的资源进行整合并加以充分利用的过程，这是系统发挥协同效应的关键之所在。

在校企协同育人中，资源协同指的是学校与企业充分发挥自身的教育资源优势，为学生提供良好的理论学习和实践训练环境，深入推进产教融合，帮助学生更好地进行工学结合，实现综合素质的提升。学校拥有的资源主要包括教学资料、教师资源、教育管理资源、教育信息资源以及各种教育基础设施资源，等等。这些教育资源是学生进行系统的专业知识学习所必需的资源，可以帮助学生夯实专业基础。企业拥有的资源主要包括资深从业人员、实习场所、资金，等等。学校与企业之间的资源具有很强的互补性，会计是一门实践性较强的专业，因此会计人才培养既需要保证学生具备扎实的专业理论知识基础，还需要学生具备较强的实践能力，这就需要学校与企业发挥自身的资源优势，联合进行人才培养。

4. 文化协同

在校企合作育人系统中，不同主体之间的文化存在一定的差异，这就要求各主体之间通过互动、对接、协调、整合后形成一种和谐文化体系，文化的和谐是系统持续发展的重要保障。

企业文化指的是企业在长期的生产经营活动中形成的，受到企业成员普遍认可的价值观念、思维模式和行为规范。校园文化是在长期的教学实践中形成的，受到学校师生普遍认可的价值观念、思想意识、教学理念以及校风学风等文化因素影响。校企文化协同需要学校与企业以育人为核心，充分汲取对方文化中的有利因素，整合形成科学、合理的校企合作育人文化。

五、胜任素质理论

目前我国高校会计专业学生能力素质有待提高，会计人才培养存在不同层面的问题。解决这些问题需要遵循由浅入深，由微观向宏观的原则，首先从人才能力素质角度出发，明确企业需要怎样的人才，满足企业岗位需求的人才应具备哪些能力素质。其次以培养和提升胜任素质为目标完善人才培养策略。而胜任素质模型作为企业人力资源管理的重要工具，能够比较完整地描述岗位人员胜任素质需求，是企业员工管理、高校教学改革与人才培养相关研究中一个重要的指导工具。

（一）胜任素质的概念

胜任素质理论源于企业和组织领域，被广泛应用于员工的选拔、评价、培训和发展等方面。其基本概念是，每个岗位所需的表现和实际工作结果，都与从事该工作的人所具有的一些特质和能力有关，这些特质和能力被称为"胜任素质"。胜任素质理论强调，通过研究和分析某一工作岗位成功者的特点，可以提炼出对该岗位胜任的关键素质，从而为选拔、培训和发展提供科学的参考依据。

（二）胜任素质模型

胜任素质模型，又称素质模型，其创始人是美国心理学家、哈佛大学教授麦克利兰（McClelland）博士。胜任素质模型从概念上讲是指个体为完成某项工作、达成某一绩效目标所应具备的知识技能、内在动机、自我形象与社会角色特征等要素的组合。在各类研究中比较常见的两种胜任素质模型分别是冰山模型和洋葱模型。

1.冰山模型

胜任素质的冰山模型由麦克利兰提出，进一步由莱尔·M.斯潘塞（Lyle M.Spencer）和塞尼·M.斯潘塞（Signe M.Spencer）博士加以发展的理论。冰山模型从本质上将个体素质分为内隐和外显两类，这如同大洋中的冰山，人们常常只能看到冰山露出水面的部分，然而水面下隐藏的部分，其实比水面上的部分要大得多，是冰山真正的主体，却因不易察觉而常被忽视。冰山模型如图1-5所示。

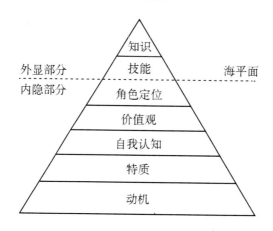

图1-5　冰山模型

在冰山模型中，露出水面的冰山部分代表个体的知识和技能，属于任职者的基本素质要求，这一部分相对明显，可以通过测量、培养和提高的方式进行优化。然而，水面下的冰山，包含了角色定位、价值观、自我认知、特质、动机等深层次因素，这些都是优秀任职者与普通任职者的重要区别，对于工作表现的影响至关重要。虽然这些深层次的素质不易被测量和培养，但却是决定个体是否能成功胜任职位的关键。

在理解和运用冰山模型时，必须认识到，只注重表面的知识和技能是不够的，真正决定一个人是否能成功胜任一个职位的，往往是水面下的那些深层次的素质。因此，无论是选拔人才还是培养人才，都必须深入到冰山的水面下，全面理解和发展人的潜力。

2.洋葱模型

胜任素质的洋葱模型是由美国学者理查德·博亚特兹（Richard Boyatzis）在冰山模型的基础上进一步提出的。洋葱模型以洋葱的层次性结构为参照，将素质的各个成分按照可测量和识别的程度进行层次化划分，最内层的素质最难以测量和识别，而向外层延展，素质的可测量和识别程度逐渐增加。在洋葱模型中，越接近外层的素质成分，其在培养和评价上越容易进行；而越靠近内层的素质成分，其在评价和习得上则越具挑战性。这种模型清晰地界定了核心要素，帮助人们理解各素质成分间的关系，从而使人们更清晰地判断和识别个体素质的各个成分。洋葱模型如图 1-6 所示。

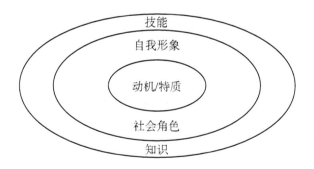

图 1-6 洋葱模型

洋葱模型与冰山模型在强调知识、技能之外的其他素质的重要性上具有共识，它们都试图以不同的方式表述个体素质的多元性和层次性。相比于冰山模型，洋葱模型在呈现各素质成分的关系时更具层次性和清晰性，使人们更好地理解和评估各个素质成分，以便于选拔、培养和提升人才。

第二章　高校会计教学模式创新

当前时代背景下，高校会计教学需要摒弃传统模式，赋予其更多的创新精神。本章将重点讨论四种当代高校会计教学模式的创新：任务驱动型教学模式、翻转课堂教学模式、慕课教学模式以及微课教学模式。这四种模式旨在通过个性化、互动性、实践性和便利性等特点，提高学生的学习效果，激发其主动学习的积极性，为他们的未来事业打下坚实基础。

第一节　任务驱动型教学模式

一、任务驱动型教学模式概述

（一）任务驱动型教学模式的概念及意义

1. 任务驱动型教学模式的概念

任务驱动型教学模式是一种基于建构主义理论的教学方法，是指以任务作为教学的导向，通过设置不同的任务，使学生独立或者通过合作的方式完成任务，最终掌握知识并获得能力的提升。有学者为了让教育工作者更为简洁地理解任务型教学模式，将该模式中的"任务"解读为"让学生在课堂上围绕学习目的，对语言进行初步理解、再处理，最终生成自我感知后进行课堂互动的作业"①。当然，任务教学型教学模式中的"任务"绝不是一般意义上的"课堂作业"那么简单，它是具有实践特色的、与生活阅历挂钩的、符合课堂教学内容的一项工作、一个难题，可以是习题，可以是案例，可以是游戏，更可以是一个场景。总之，"任务"的形式是多样的，其内容也是非常丰富的。

2. 任务驱动型教学模式的意义

任务型教学模式作为一种新的教学模式出现在高校会计课堂教学中，与传统的教学模式相比，能够为会计课堂注入新的生机，提高高校会计的教学质量。具体而言，该模式实施的意义有如下几点。

其一，有利于提高学生学习主动性，培养学生的探究能力。在课堂教学中，"任务"的布置有助于学生主动权的发挥，因为学生的学习不再是漫无目的地等着教师灌输，而是需要带着任务有目的地进行探究。在学生针对问题进行探究的过程中，无论是学生独自探究，还是通过小组的方式合作探究，都有助于提高学生的探究能力，而且通过学生的合作探究，还能够培养学生的合作能力，这对学生综合素养的提升大有助益。

其二，增强学生的团队合作精神和沟通能力。任务驱动型教学模式是一种强调团队合作的教学方法。通过将学生组织成小组，在任务中分工合作，学生们能够相互学习和互相帮助，从而培养他们的团队合作精神和社会实践能力。在这种模式下，学生们将共同面对任务的挑战，必须共同协作解决问题，这鼓励了他们相互支持和倾听他人意见的能力。通过团队合作，学生们学会在集体中发挥个人优势，共同完成任务，增强了他们的团队意识和责任感。此外，任务驱动型教学模式还促进了学生交流和沟通能力的发展，使学生学会倾听他人意见，善于与他人合作。

---

① 张青. 任务驱动法在高中语文阅读教学中的应用研究 [D]. 济南：山东师范大学，2019：3.

这些团队合作的经验将使学生在未来的社会实践中更具竞争力，更容易适应多样化的工作环境。

其三，有助于提高教师的专业素养，拉近师生距离。对于教师来说，也需要不断地提升自我，适应时代发展对教师的要求。在传统的教学模式中，教师十年如一日地讲述知识，很多教师习惯了因循守旧，教学能力虽然在逐渐提高，但有些专业性的教学素养却没有得到提升。而新的教学模式的应用迫使教师走出原来的"舒适圈"，教师需要接受和学习新的教学方法，这对于教师来说本身就是一个提升。另外，该模式的运用是围绕"任务"展开的，学生在针对"任务"进行探究的过程中难免会遇到各种各样的问题，而教师并不是布置完"任务"就可以高枕无忧了，还需要走近学生随时关注学生探究的情况，然后针对学生存在的问题予以解答。这样增加了师生互动的频率，对于拉近师生距离，促进师生关系也起到了一定的作用。

（二）任务驱动型教学模式的理论支撑

1.建构主义学习理论

建构主义学习理论源于瑞士心理学家皮亚杰（Piaget）的儿童认知发展理论，受到苏联心理学家维果茨基（Vygotsky）的社会文化历史观与"最近发展区"理论以及美国心理学家布鲁纳（Bruner）的认知结构理论等理论的深入影响与推动。这一理论揭示了学习过程并不仅仅是知识的传递，而是在特定的社会文化环境中，通过教师和学习伙伴的协助，利用相关学习材料，学习者能够构建自身的知识和理解。这一过程通常需要学习者主动参与，通过与他人的交流和合作来完成知识的构建。基于此，建构主义理论强调四个核心要素或属性，即"情境"、"协作"、"会话"和"意义建构"。这四大属性构成了有效的学习环境，有助于学习者通过主动参与和合作，构建自己的知识和理解。

在教学过程中，建构主义理论提倡以学生为中心，强化学生的主体地位，同时也充分重视教师的指导作用。在这个过程中，学生从被动接受信息和知识，转变为主动寻找、处理信息，构建自身的知识和理解。教师则从单纯的知识传递者，转变为协助和促进学生意义建构的引导者。学生在学习过程中需要主动收集和分析信息，解决问题，将新知识和自身的经验相联系，深入思考并构建自己的心理模式，掌握如何学习，具备自我控制和反思的能力，积极参与交流和合作。而教师则需要创设适合学习内容的情境，激发学生的学习兴趣和动机，提示学生建构新知识的线索和方法，组织协作学习，引导讨论和交流。

任务驱动型教学模式在教学过程中充分体现了建构主义理论的思想。通过设计具有挑战性的任务，学生需要自主收集信息，利用已有知识和技能解决问题，自我调整学习策略和方法，与他人合作和交流，反思和评价自己的学习过程与结果。教师则以引导者和协助者的角色，帮助学生在完成任务的过程中，构建新的知识和理解，实现意义的建构。这种教学模式与建构主义理论的主张相契合，有利于提高教学效果，培养学生的主动学习能力和创新思考能力。建构主义学习理论对任务驱动教学法的指导意义具体如表2-1所示。

表2-1 建构主义学习理论对任务驱动教学法的指导意义

建构主义教学设计原则	对任务驱动教学法的指导意义
将学习活动置于较大的任务或问题中	整个教学过程围绕一个或几个任务展开
为学生提供丰富的认知工具	教师要为学生准备一定的学习资料
设计真实的任务	任务的设计要符合学生的身心发展水平，贴近学生的实际学习生活
设计的任务和学习环境能够使学生在学习结束后适应复杂环境，解决问题	任务要有利于发展学生独立发现问题、解决问题的能力，注重方法的领悟

续　表

建构主义教学设计原则	对任务驱动教学法的指导意义
给予学生解决问题的自主权	学生主动承担任务，分析任务，独立选择解决问题的方法和途径
设计支持并激发学生思维的学习环境	教师要根据学生的"最近发展区"创设学习情境
鼓励学生根据可替代的观点和背景检测自己的观点	教师应多为学生创造合作交流的机会，鼓励学生发表自己的观点
提供机会，支持学生对所学内容与学习过程进行反思	学生要参与任务成果的展示和评价，从而激发自身对学习过程进行反思

2.学习动机理论

任务驱动教学在教育实践中常常被误解为一种权威的、压力重重的教学方式，这主要源于"驱动"一词的含义。然而，这种理解并不符合现代"以学生为本"的教育理念，也使得任务驱动教学法受到一些批评。要更准确地理解"任务驱动"，就需要深入分析和理解学习动机理论。

现代学习论认为，学习动机是指直接推动学生进行学习的一种内部动力，是激励和指引学生进行学习的一种需要，它在教学中集中体现为学生的成就动机。教学的根本任务就是要激发学生的成就动机，引导他们形成主动探索、自主建构的良性学习循环。因此，结合教学实践，教师认为任务驱动的本质应该是通过任务来诱发、强化和维持学生的成就动机。也就是说，成就动机才是学生开展学习和完成任务的真正动力源泉，而任务只是学生成就动机展露的外在平台。在教学过程中，教师需要创建一个自然而真实的情境，并提出一个相对完整且富有挑战性的任务。这种情境和任务能够让学生更容易对任务产生认同感，从而在任务所构建的真实情境中认识世界，形成学生与任务、学生与教师之间的和谐对话。教师的角色就是通过创建任务框架，以及对学生的积极建设性评价，进一步激发、维持和强化学生的成就动机。这样，学生将形成一种积极向上的、健康的、自我指向的学习动力。

美国认知教育心理学家奥苏贝尔（Ausubel）的成就动机理论也为教师深刻理解"任务驱动"提供了理论支持。成就动机可以从认知内驱力、自我提高内驱力和附属内驱力三个方面的内驱力加以解释。

（1）认知内驱力。奥苏贝尔的理论主张，人的学习动力来源于对认知的内驱力。这种内驱力主要表现在个体对知识、技能和理解世界的渴望。在任务驱动型教学中，这种认知内驱力可以被成功激发。教师通过设计丰富的任务，引导学生探索、思考并解决问题，满足他们的认知需求。同时，完成任务也让学生体验到知识的掌握和理解，进一步激发他们的认知内驱力。这种认知内驱力的激发并不局限于学生的学术性知识获取，它也影响学生的道德理解、艺术欣赏等多方面。因此，任务驱动型教学有助于全面提升学生的素质，增强他们的社会适应能力。

（2）自我提高内驱力。自我提高的内驱力源于个体对自我价值和能力提升的渴望。每个人都有一种不断提高自我，实现自我价值的内在驱动力。在任务驱动型教学中，学生在完成任务的过程中，不断挑战自我，提高自己的知识技能水平。此外，完成任务的过程也是自我认知的过程。学生在解决问题的过程中，了解自己的优点和不足，从而有针对性地进行改进和提高。这种自我提高的过程不仅提高了学生的学习能力，也提升了他们的自我认知和自尊心。

（3）附属内驱力。附属内驱力是指一个人为了保持长者（如家长、教师）的赞许或认可而表现出把工作做好的一种需要。例如，学生因为在完成任务过程中的卓越表现受到教师的表扬、同学的赞许，从而更加主动地学习，争取更好地完成任务。教师在日常生活和工作中，特别是课堂教学中，应该注意自身修养和形象塑造，从而成为学生心目中可以信赖和值得尊敬的教师。教师在使用任务驱动教学法的过程中要善于发现和适时表扬学生的优点，引导学生相互尊重、相互欣赏、相互学习，在和谐的学习环境中共同成长。当然，任务驱动教学法不可能彻底排除被动，学生总是存在一定的不足，总是要有一个从被动到主动的过程。但是，这不能成为教师和任务"驱动"学生的理由。教师只有在教学中真正做到提升学生的成就动机，才能使任务驱动教学法具有生命力。

3."主导—主体"教学系统设计理论

"主导—主体"教学系统设计理论是当前教育理论研究的一种新的尝试，以学生为主体，教师为主导，以实现最优化的教学效果。在这种理论下，教师与学生的关系从传统的教师主导模式转变为学生主体、教师主导的双向互动模式。在教学过程中，教师通过引导、建议和支持等方式，帮助学生形成有效的学习策略，激发学生的学习动机，提高学生的自主学习能力。同时，学生在教师的引导下，主动参与学习活动，积极探索问题，形成自我发现和自我学习的习惯。

"主导—主体"教学系统设计理论强调学生的主体性和教师的主导性，教师在教学过程中，不仅要重视传授知识，还要注重学生能力的培养，特别是学生的自主学习能力、问题解决能力和创新能力。因此，教学设计要考虑到学生的认知特点、兴趣爱好和个人需求，根据学生的实际情况，制定合适的教学策略，提供适当的学习资源，创设富有挑战性的学习环境，使学生在活动中主动探索，自我学习，形成深层次的认知和理解。此外，"主导—主体"教学系统设计理论还强调教师和学生的互动。教师与学生之间的有效沟通和交流，可以增强教学的活动性，激发学生的学习兴趣，增强学生的学习动机，从而提高学习效率。因此，教师应该主动与学生沟通，了解学生的学习需求和学习困惑，及时给予指导和帮助，支持学生的自主学习。

任务驱动型教学模式与"主导—主体"教学系统设计理论的理念高度吻合。在任务驱动型教学中，教师是学习的指导者，他们提供学习任务，引导学生探索知识，学生则是学习的主体，他们主动参与学习，通过完成任务，实现自我学习和自我发现。这样的学习模式，有助于提高学生的自主学习能力，培养他们的创新精神和团队协作能力，同时也满足了他们对知识的求知欲望，使他们在学习中体验到成功的喜悦和自我价值的实现，从而激发他们的学习热情，提高他们的学习效率。

二、任务驱动教学的设计原则

任务驱动教学模式是否能够发挥出良好的教学作用，前期的设计理念和后期的实验实践至关重要，而教学原则是判断教学设计是否遵循教育教学规律的关键。结合高校会计课程和任务驱动教学模式的特点，在教学设计过程中需要遵循的教学原则如图 2-1 所示。

图 2-1　任务驱动教学的设计原则

（一）学生主体性原则

学生主体性原则强调教育过程应以学生为主体，教师的角色是引导和辅助，而学生则是学习过程的主角和主导者。在会计教学中，这一原则强调的是学生的主动参与，提倡学生独立思考，自主学习，主动探索，以达到深入理解和掌握会计知识，形成正确的会计思维方式。通过将学生放在教学活动的中心，鼓励他们发挥主动性和创造性，学生能够更加主动地参与到学习中，对知识有更深的理解，也能够对自己的学习有更高的要求和更深的认识。学生主体原则也意味着教师要尊重学生的个性差异，因为每个人的学习风格和进程都是不同的，教师需要灵活适应和满足这些个体差异。在实际的教学活动中，教师可以通过设计一些问题让学生进行思考，或者是让学生参与到一些模拟的会计实践活动中，通过这些活动，让学生能够在实践中运用所学的知识和技能，从而提高自己的能力。因此，学生主体原则在会计教学中发挥着重要的作用，它既可以提高学生的学习效率，也有利于培养学生的独立思考能力和解决问题的能力。

（二）任务驱动分层化原则

任务驱动分层化原则指的是在任务设计中，应将任务分为多个层次，以满足不同学生的学习需求和能力。任务分层化设计主要基于对学生学习差异的尊重，认识到学生的知识背景、认知能力、学习兴趣等方面存在差异，因此，需要提供具有不同难易程度和不同类型的任务，使所有学生都能找到适合自己的学习任务。

分层化任务设计有助于实现个体化和差异化教学，每个学生可以根据自己的学习能力和兴趣选择适合自己的任务。这样，可以在保证教学内容的完整性和系统性的同时，鼓励学生在能力允许的范围内自我挑战，使他们在解决问题和完成任务的过程中感到成功，并从中得到满足和成就感。此外，分层化任务设计也有助于提高教学效率。通过分层设计任务，教师可以更好地管理和指导学生的学习，同时，也可以对学生的学习进度和学习效果进行更为精确的评估和反馈。

值得注意的是，任务驱动分层化原则并不意味着教师应该为每个学生设计一个完全不同的任务。相反，所有的任务都应该围绕核心教学目标，即使是不同层次的任务，也应该有一定的相互关联性和连贯性，以确保教学的完整性和深度。同时，教师应根据学生的学习表现和反馈，及时调整任务的难易程度，以保证学生的学习动机和学习效果。

（三）激励原则

激励原则是指在教学过程中，教师应尽可能地通过各种方式激发和保持学生的学习动机，提高学生的学习兴趣和学习投入度。根据心理学的研究，人的行为往往由其内在的需求和动机驱动，同样，学生的学习行为也是由其学习需求和学习动机驱动的。因此，提高学生的学习动机，尤其是内在动机，是提高学生学习效率的关键。

在任务驱动教学模式中，教师可以通过以下几个方面来实施激励原则。首先，教师可以通过设计具有挑战性和实际意义的任务来激发学生的学习兴趣和学习动机。这些任务应与学生的生活经验、社会环境和职业发展紧密相关，使学生能感受到学习的实际价值和意义，从而主动参与到学习中去。其次，教师可以通过实施公正、及时和具有针对性的评价来提高学生的学习动机。评价不仅是对学生学习成果的反馈，更是对学生学习过程的引导。良好的评价应该能够使学生清楚地了解自己的学习情况，从而对自己的学习进行调整和优化。最后，教师可以通过提供各种学习资源和学习支持，创设积极的学习氛围，使学生在充满关怀和支持的环境中进行学习，这样可以降低学习压力，提高学习自信，从而提高学生的学习动机。

三、任务驱动教学的过程模型和流程

（一）任务驱动教学的过程模型

任务驱动教学的核心是"以学生为中心"，模拟场景并通过任务的完成驱动教学的进行。任务的设计过程首先要把握好课程标准和课程要求，将课本上的知识进行整合，将实际教学内容设计成任务。任务类型多样，可以将任务内容设置为思维导图的绘制、教学案例的分析等形式，任务设计要尽量符合学生知识结构，教学案例要贴近当前发展，具有代表性和时代性；任务设计的难度要循序渐进，要关注到班级内的学生层次化；任务设计要建立评价标准统一，评价方法多元的评价方式。

任务驱动教学以引导学生自主学习为主，逐步上升到通过小组合作解决问题，完成任务。在对课本内容进行整合的基础上，将日常生活中的实际案例和常用工具、软件的使用等与课本知识相结合进行任务设计。学生在学习课本知识时，能够根据提供的生活案例内容进行联系，建立知识关联，在完成任务的过程中获取知识，提高能力，树立信心。

任务驱动教学的过程模型可以分为情境创设、任务实施、评价分析三个部分，以教材内容和学生知识结构为中心，任务驱动教学的过程模型如图 2-2 所示。

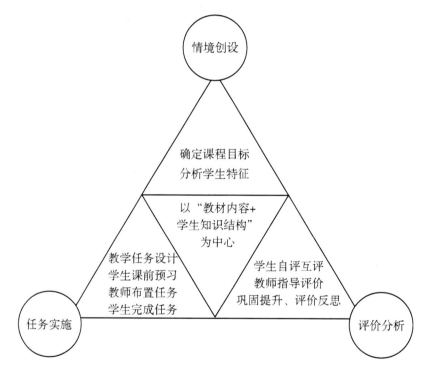

图 2-2　任务驱动教学的过程模型

（二）任务驱动教学的流程

任务驱动教学的流程主要分为课前阶段、课中阶段和课后阶段三个部分。

1.课前阶段

教学准备阶段是任务驱动教学法教学的关键。它主要包括任务的设计、教学资源的准备、学习困难的预测和预先教学等四个步骤。

教师在任务设计阶段，需要结合课程的目标和内容，设计具有实际意义和挑战性的会计任务。这些任务可以是处理会计信息、制作会计报表、分析财务数据、解决会计问题等，任务的设计需要考虑学生的学习水平、知识基础和实际需求，以确保任务的可操作性和学生的学习兴趣。除此之外，还需要收集和整理与任务相关的教学资源，如教材、参考书、网络资源、案例、软件工具等，这些资源不仅能提供任务完成所需的信息和技术支持，还能激发学生的学习兴趣，促使学生主动探索和独立学习。在学习困难的预测阶段，教师需要预测学生在完成任务过程中可能遇到的困难和问题，例如，会计概念的理解困难、会计技术的操作困难、会计问题的解决困难等，预测的目的是教师在教学过程中能及时提供帮助和指导，帮助学生克服困难，顺利完成任务。在预先教学阶段，教师可以根据学生的学习基础和任务的要求，进行必要的预先教学，如讲解会计基础知识、演示会计技术操作、解析会计案例等，预先教学的目的是让学生有足够的知识储备，以便更好地完成任务。

2.课中阶段

课中环节是在课堂上进行授课的过程，教师首先会清晰地向学生布置任务，并确保每个学生都理解任务的具体要求和完成目标。之后，学生将以个人或团队的形式开始执行任务，如收集和分析会计信息、使用会计软件进行数据录入和处理、撰写会计报告等。这个过程需要学生运用他们已经学习的会计知识和技能，同时也是他们掌握新知识、新技能的过程。

对于教师而言，教师的角色转变为引导者和协调者，他们会随时关注学生的学习情况，及时发现学生在执行任务过程中遇到的问题，为学生提供必要的帮助和指导，帮助他们解决问题，克服困难，达成任务目标。同时，教师还会鼓励和引导学生进行协作学习，如讨论会计问题、分享学习经验、合作完成团队任务等，通过协作学习，学生可以相互学习、相互启发，提高他们的学习效率和学习成果。此外，教师还会通过观察和评价学生的学习表现，以了解学生的学习进度和学习效果，从而对教学策略进行调整和优化。教师的评价应重视过程，强调学生的个体差异，鼓励学生独立思考，发展创新能力和提高问题解决能力。

3. 课后阶段

课后阶段是任务驱动教学模式的最后阶段，这个阶段主要涉及任务的总结、反馈和评价等环节。在课堂教学结束后，教师可以要求学生进行深度的自我反思和学习总结，以检验和深化他们对会计知识和技能的理解与掌握。例如，学生可以总结自己在完成任务过程中使用会计知识和技能的经验，反思自己的学习方法和学习策略，考虑自己在学习过程中遇到的问题和困难，以及如何解决这些问题和困难。同时，教师也会对学生的任务完成情况进行评价和反馈，给出对学生学习效果和学习进步的评价，并对学生在完成任务过程中的表现给予相应的反馈。这种反馈可以帮助学生了解自己的学习情况，明确自己的学习目标，调整自己的学习方法和学习策略。此外，教师还可以组织学生进行课堂分享和讨论，让学生把自己在完成任务过程中的经验和教训分享给其他同学，通过交流和讨论，学生可以从其他同学的经验中学习，从而提高自己的学习效率和学习成果。

四、任务驱动型教学模式实施的策略

（一）正确认识任务驱动型教学模式，合理安排教学内容

认知是践行的前提，这是众所周知的一个真理。作为教育工作者，在教学实践中表现出的行为，从某种层面上来说是教学认知的外在体现，所以要有效地实施任务驱动型教学模式，首先要使教师正确认识该教学模式。而提高教师对该教学模式认识的途径有两种：一种途径是教师自我学习和自我提升。教师自我学习主要涉及对教学理论、教学方法和教学技能的自主研究与实践。在理论研究上，教师可以通过阅读相关的教育教学文献，了解和掌握任务驱动教学模式的理论基础，从而提高自己对该教学模式的理论认识。在教学方法和技能上，教师可以借鉴和学习其他教师的成功经验与案例，掌握和运用有效的教学方法与技巧，提高自己的教学实效。在实践过程中，教师还可以反思和总结自己的教学行为与教学效果，从中发现问题，找到改进之处，不断提升自己的教学能力。另一种途径是对教师进行专门的培训。这种培训通常由教育行政部门、教育研究机构或高等教育机构等提供，内容主要包括任务驱动教学模式的理论讲解、实例演示、案例分析、实践操作等。在培训过程中，教师不仅能深入系统地学习任务驱动教学模式的理论知识，还可以通过观摩示范教学、参与教学设计、进行教学模拟等活动，实际操作和体验任务驱动教学模式，从而提高自己的教学能力。培训也提供了教师之间相互交流和分享的平台，使教师能从同行的经验中得到启发和提升。通过系统的培训，教师的教学认识和教学能力都能得到大幅提升。

通过上述两种途径提升教师对任务驱动型教学模式的认知之后，教师才能够合理地安排教学内容。

（二）均衡理论与任务的权重，切忌顾此失彼

任务驱动型教学模式适合会计这种实务类的课程，但这并不代表着该教学模式适用于所有内容的教学，因为会计课程中也有理论内容，而且"任务"的进一步讲解有时也需要结合理论展开，才能收到最佳的效果。传统教学模式"重理论、轻实践"顾此失彼，但如果一味"重任务，轻理论"同样也是一种顾此失彼的体现。因此，在教学过程中，教师要均衡好理论与任务的权重，使学生既能够通过对任务的探究掌握知识和提高能力，又可以在理论知识的讲解下将知识系统化，实现全面的发展与提高。

（三）正视学生个体差异，进行拓展和延伸

各个阶段的学生都存在性格、兴趣、能力等方面的差异，高等教育阶段同样如此，教师要正视学生个体之间存在的差异性，虽然在任务的布置中很难针对不同的学生制定不同的任务，但教师可以让学生在完成任务的基础上自主进行拓展和延伸，以此充分体现学生的个性差异。当然，教师在策划任务驱动教学时，就需要做出充分的考虑，教案中不仅要包括专业知识，还需要包括在专业知识的基础上对任务进行拓展和延伸的一些内容，因为很多学生对于如何延伸和拓展或许没有思路，这时就需要教师的引导，激发学生的逻辑思维，引导他们朝着属于自己思维的方向去思考、去延伸、去拓展。在学生进行拓展和延伸的思考之后，教师还应该让学生大胆发表自己的所思所想，然后教师予以点评，点评的过程中要以鼓励为主，因为拓展性的内容无所谓对错，其目的就是发散学生的思维，发展学生的个性，如果教师过于纠结对错，只是站在自己的立场简单地给出一个对或错，这样只会打消学生的积极性，影响任务的延伸效果。

（四）客观评价学生学习效果，提高评价科学性

任务驱动型教学模式的最后一个环节是评价，对学生学习效果进行

评价。在传统教学模式中，教学始终以教师为主体，包括教学评价也是以教师评价为主。而在任务驱动型教学模式中，针对学生学习效果的评价不再局限于教师一人，而是采取"三主体"的评价模式，即教师评价、学生自评和同学互评。"三主体"的评价模式尊重学生的主体地位，引入了更多的评价主体——学生，能够使评价更加客观和科学。虽然从专业性上来说，学生评价的专业度较低，但学生评价能够为教师提供更多了解学生的视角，这是教师一个人所不能实现的。而且随着"三主体"评价模式的实施，学生的评价能力也会得到逐步的提升，其评价的专业度也会一点点提高，进而使评价更具科学性。

第二节 翻转课堂教学模式

一、翻转课堂教学模式概述

（一）翻转课堂教学模式的概念及意义

1. 翻转课堂教学模式的概念

翻转课堂这一概念源自教育界对传统课堂教学方式的反思和改革。在传统的教学模式中，教师在课堂上讲授理论知识，学生在课堂外进行练习和作业。而翻转课堂的教学模式，则将这一过程进行了"翻转"，即在课堂外通过网络等方式学习理论知识，而在课堂上进行互动、讨论、解决问题等活动，使课堂成为学生互动学习、深入理解和应用知识的场所。

翻转课堂的核心理念是以学生为中心，强调学生的主体性和积极性，倡导自主学习、协作学习和深度学习。在这一模式中，学生不再是被动地接受知识的对象，而是主动参与学习的主体，他们通过课前预习，提前掌握理论知识，然后在课堂上与教师和同学们进行深度的讨论与探究，解决实际问题，从而深入理解和运用知识，提高学习的效率和质量。而教师的角色也从传统的讲授者转变为学生学习的引导者和辅助者，他们主要通过设计和组织学习活动，提供学习资源，引导学生进行深度学习，帮助他们解决学习中遇到的问题。

2. 翻转课堂教学模式的意义

翻转课堂教学模式的意义主要表现在以下几个方面：一是改变了课堂的教学方式，使课堂更具互动性和参与性，增强了学生的学习兴趣和学习动力。二是提升了学生的自主学习能力，使他们能够主动探究和思考，养成自主学习和终身学习的习惯。三是强调了深度学习，使学生能够深入理解和运用知识，提高了学习的效果和质量。四是提升了教师的教学能力，使他们能够更好地满足学生的学习需求，提供高质量的教学服务。五是利用了现代信息技术，拓宽了教学资源的来源，丰富了教学手段，提高了教学效率。因此，翻转课堂教学模式是教育信息化条件下的一种重要的教学改革和教学创新方式，对于提升教育教学的质量和效果、促进教育公平、培养符合社会需求的高素质人才具有重要的意义。

（二）翻转课堂教学模式的理论支撑

1. 掌握学习理论

翻转课堂教学模式的理论支持之一是 20 世纪六七十年代由本杰明·布鲁姆（Benjamin Bloom）提出的掌握学习理论。掌握学习理论主张学习应该是学生主动的、创新的过程。学生需要有自我调节和自我评价的能力，能够对自己的学习过程进行反思和修正。在这个过程中，学生的目标是理解和掌握知识，而不仅仅是记忆知识。翻转课堂的设计理念与掌握学习理论高度吻合。在翻转课堂中，学生通过在线预习，自主学习理论知识，然后在课堂上进行讨论和实践，这使得学生有更多的时间和机会理解与掌握知识。翻转课堂还强调个性化学习，这也与掌握学习理论的观点相一致。掌握学习理论认为，每个学生都是独特的，他们的学习需求和学习方式可能会有所不同。因此,教学应该根据学生的个体差异,提供适应他们需求的教学内容和方法。在翻转课堂中,学生可以根据自己的需要和速度,自主选择学习的内容和方式,这使得每个学生都能获得个性化的学习体验,有利于他们更好地理解和掌握知识。

因此,掌握学习理论为翻转课堂教学模式提供了强有力的理论支持和指导,使得教学更加注重学生的主体性,强调知识的理解和应用,提升学生的自主学习能力和创新能力。

2.混合学习理论

混合学习理论是一种重视教育者与学习者之间互动的学习理论,它将线上和线下学习相结合,让学生在老师的引导下,通过多种学习方式进行自主学习,从而提高学习效率。混合学习理论的本质在于混合使用各种学习方法和教学策略,以适应不同学习者的需求。混合学习的出现,旨在打破传统的面对面授课模式和纯粹的在线学习模式的局限,它综合了这两种模式的优点,能有效地调动学生的学习积极性,激发学生的学习兴趣,也有利于培养学生的自主学习能力。具体来说,面对面的课堂学习可以提供实时的反馈和指导,让学生有机会通过互动和讨论深化理解,而在线学习则能提供更大的学习灵活性,学生可以根据自己的节奏和需要进行学习。

翻转课堂教学模式的实践表明,混合学习理论的应用可以提高教学效率。学生在课前可以自主学习,查阅相关的知识内容资源,进行预习或复习,这样可以提高他们在课堂上的参与度。在课堂上,教师可以根据学生的学习情况,进行针对性的讲解和指导,通过讨论、实践、项目等方式,让学生将所学知识应用于实际中,这样不仅可以提高学生的理解和掌握程度,还有利于培养他们的实践能力和创新能力。

3.关联主义学习理论

关联主义学习理论提出了一种学习的独特视角,认为学习的实质是信息的重新连接，这是一种突破个人学习边界，使知识作为信息流在个体之间传播的过程。关联主义主张知识之间是依据节点而连接成网的，不同的知识信息网络会导致决策和认知理解的差异。因此，面对新的知识的不断涌现，学习者需要具备区分重要信息和非重要信息的能力。在大数据时代，如果没有这种能力，学生可能会陷入海量信息的旋涡，不能自拔。同时，学习者需要有不断更新知识的意识和思维。新的信息不断涌入可能导致原有的知识体系需要重新建构，甚至部分崩塌，需要重新梳理新旧知识。

关联主义学习理论的核心观点认为学习是一个不断联结生成的过程。学习者就像知识网络中的一个节点，多个节点的聚合构成了一个多维度、纵横交织、紧密交错的信息网。反向理解，知识网络不断向学习者反馈新鲜的信息，更新个体的知识储备和知识容量。这种双向的信息输入为个体知识的完备和整体认知体系的搭建提供了条件。在网络社会的背景下，个体信息之间就像电流在联通，不断进行重构和建立。关联主义理论提供了一个有力的视角，揭示了学习过程中关系建立的重要性，以及信息和知识在这个过程中的角色。把知识网络比喻成一张渔网，信息就像网上的节点，知识就是连接各个节点之间的线，决定着信息的流通和交换。这个理论强调了关系中的学习和分布式认知的重要性。

翻转课堂的教学模式深度借鉴了关联主义的核心观念，在这种模式下，学习活动并不再是个体的孤独行为，而转化为一种集体创造。如今的教学实践往往要求学生在独立思考的基础上，通过合作的方式进行共建认知，然后突破小组的边界，共享到班级更大的环境甚至更为广阔的在线学习网络中。作为这一过程的发动机，学习者是这个课程设计的中心。

在实际的教学过程中，每个学生都应被鼓励大胆表达自己的观点和思考，积极参与到班级的人际交流中。这是确保知识传播的重要条件。可以看到，翻转课堂要求学习活动能够包含个体、小组以及更大范围的群体的参与，范围甚至可以扩展至网络空间。

每一个学习者，都被视为一个信息节点，需要在各种渠道中寻找对自己有用的、可以丰富自身认知体系的资源。教师的角色就是引导学生学会搜索和筛选信息，以培养他们的自我学习能力。同时，教师需要为学生的学习提供一系列辅助资源，如文本材料或网络链接，帮助他们构建更为完整的知识网络。

二、翻转课堂在会计教学中的具体应用

翻转课堂是一种非常有效的教学手段，它能使学生在完成理论学习的条件下，不断提高实践技能。在会计教学的过程中，多个教学章节都可以应用翻转课堂，下面本节以"复式记账与借贷记账法"为例，深入探讨翻转课堂在会计教学中的具体应用。在会计专业的学习过程中，"复式记账与借贷记账法"是一大重点，也是一大难点。因此，本书将翻转课堂教学模式引入课前准备、课堂过程、课后反馈及评价反思三个部分，以下进行详细说明。

（一）课前准备

课前准备环节包含三项任务：第一项为教学资源的准备；第二项为任务单的设计；第三项为学习活动的设计，如图 2-3 所示。

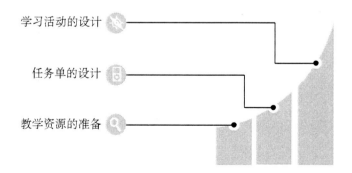

图 2-3　课前准备

1.教学资源的准备

教学资源的准备主要分为知识内容资源的准备和技术资源的准备两个方面。对于知识内容资源的准备，主要包括教材、参考书籍、在线资源等。例如，可选取一本深入浅出、实用性强的会计教材，帮助学生理解复式记账与借贷记账法的基本原理和操作方法。在此基础上，配备一些专业的参考书籍和教育网站，让学生在自我学习的过程中有足够的参考资料，可以自己解决一些基本问题。另外，为了让学生更好地理解和掌握复式记账与借贷记账法，教师可以制作一些教学视频。这些视频可以清晰地展示复式记账与借贷记账法的流程和关键步骤，帮助学生形象地理解这两种记账方法，每个视频保持在 8 ~ 10 分钟为宜。在制作视频的过程中，教师要充分参考学生自身的学习水平，逐级、逐层次地讲解内容，并按照相关会计知识章节中的内容制作视频。制作完成的视频要进行整理，生成目录，将视频字幕、动画和课本的知识融合起来，突出重难点的同时要建立知识体系。具体的视频内容包括借贷记账法的定义内涵、特点，以及借贷记账法下的账户结构，借贷记账法的具体应用。教师要控制好每一个视频中的知识含量，对知识点进行合理划分，结合理论知识、实践操作，对知识内容细化分类。教师可以借助动画形式、动态展示效果等，帮助学生理解知识。例如，学习"投资项目财务评价指标"这一模块时，教师可以借助制作曲线图的过程，直观地展示经济寿命周期。

在技术资源的准备方面，需要确保学生有足够的硬件设备（如电脑）和网络资源来接触与使用这些教学资源。对于一些在线的教学资源，例如，视频教程和在线模拟软件，需要保证学生有稳定的网络环境。如果条件允许，可以提供一些移动学习设备和移动学习软件，使得学生能随时随地进行学习。

为了保证教学资源的有效利用，教师需要时常更新和筛选教学资源，保证其内容的新颖性和实用性。同时，针对学生的学习反馈，进行适当的资源调整和优化，以满足学生不断变化的学习需求。

2.任务单的设计

任务单是指导学生进行学习的重要工具。有效的任务单设计可以帮助学生明确学习目标，清晰学习路径，提高学习效率。对于复式记账与借贷记账法这一会计知识点来说，可以设计以两个方面为关注点的任务单。

一方面专注于理解复式记账与借贷记账法的基本概念和原理。学生需要通过阅读教材和参考书籍，查阅网络资源，理解复式记账与借贷记账法的定义、特点、原则等基础知识。在这一过程中，教师可以设置一些理解性问题，检测学生对理论知识的掌握程度。另一方面专注于复式记账与借贷记账法的具体操作。学生需要通过观看教学视频，模拟操作等方式，了解复式记账与借贷记账法的应用流程和关键步骤。在这一过程中，教师可以设置一些实践性任务，如设计一些模拟记账场景，让学生通过模拟软件进行实操。任务单的设计还应着眼于培养学生的批判性思维和创新能力。学生在理解复式记账与借贷记账法的基础上，需要思考其在实际工作中的应用价值，分析其优缺点，甚至提出自己的改进意见或新的应用思路。

3.学习活动的设计

学习活动的设计是翻转课堂教学模式实施的关键步骤，它直接关系到学生的学习效果。面对复式记账与借贷记账法这一专业课题，学习活动可以设计为以下几种形式。

第一种形式是独立学习，其中包含对课本的理论学习、教学视频的观看、课前预习和资料的查阅。学生在独立学习阶段主要对复式记账与借贷记账法的基本概念、原理和操作过程进行学习，同时完成任务单上布置的学习任务。

第二种形式是小组合作学习，这是指学生以小组为单位，共同研讨、解决具体的复式记账与借贷记账法问题。教师可以设计一些贴近实际的复式记账与借贷记账法案例，让学生们共同探讨、分析，并提出解决方案。在这个过程中，学生可以相互学习，取长补短，提高学习效率，也有利于培养学生的团队协作能力和实际问题解决能力。

第三种形式是全班研讨，教师在课堂上组织学生对复式记账与借贷记账法的一些疑难问题进行全班讨论，或者邀请学生上台进行复式记账与借贷记账法操作演示，然后其他同学提问，教师指导，形成一种互动的教学模式。这种形式有助于激发学生的学习热情，培养他们的公众演讲能力和应对问题的能力。

（二）课堂过程

针对"复式记账与借贷记账法"这一学习内容，教师要合理组织和开展以下课堂教学活动。第一，让学生自行学习，总结出关于借贷记账法的定义、特点等概念型的基础知识。第二，学生参考教师给出的理论知识模板，对自己总结出的基础知识加以修正。第三，让学生以实际的经济案例为参考，画出不同账户类别的基本结构，该活动可以让学生了解到复式记账与借贷记账法在实际生活中的应用，增强他们对学习内容的兴趣，也能够帮助他们更好地理解账户类别的基本结构。第四，让学生编制会计分录，登记各类账户，进行试算平衡实验，这一环节是对学生理论知识和实践技能的综合考查，可以让他们在实际操作中检验自己对复式记账与借贷记账法的理解和掌握程度，也能培养他们的会计实务操作技能。

（三）课后反馈及评价反思

翻转课堂教学模式的评价体系要更加关注学生的多元化发展，教学评价不仅仅包括对学生学业的评价，对教师教学能力的评价，更是对学生学习态度、进步程度的评价。教师可以建立多层次的评价体系，把学生在学习的方方面面都作为评价体系的一个标准，教师给每位学生都建立成长档案袋，成绩不再是唯一的评价标准，成长档案袋里记录学生的方方面面，大到学期的整体表现，小到课堂的表现情况。同时对于学生来说，学生可以有多种评价方式，如自评、他评、师评等。

　　本书制定了一系列评价标准，将评价标准分为学生整体看法、知识掌握情况、课堂表现情况、课堂任务完成情况四部分，每部分占的权重不一样，该课程评价表旨在帮助教师更好地把握课堂，随时调整教学计划，帮助学生更好地了解自己的学习情况。具体如表 2-2 所示：

表 2-2　课程学习评价表

评价内容/权重	具体内容	分值（满分为10分）
学生整体看法（5%）	对教学模式的接受程度	
	学习动机	
	课堂氛围	
知识掌握情况（40%）	复式记账原理	
	复式记账法的概念	
	复式记账法的特点	
	复式记账法的分类	
	借贷记账法的概念	
	借贷记账法的记账符号	
	借贷记账法的账户结构	

评价内容/权重	具体内容		分值（满分为10分）
课堂表现情况（30%）	参与程度	积极回答问题，认真思考	
		动手实践，独立完成	
		和老师有互动	
	小组合作	能参与小组合作	
		发表自己的观点	
		完成小组任务	
		和同学沟通交流	
	学习成果交流	语言流畅，用词恰当	
		突出个人作品特色	
		认真聆听他人的分享	
课堂任务完成情况（25%）	能够很好地独立完成		
	独立完成有困难，需要和同学一起完成		
	不能按时完成		
总分			

　　教师除了对学生的学习进行评价，也要对自己的课堂教学进行评价，课堂教学的评价不应局限于学生的课堂表现和知识的掌握情况，而是要更加全方位地评价学生和教学，这就要求教师课堂教学评价表包含教学思想、教学过程、教学方法、教学组织、教学媒体、学生学习效果、教学素养及信息素养。具体如表2-3所示。

表 2-3 教师课堂教学评价表

评价内容/权重	具体内容	分值（满分为10分）
教学思想（5%）	遵循"以人为本"的教育理念	
	体现"混合学习"的教学思想	
教学过程（20%）	教学环节完整、紧凑，时间分配恰当	
	各个教学环节具有内在逻辑性	
	创设问题情境，合理分配教学任务	
	设计丰富的课堂教学活动，组织小组讨论，展示学习成果	
	引导学生自主探究，培养独立自主的能力．	
教学方法（25%）	教学方法与课程内容、学生实际学习水平相匹配	
	选择多种教学方法，有效教学	
教学组织（10%）	选择恰当的教学组织形式	
	面向全体学生，关注个体差异	
	对学生进行有针对性的指导	
教学媒体（5%）	选择适合教学内容、学习者学习特点的多媒体，发挥媒体优势	
	合理使用幻灯片、投影仪等	

续　表

评价内容/权重	具体内容	分值（满分为10分）
学生学习效果（20%）	学生积极参与课堂活动，有着强烈的学习兴趣	
	学生能够掌握基础知识和基本技能以及学习方法和思维	
	通过小组讨论、自主学习，提高自身沟通交流、信息整合、分析问题、解决问题的能力	
教学素养（10%）	深入挖掘教材，精准把握教学目标和教学重难点	
	板书规范整洁，教态得体	
	有随机应变的能力，能够处理突发事件	
信息素养（5%）	能够有效地将信息技术运用于课堂教学	
	具有常规电教媒体的操作与应用技能	
总分		

三、翻转课堂的实施要点和保障因素

（一）翻转课堂的实施要点

将翻转课堂引入会计教学过程中，在具体的落实环节中需要关注以下几大要点。

1. 确保学生在自主学习阶段拥有足够的自觉性

这是实施翻转课堂模式的基石。后续所有教学过程中的设计和落实环节及最终实现教学目标的可行性，都依赖于学生在自主学习阶段的表现。尤其是在翻转课堂的环境下，学生是否能够完整地观看视频，并从中获取和吸收新的知识，将直接决定课堂活动的开展质量。倘若学生无法或者不愿进行自主学习，那么预定的课堂活动无法顺利开展，教学质量和教学效果的提高便只能是一种理想化的设想。因此，在教学设计和实施过程中，必须高度重视激发和培养学生的自主学习能力与自主学习意愿，这也是翻转课堂模式实现其教学优势的关键环节。

2.确保教师提供的教学资源有一定的趣味性

尽管学生需要承担起自主学习的责任，但教师也需要做出相应的努力以吸引学生对学习的兴趣，使他们愿意投入自主学习之中。具有趣味性的教学资源不仅可以吸引学生的注意力，也能够提高他们对学习的热情。例如，将复杂的会计原理通过动画或故事的形式呈现，可以使枯燥的知识变得生动有趣，增强学生的学习动力，激发他们的好奇心和探索欲望，使他们更容易理解和记住这些知识。因此，教师在制作和选择教学资源时，必须考虑其趣味性和吸引力，使学生在自主学习时能够感到愉快和满足，从而提高他们的学习效果和学习满意度。

3.在设计课堂活动的过程中，目的性和趣味性并存

教学活动设计的核心目标在于激发学生对知识的热情，并帮助他们将知识运用到实际中去。因此，活动的设计应尽可能地以学生为中心，强调学生的参与性和实践性。设计者应深入理解学生的需求和兴趣，使活动既能够达到教学目标，又能满足学生的兴趣，从而在愉快的学习氛围中提高学习效率。例如，通过设计一些模拟实际生活中的会计问题的游戏或挑战，让学生在实践中深入理解复式记账与借贷记账法的运用，这种活动既有目的性，又富有趣味性。在活动设计中，要注意创新和差异化，避免一成不变，让学生始终保持新鲜感，从而激发他们持续学习的动力。

4.注意课堂纪律的维持

课堂教学是一种半公开的、有组织的活动，因此，维护课堂秩序、建立良好的教学氛围是非常重要的。特别是在翻转课堂模式中，学生的自主性和参与性被极大增强，如果课堂纪律不能得到有效维持，可能会影响教学效果。维持课堂纪律不仅包括让学生遵守一些基本的课堂规则，如上课不迟到、不早退、不吵闹等，更重要的是在课堂上形成一种良好的互动氛围，让学生能够积极参与到教学活动中，而不是消极地接受教学。教师可以通过明确的教学目标、合理的教学组织、有效的课堂管理等方式，来营造一个有序、活跃、高效的学习环境，从而提高教学效果。同时，教师还应该注意引导学生树立良好的学习习惯，形成自主学习的能力，使他们能够在翻转课堂模式下更好地完成学习任务。

（二）实施翻转课堂的保障因素

要保证翻转课堂教学模式的正常实施，还需要具备以下几个方面的条件。

1.学校信息技术水平的提高和网络设备的完善对于翻转课堂教学模式的正常实施至关重要

因为翻转课堂模式的实施离不开对信息技术的广泛运用。翻转课堂模式中的教学资源主要以电子资源为主，学生课前的自学，教师在课堂中的教学，以及课后的学习反馈等，都需要通过网络进行。因此，如果学校的信息技术水平不够高，或者网络设备不完善，将直接影响到翻转课堂的实施。例如，如果网络速度太慢，或者经常断线，将导致学生无法正常地观看教学视频，会对学习的积极性产生影响；教师在课堂上的教学也需要用到电子设备，如果设备出现问题，教学就会受到干扰。学校要确保信息技术和网络设备的良好运作，对于翻转课堂的实施起着决定性的作用。同时，随着科技的不断进步，新的教学工具和应用也在不断出现，如何有效地利用这些工具和应用，结合翻转课堂模式进行教学，也是学校和教师需要思考与研究的问题。

2.对会计专业教材进行优化调整是实施翻转课堂教学模式必须考虑的重要因素

会计专业教材的质量和适用性直接影响学生的学习效果。在翻转课堂模式中,教师要提前布置自学任务,教材便是学生自主学习的主要依据。因此,如果教材没有做到适应性的调整,那么学生就很难在课前完成预设的学习目标。例如,教材中的知识点可能过于烦琐复杂,难以让学生在短时间内自主掌握,或者教材中缺少实例分析,导致学生在理解复杂会计概念时无从下手。这些都会影响到翻转课堂模式的实施效果。因此,对教材进行优化调整,将其内容进行合理的精简和重组,加入更多的实例,以便于学生的自主学习,是非常必要的。这样不仅可以提高学生的学习效果,还可以提高教师的教学效率,从而更好地实施翻转课堂教学模式。

3.教师需要不断完善自己,以符合翻转课堂和信息化时代的要求

翻转课堂模式的成功实施,不仅依赖于优质的课程内容和技术设备,更在于教师的教学态度和教学能力。教师应具备卓越的课程设计技巧,能够有效组织和引导学生进行自主与协作学习,熟练地掌握和应用各类多媒体教学工具,以增强课程的趣味性和吸引力。此外,翻转课堂模式对教师的网络教学能力和教学资源开发能力提出了更高的要求。教师需要不断探索和研究,如何更好地利用网络平台进行教学,如何开发和整合适合学生自主学习的教学资源。同时,作为学习的引导者和辅导者,教师应具备敏锐的观察力和高度的敬业精神,能够发现学生的学习困难,并及时提供指导和帮助。因此,教师需要有强烈的自我提升意识和自我完善动力,以适应信息化时代教育教学的新要求。同时,教师还需要拥有开放的心态,勇于尝试新的教学方法和技术,实现教学理念和教学方法的创新,以此满足翻转课堂和信息化时代的教育教学要求。

第三节　慕课教学模式

一、慕课教学模式概述

（一）慕课的定义

慕课，即"大规模开放在线课程"（Massive Open Online Course），源自 2008 年加拿大埃德蒙顿大学的一次尝试，随后在 2012 年，由美国的哈佛大学、斯坦福大学等知名高校推广使用，此后逐渐在全球范围内流行起来。慕课是一种新型的教育模式，它克服了传统课堂教学中空间和时间的限制，使得学习可以在任何时间、任何地点进行，它摒弃了以教师为中心的传统教学模式，鼓励学生自主学习，也为教师与学生之间的交流提供了更多的可能性。慕课以网络技术为平台，将教学资源开放给全世界的学习者，每个学习者都可以根据自己的学习进度和需要自主选择学习内容，同时可以通过网络与他人交流学习经验，共享学习资源。慕课既可以作为正规教育的补充，也可以作为终身教育的资源库，是当前教育改革的重要方向之一。

（二）慕课的特征

慕课的特征如图 2-4 所示。

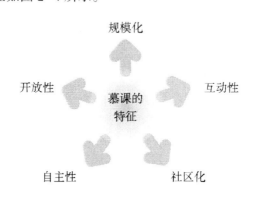

图 2-4 慕课的特征

1.开放性

开放性是慕课的核心特征之一。首先，慕课开放了教育资源的获取渠道，使得全球的学习者可以随时随地接触和获取到高质量的教育内容，不再局限于传统的教室和学校。学习者的时间和地域限制得到了显著的放宽，使得更多的人有机会接触到优质的学习资源，无论他们身处何地，无论他们身在何时。其次，慕课开放了教育参与的机会，没有严格的入学门槛，所有愿意学习的人都可以注册参与，慕课将知识的积累和传播从封闭的教室打开到了开放的网络世界。此外，开放性也表现在慕课的教学进程上，学生可以自由地选择自己的学习节奏和进度，根据自己的需求和能力制定个性化的学习路径。这种开放的学习环境鼓励学习者更为主动地参与学习，尽情享受知识的海洋，发挥他们的主观能动性，真正做到因材施教，让每一个学习者都能够在这个开放的学习环境中找到适合自己的学习方式。

2.规模化

规模化是慕课的另一大显著特性。传统的面对面教学方式受限于物理空间和时间的限制，导致一门课程的学生数量有限。而慕课则打破了这一限制，允许成千上万的学生同时在线学习同一门课程。在慕课中，教师们可以通过网络的形式，将精心设计和录制的教学内容向全世界的学生传播，实现了真正的规模化教学。这种规模化的教学方式，不仅可以提高教育资源的利用效率，还可以为更多的学习者提供优质的学习机会。同时，规模化还改变了教育的质量评估方式。在传统教学中，教学质量的评估往往取决于教师的专业水平和教学经验，而在规模化的慕课中，教学质量的评估则更多地依赖于课程设计和教学资源的质量，这为提高教育质量提供了全新的可能性。除此之外，规模化还带来了海量的学习数据，这些数据可以通过大数据技术进行挖掘和分析，以研究学生的学习行为和学习效果，为个性化教学和教学改革提供有力的数据支持。因此，规模化不仅是慕课的一大特点，也是其所能带来的教育革新的重要驱动力。

3.互动性

在慕课教学中，教师与学生、学生与学生之间的互动都得以大幅度提升，进而推动了学习的深度和广度。其一，通过在线论坛、实时聊天等工具，学生可以直接与教师交流，解答疑惑，这大大提高了教学效果，也让教师更好地了解学生的学习情况。其二，慕课提供的各类协作工具使得学生间的互动成为可能，他们可以在平台上共享学习资源、讨论学术问题，直至合作完成项目，从而培养团队合作能力，并在交流中获得新的启发和认识。其三，系统的自动化反馈机制，如在线测验和作业批改，也可以为学生提供即时反馈，帮助他们了解自己的学习进度和存在的问题。这种互动性不仅增加了学生学习的趣味性，更重要的是，它帮助构建了一个开放而丰富的学习环境，使得学习不再是孤独的过程，而是在与他人的互动中不断发展和深化的过程。

4.社区化

在传统的课堂环境中，学生之间的互动通常局限于一个有限的范围，但在慕课的环境中，全球的学生都有可能聚集在同一个课程上，他们通过网络技术在空间上无限接近，形成一个巨大的、具有共享目标的学习社区。这个社区让每一个参与者都能够享受到与全球各地的学生交流学习心得，分享经验，解决问题，合作完成任务的乐趣，更能充分调动学生的学习积极性，促进深层次学习的发生。在这个开放的社区中，学生可以自主地选择感兴趣的主题进行深入研究，也可以主动发起讨论，吸引其他学生的参与。在这个过程中，他们不仅可以从他人的观点和经验中获取新的知识和灵感，也能在与他人的互动中提高自己的沟通能力和团队合作能力。

5.自主性

自主性是慕课的核心特质之一，它赋予学习者在学习过程中的主导权，使得他们可以根据自身的学习节奏、兴趣以及已有的知识水平制订个性化的学习计划。慕课的自主性表现在学习时间、学习节奏、学习路径等多个方面。

在慕课的学习环境中，学习者可以根据自身的时间安排和学习需求来安排学习时间，这意味着他们可以在任何时间、任何地点进行学习，消除了地域和时间的限制。此外，学习者也可以根据自身的学习速度和掌握程度来调整学习节奏，重复观看难以理解的部分，或者跳过已经掌握的内容，确保了学习的效率。此外，每个学习者可以根据自身的学习需求和兴趣选择自己的学习路径，他们可以自由选择课程，深入研究感兴趣的主题，同时也可以根据自身的知识结构来选择学习的内容和顺序，形成个性化的学习路径。

自主性的学习方式充分尊重了学习者的主体性，使得学习更为高效和有趣，提升了学习者的学习动机和学习兴趣。同时，这种自主性的学习方式也有助于培养学习者的自我学习能力和创新能力，更符合现代社会对个体的多元化和个性化需求。

二、会计教学中引入慕课的必要性

（一）时代发展的需要

在 21 世纪的信息化时代，互联网已经逐渐渗透到生活的各个方面，教育领域也不例外。信息技术的快速发展已经对教育模式产生了深远的影响。随着网络技术的广泛应用，线上学习已经成为一种趋势。越来越多的学习者选择在线平台进行学习，以满足其灵活、便捷、个性化的学习需求。在这样的大环境下，传统的会计教学模式面临着巨大的挑战。一方面，信息时代的学生拥有更广阔的知识来源，他们期望的是能够随时随地进行学习，而不是受限于课堂的时间和地点；另一方面，传统的教学模式往往过于强调知识的传授，而忽视了学生的参与和实践，这往往导致学生的学习兴趣和动力不足。引入慕课的教学模式，可以很好地应对上述挑战。通过慕课，学生可以自主选择学习的时间和地点，这样既可以满足他们灵活学习的需求，也可以让他们更好地调整学习节奏，提高学习效率。同时，慕课的教学模式强调学生的参与和实践，学生可以通过完成课程的在线测验、参与论坛讨论等方式，提高自己的实践能力和交流能力，从而提高学习的深度和广度。

（二）教学改革的必然要求

面临经济全球化发展与科技进步，教学改革早已成为教育行业亟待解决的重大问题。在这一背景下，慕课的出现并迅速盛行，正是教学改革的必然要求和体现。慕课对传统的教学模式提出了挑战，同时也为教学改革提供了新的可能性。

教学改革的目标之一是适应和满足当今社会的需要。随着信息化社会的发展，人们对教育的需求已经从简单的知识获取转变为技能培养和终身学习。对于会计专业而言，教学不再局限于对专业知识的讲解，更要注重培养学生的核心技能，如批判性思考、问题解决、团队协作等。慕课作为一种新型的教学模式，强调的正是这种技能的培养，尤其是通过各种互动环节，如在线测验、论坛讨论等，鼓励学生主动参与，激发他们的学习兴趣，提高他们的问题解决能力和创新思维。教学改革的另一个目标是提高教学效率和效果。传统的教学模式通常以教师为中心，学生的学习过程往往被动引导，这在一定程度上限制了学生的学习深度和广度。而慕课的教学模式，则通过灵活的学习时间、丰富的学习资源和个性化的学习路径，极大地提高了学习的效率和效果。教学改革还旨在实现教育的公平。传统的教学模式，因为受到地域、资源等多种因素的限制，往往无法实现教育资源的公平分配。而慕课通过互联网，打破了时间和空间的束缚，使得任何人都可以在任何地方获取优质的教育资源，实现了教育的公平和开放。

（三）符合会计学自然发展的需要

引入慕课的教学模式，符合会计学自然发展的需要，这是因为会计学作为一门实践性强、更新速度快的学科，既需要定期更新教学内容，以保持与实际业务的同步性，又要鼓励学生通过实践来学习和理解会计知识。在这一背景下，慕课可以为会计学提供重要的支持。

会计的实践性要求学生能够将理论知识应用到实际中去，而慕课可以通过模拟实际业务，提供真实的案例分析，使学生在学习过程中就能对会计知识有更深入的理解和运用。同时，慕课的灵活性和自主性，使得学生可以根据自己的学习进度和理解程度，自由选择学习内容和时间，从而更好地适应会计学习的实践性。会计的更新速度快要求教学内容能够及时反映会计业务的最新变化。由于慕课的在线性，使得教材的更新变得更为简单和快捷。教师可以随时上传最新的会计规定和案例，学生也可以随时获取到最新的学习资源。这不仅保证了学生学习的实时性，也使得学生能够及时应对会计业务的变化。此外，会计学的发展也需要广泛的交流和讨论。而慕课的互动性和社区化，可以提供丰富的交流平台，鼓励学生之间的讨论和分享，也可以使教师和学生之间的交流更为频繁与深入。这不仅有助于激发学生的学习兴趣，也可以提高学生的学习效率。

三、会计教学中引入慕课的基本方法

会计教学中引入慕课的基本方法如图 2-5 所示。

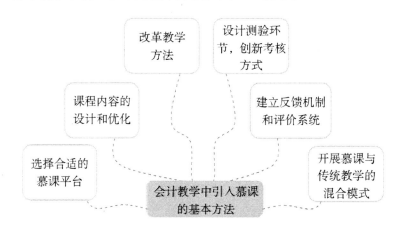

图 2-5　会计教学中引入慕课的基本方法

（一）选择合适的慕课平台

在引入慕课到会计教学的过程中，选择合适的慕课平台是基础。合适的慕课平台能够提供良好的教学环境，有利于教学资源的整合和教学活动的开展。慕课平台的选择应考虑以下几个方面。

首先，平台的稳定性是基本要求，可以确保教学活动的正常进行。如果平台频繁出现故障，会影响教学质量，对学生和教师都是一种困扰。

其次，平台的功能性也是需要考虑的因素，优质的慕课平台不仅应

提供基本的视频上传和播放功能，还应提供课程管理、在线讨论、自动评测等多种功能，以支持多元化的教学活动。

再次，在选择慕课平台时，还需要考虑平台的用户体验。优秀的慕课平台应具有友好的用户界面和良好的易用性，可以帮助教师和学生节省时间，提高学习效率。

最后，平台的开放性也是一个需要关注的点，开放的平台能够充分利用网络的优势，实现资源的共享和互动学习。

（二）课程内容的设计和优化

在会计教学中引入慕课后，课程内容的设计和优化变得至关重要。由于慕课是线上学习模式，它的特点决定了课程内容不能简单地复制传统课堂的教学方式和内容，需要重新进行设计和优化。

课程内容设计首先需要考虑课程的目标。根据不同的学习阶段和学习者的需求，设置不同的学习目标，然后以这些目标为指导，设计和优化课程内容。同时，教学内容要有明确的逻辑线索，方便学生理解和掌握。

在内容设计过程中，教师需要充分利用多媒体的优势，以图文并茂、形象生动的方式展示复杂的会计知识，提高学生的学习兴趣和效果。同时，教师还可以通过慕课平台提供的互动工具，设计一些与课程内容相关的互动环节，增强学生的学习体验和参与感。课程内容的优化则需要根据学生的反馈和学习效果进行。教师可以通过慕课平台的数据分析功能，了解学生对课程内容的接受程度，及时调整和优化课程内容。这一过程可能需要多次，教师需要有耐心和恒心，持续优化课程内容，以提高教学质量。

（三）改革教学方法

1. 案例教学法

在慕课教学中运用案例教学法，可有力地提升学生的学习兴趣和积极性，同时有助于培养学生实际操作、逻辑思考和问题解决的能力。案例教学法将学生从被动接受知识的状态转变为主动探索问题的状态，提高了学习的主动性和自觉性。以会计学为例，教师可以设计一些具有实际意义的案例，如公司的财务报表分析、税务筹划或者审计案例等。这些案例具有很强的实战性和实用性，可以帮助学生了解和理解会计理论在实际操作中的运用。设计案例时，教师需要考虑到学生的知识水平和理解能力，尽可能选择贴近学生生活和实际的案例，使得学生在解决问题的过程中既能够理解和掌握会计知识，又能提升自己的思考能力。同时，教师也需要遵守循序渐进的原则，逐步提高案例的难度和复杂性，以免学生在面对较难的案例时，产生困惑和挫败感。

2. 模块化教学

模块化教学在慕课中发挥着显著的作用。将复杂的会计教学内容划分为多个模块，既可以使学生更清晰地理解各个部分的内容，又可以有效地进行教学评估和课程优化。每个模块都可以视为一个独立的学习单元，包含了特定的学习目标和相关的学习资源。在会计教学中，可以将一门课程划分为"会计基础知识""财务报表分析""成本管理""税务筹划"等多个模块，这些模块依次展开，形成一个完整的学习流程。

通过模块化教学，学生可以根据自己的学习进度和理解程度，选择自己感兴趣的模块进行学习。教师在教学过程中，可以针对每个模块设置明确的学习目标，制订合理的学习计划，确定有效的学习策略，对学习效果进行评估，实现教学目标的有效达成。

3. 课堂模拟情境法

课堂模拟情境法是一种让学生通过模拟真实世界环境中的场景，提高他们的学习和实践能力的有效方法。教师可以通过创建虚拟的公司环境，让学生模拟完成一系列的会计任务，如资产负债表的编制、利润表的分析等。这样可以让学生在模拟的情境中，从理论到实践全面理解会计知识，而不仅仅是通过文字或者讲解的方式理解知识。

课堂模拟情境法可以将抽象的会计知识具体化，可以让学生在模拟的过程中，融会贯通会计的各种规则和制度。同时，课堂模拟情境法也能让学生在模拟实践中，培养他们的问题解决能力，从而更好地适应未来的工作环境。此外，课堂模拟情境法还能够增强学生的学习兴趣，提高学生的学习效率。因为课堂模拟情境法可以让学生有身临其境的感觉，使得学生能够更好地参与到学习中，更深入地理解会计知识。

（四）设计测验环节，创新考核方式

精心设计一些练习、测验，促进学生对知识的掌握，是慕课教学的核心教学理念之一。测验内容可以分为小单元测试和期末考试两种类型。小单元测试的目的是了解学生对章节知识和技能的掌握程度；期末考试则是要测试学生对整个课程的知识和技能的掌握程度。一般做法是在汇总所有小单元测试题目的基础上，附加一些难度高的题目。慕课课程测试时，学生用随机生成的试卷进行测试。测验允许学生尝试 3～5 次，从中取最佳成绩作为有效成绩，这在一定程度上提高了学生的学习兴趣和自信心。

现阶段，会计教学不断改革，因此考核方式、评价方法也要有一定程度的创新。需要注意的是，不仅教学方法要创新，教学内容也要创新。但是，现在仍然有部分高等院校在会计课堂上推行的主要考核方法是评估学生的出勤率，这种方法较片面、单一，无法真正评估学生的学习质量。因此，教师要引入创新式的个性化考核方案，用以评估学生的各方面情况，如任务完成进度、课程掌握情况、自学水平、学习态度、心理状况等。从事财会类工作的人员的心理承受能力在很大程度上会影响他

们的工作能力，如果无法拥有较好的心理承受能力，那么他们在数据统计、数据分析、财务做账等环节就很容易产生畏难情绪。因此，在会计教学中，教师要着重培养学生良好的心理承受能力，通过慕课为学生提供一些心理辅导资源，缓解学生的紧张情绪，帮助一些心理状态较差的学生及时调整情绪。对于在考试中发挥失常的学生，还可以多给其一次补考的机会，这样人性化的考核方式更受学生的欢迎。

（五）建立反馈机制和评价系统

反馈机制和评价系统的作用在于，可以让教师及时了解学生的学习进度、理解程度以及学习难点，从而实现对教学活动的精细化管理和个性化教学。

对于反馈机制，教师可以借助慕课平台的功能，设置一系列的学习任务、在线测验和互动讨论等方式，鼓励学生积极参与，通过学生的完成情况和参与程度，获取学生的学习情况。同时，教师也需要积极回应学生的疑问和建议，及时解答和调整教学策略，建立起良好的师生交流，提升教学效果。而对于评价系统，除了常规的考试成绩评估，还应结合慕课的特性，包含课程的完成度、在线讨论的质量和互动参与度等多维度的评价指标，这样能更全面、更真实地反映学生的学习效果。具体来说，可以设定课程的学习路径，每个学习环节都对应一定的学习成果和评价标准，这样学生可以清楚地知道自己的学习进度和需要改进的地方。

慕课平台自带的数据分析工具能够帮助教师跟踪学生的学习行为，生成可视化的学习报告，有助于教师实时掌握学生的学习情况，进行针对性的教学调整。

（六）开展慕课与传统教学的混合模式

开展慕课与传统教学的混合模式是一个高效、灵活且具有广泛适应性的教学方式。这种模式将传统的面对面课堂教学与现代化的在线教学有机结合，充分利用各自的优势，旨在提高教学效果并加强学生的学习体验。

一方面，慕课的引入可以为传统教学带来全新的教学资源和教学方法，如丰富的多媒体素材、便捷的在线测试、灵活的自我学习时间等，有助于激发学生的学习兴趣，提高他们的自我学习能力。另一方面，传统的面对面教学模式在师生互动、问题解答、实践操作等方面有着不可替代的优势，能够更好地满足学生的个性化学习需求。在具体实施过程中，慕课与传统教学的混合模式通常是在慕课的基础上，结合教师的实际教学情况和学生的学习需求，灵活地进行教学活动的设计和安排。例如，教师可以将部分知识点通过慕课的方式进行讲解，并留出一些自学时间供学生自主学习；在面对面的课堂上，教师则可以重点解答学生在自学过程中遇到的问题，进行深入的讨论和实践操作。

此外，慕课与传统教学的混合模式还可以更好地适应不同学生的学习速度和学习方式。慕课的自主学习模式可以使学生根据自己的学习节奏和兴趣选择学习内容，而面对面的教学则可以及时调整教学进度，满足学生的不同需求。

第四节　微课教学模式

一、微课的概念及特点

（一）微课的概念

微课，简单地说，就是一个小型的、具有一定完整性的教学模块。微课源于微学习的理念，它们都强调在短时间内获取和消化知识。微课通常以视频形式呈现，时长在 5 ~ 20 分钟，具有目标明确、内容紧凑、形式生动的特点。它们大多以特定的学习目标为导向，尽可能用最简洁、直接的方式传递知识。

（二）微课的特点

与传统教学模式相比，微课具有以下特点：第一，精练。微课的一个显著特点就是它的精练性，每个微课的内容都应精选和浓缩，去粗取精，仅保留最关键的知识点，以保证学生在有限的时间内获得最大的学习效益。第二，目标明确。每一个微课都应设定明确的学习目标，使得学生在学习前就清楚自己需要达成的目标是什么，学习过程中应该关注的重点在哪里。第三，自主性。微课允许学生根据自己的进度和需要自主学习，既可以自主选择学习内容，也可以自由控制学习的节奏和时间。这样可以最大限度地满足学生的个性化学习需求，激发学生的学习积极性。第四，多元化。微课的呈现形式多样，可以是教师讲解、动画演示、模拟操作、实地采访等，这样可以增加学生的学习兴趣，提高知识的吸收效率。第五，互动性。尽管微课主要以视频形式呈现，但它并不仅仅是一种单向的知识传播方式。很多微课平台设有评论区、问答区等交流平台，使得学生可以随时向教师或其他学生提问、讨论，从而实现教学的双向交互。第六，普及性强。由于微课的短小精悍，它可以通过互联网快速、方便地传播，因此具有很强的普及性。无论是在学校、企业，还是在家庭、社区，都可以应用微课进行教学或学习。

二、微课的分类

微课是一个总体的类型称谓，其有不同的展现形式，适用于不同的会计教学内容。具体可以将微课分为四种类型，如图 2-6 所示。

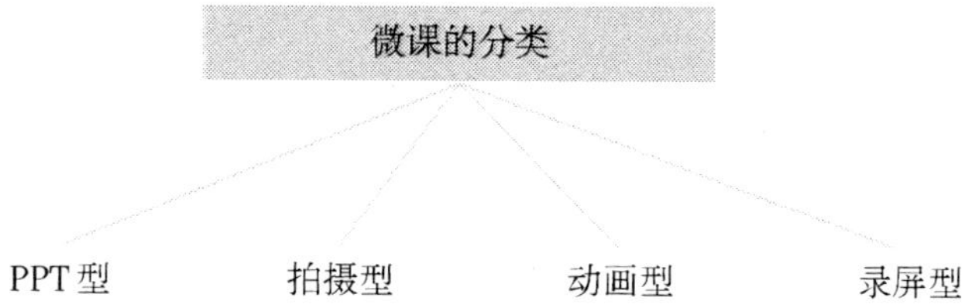

微课的分类

PPT 型　　　拍摄型　　　动画型　　　录屏型

图 2-6　微课的分类

（一）PPT 型

PPT 型微课是当前阶段会计教师较为青睐的展示方式之一，也是制作难度较低、应用最广泛的一种形式。这种类型的微课主要是通过 PowerPoint 等软件进行制作，然后通过屏幕录制软件进行录制，以形成最终的视频教程。

PPT 型微课的主要特点是结构清晰，内容呈现方式直观。每一个幻灯片都是一个小模块，教师可以通过设计不同的幻灯片，将教学内容进行合理的分解和组织，使得整个教学过程具有很好的逻辑性和连续性。同时，通过 PPT 的各种设计功能，如动画效果、超链接等，可以使教学内容更加生动有趣，增强学生的学习兴趣。另外，PPT 型微课的制作过程比较简单，教师无须掌握复杂的视频制作技术，只需要掌握 PowerPoint 等基本软件的使用方法，就可以进行微课的制作。这使得 PPT 型微课非常适合教师进行个人或小规模的教学活动。然而，PPT 型微课也存在一些局限性。例如，PPT 的展示形式比较单一，难以实现复杂的动态演示或模拟操作。而且，由于 PPT 型微课主要以文字和图片为主，可能无法满足某些需要音频、视频或互动元素的教学需求。因此，在选择使用 PPT 型微课时，需要根据教学内容和目标进行合理选择与设计。

（二）拍摄型

拍摄型微课主要通过录制实际操作过程或实地拍摄的方式进行制作，这种方式强调实物、实人、实景，以及更接近于现实的教学情境，因此，在某些需要展示具体操作步骤或直观展示某些现象的教学中具有独特的优势。

拍摄型微课的特点主要体现在其真实性和生动性上。对于某些需要观察实物、实人或实景的教学内容，例如，实验操作、现场考察等，通过实际拍摄的方式，可以将这些内容直观地展示给学生，使学生能够像身临其境一样进行学习，从而提高学生的学习兴趣和学习效果。对于高校的会计教学而言，拍摄型的微课更加符合操作类知识的展示需要，例如，展示会计账簿种类、凭证装订，以及原始凭证分类、整理等。借助拍摄型的微课还可将记账凭证分类、资产负债表的编制、结账等知识记录下来，更加直观。另外，拍摄型微课也可以通过制作教师的讲解视频，增强教学的互动性和个人化。教师可以通过自我介绍、解释课程内容、解答常见问题等方式，与学生建立起更为直接的联系，提高教学的亲和力。但是，拍摄型微课的制作难度和成本相对较高，需要教师掌握一定的拍摄和剪辑技术，同时也需要有适合的设备和场地进行拍摄。因此，在制作拍摄型微课时，需要根据实际情况进行合理的规划和设计，以兼顾微课的教学效果和制作成本。

（三）动画型

动画型微课，是一种借助动画技术制作的微课类型，通过生动有趣的动画形式展示教学内容。这类微课不仅可以丰富教学手段，而且可以增加教学的趣味性，使得理论知识变得形象直观，对于抽象的概念和理论能以生动的动画形象展现，使学生更易于理解和记忆。在会计教学中，动画型微课尤其适用于介绍会计处理程序、资金运动等内容，通过动画的形式，能够清晰地展示资金流动和会计处理的过程，使得这些抽象的、枯燥的概念变得形象而生动。然而，动画型微课的制作需要教师具备一定的动画制作技巧，如 Animate 等动画制作软件的使用，这对教师的技术能力提出了一定的要求。但是，一旦制作成功，动画型微课无疑是最受学生欢迎的一种微课类型，因为它在传授知识的同时，也让学生在欢乐的学习过程中掌握知识，增强了学生的学习兴趣，提高了教学效果。

（四）录屏型

录屏型微课是一种高效且专业的微课方式，主要利用电脑软件实现课程内容的录制，并在后期进行必要的剪辑。这种类型的微课非常适合那些需要大量电脑操作的课程，例如，会计课程。教师可以将电脑屏幕上的操作实时录制下来，再配以语音解说，形成一种"看我如何做"的教学模式。这种模式可以让学生们看到每一个具体的操作步骤，有助于他们理解并学习相应的操作方法。例如，在报表编制、资金运动以及会计处理程序等课程中，录屏型微课可以展示实际的电脑操作过程，这样可以使得这些过程的讲解变得更为直观和明了。虽然录屏型微课的制作需要一定的技术技巧，但只要掌握了相关的录制和剪辑技术，教师就可以自行制作出高质量的录屏型微课，有效地提升教学质量和效率。

三、会计教学中引入微课的意义

（一）有利于演示教学和情境教学的结合

借助微课，教师利用现代网络技术将教学内容展现在屏幕上，有利于演示教学和情境教学的结合。这种教学模式，可以展现多重会计教学内容，如会计报表、会计账簿、会计凭证等，借助声音、图像、图形的刺激，能够帮助学生激发其学习欲望。除此之外，借助微课，教师可以模拟真实的工作场景，给予学生较强的真实体验感，让他们有身临其境的体验。例如，在微课的制作过程中，教师可以插入一小段视频，主要内容是介绍企业的一套会计处理流程。另外，随着 AR 技术、VR 技术的渗透，学生也可以模拟不同的会计类岗位来完成申报纳税等基础工作。在高新技术飞速发展的今天，微课中完美地融入了声音、图像、文字、图形、动画等多样化的内容，营造了一个融合式的交互型学习环境，促进了传统会计教学模式的优化。

（二）有利于调动学生积极性，实现个性化教学

微课以其生动形象和互动性强的特点，极大地调动了学生的学习积极性。学生在观看微课时，如同在欣赏一场精彩的电影，学习成了一种享受，从而极大地提高了学生的学习积极性。每一个学生都有自己的学习节奏，传统的教学模式往往忽略了这一点，导致很多学生跟不上或者超越教学节奏，从而对学习失去兴趣。微课则能够很好地解决这一问题，学生可以根据自己的学习节奏选择合适的微课，使学习成为一种个性化的过程。此外，微课的短小精悍也使得学生可以在碎片化的时间里进行学习，充分利用了学生的时间。教师可以根据学生的反馈及时调整教学内容，使教学更加贴近学生的需要。微课通过互动性的教学方式，鼓励学生主动参与到学习中来，从而实现了个性化教学。

（三）有利于学生提升自主学习能力

微课教学模式作为一种开放的教学形式，极大地方便了学生自主学习。学生可以根据自己的需求和时间自行选择微课进行学习，不受时间和空间的限制，提升了学习的自由度和灵活性。同时，微课的自主性不仅体现在学习时间和学习地点的自由选择上，更体现在学习内容和学习节奏的个性化选择上。学生可以根据自己的理解能力来选择学习速度，强化或者弱化对某一知识点的学习深度，使学习更加个性化。更重要的是，微课教学方式鼓励学生积极参与学习，而不是被动地接受知识，这种学习方式有助于培养学生的自主学习能力和自我发展能力。学生可以通过观看微课，理解和掌握知识，然后进行思考和实践，从而深化理解，

形成自己的知识体系。微课提供的丰富的互动环境也是培养学生自主学习能力的重要途径。学生可以通过与教师和其他学生的在线交流，提出疑问，分享心得，提升自我。总的来说，微课教学模式在灵活性、个性化和互动性等方面的优势，极大地推动了学生自主学习能力的发展，为培养会计人才提供了新的可能。

四、会计教学中引入微课的具体方法

（一）将微课引入会计教学的导入环节

在课堂教学中，导入部分起到了至关重要的作用。会计理论知识的学习较为枯燥，将微课引入会计教学的导入环节，可以增强导入的生动性，吸引学生的注意力，调动他们的学习积极性，使学生以良好的心态投入本节课的学习过程中。例如，在讲解"非货币性职工薪酬——自产产品"模块时，可以以每年大型企业的年终奖作为导入，播放某些公司发放员工福利的视频，随后抛出关联知识点让学生明白企业家发放自产产品作为职工福利的意义，从而进一步体会非货币性职工薪酬在实践中的应用。在教授"收入"这一模块时，可以用《守株待兔》这一广为人知的寓言故事作为导入，阐述本节课知识点，即农民通过日常劳作获得的农作物收入是其主营业务收入，处理变卖一些劳动用具获得的收入是其他业务收入，而通过守株得到的兔子则属于营业外收入。将微课引入课堂导入环节，通过生动有趣的内容，可以营造轻松愉悦的课堂氛围，激发学生的学习兴趣，深化学生的思考，为教学目标的实现奠定基础。

（二）以微课的形式展示会计教学重难点，突出教学主题

会计教学中存在许多难点，如会计准则的应用，会计报表的编制，税务计算等。微课可以在短时间内突出这些重难点并帮助学生更好地加以理解和掌握。因此，以微课的形式展示会计教学重难点是非常有效的。

借助微课，教师可以把这些重难点细化、具体化，通过图文并茂、生动形象的方式呈现给学生。例如，对于会计报表编制这一难点，教师可以制作一节微课，用动态的形式展示编制过程，让学生能够看到每一步的操作和效果，从而理解并掌握。此外，微课也可以突出教学主题，让学生在一开始就能清晰地知道这节课的主要内容，知道自己需要掌握哪些知识，提高学习效率。

（三）夯实知识，巩固复习

微课在会计教学中的巩固复习环节发挥了关键作用。为了进一步强化学生对知识的掌握，微课的引入变得至关重要。微课可以将需要巩固复习的知识点以思维导图的形式串联起来，这种形象化的表现方式不仅可以帮助学生构建起完整的知识体系，也有助于他们对各个知识点之间的关联关系有深入理解。同时，教师还可以通过制作微课视频，将需要重点复习的知识以生动、直观的方式展示给学生，使其对教学内容有更深的理解和记忆。此外，在课后复习环节，微课的便捷性使得学生可以随时随地进行学习，无论是通过手机还是电脑，学生都可以方便地观看微课，巩固课堂所学知识，这使得复习过程更为灵活和便捷。这种学习方式不仅满足了学生自主学习的要求，更是在潜移默化中培养了学生的自学能力。微课因此成为一个有效的学习工具，将教师和学生、课堂与家庭、学习与生活紧密地联系在一起，为提高会计教学效果做出了重要贡献。

五、会计教学中引入微课的注意事项

（一）明确教学目标

教学目标决定了教学内容、教学方法和教学手段的选择，只有明确了教学目标，才能精准地定位教学内容，选择合适的教学手段和方法。

对于会计教学来说，教学目标不仅包括学生需要掌握的会计知识，还包括会计技能的学习，以及对会计规则的理解。同时，教学目标也应包含培养学生的独立思考能力、逻辑分析能力和团队合作能力。微课的设计和制作需要紧密围绕教学目标进行。制作微课时，教师需要明确每一个微课的教学目标，将这些目标转化为微课的教学内容，通过精心设计的微课，使学生能够通过学习微课，达到预设的学习目标。

（二）尊重学生的意见和建议，加强互动

在教育教学的全过程中，学生始终处于核心地位，他们的学习状态、学习需求、学习成果，都是教学活动中最重要的参考因素。微课作为一种新型的教学形式，以其生动、形象、立体的教学方式，吸引了大量学生的关注，而教师则需要通过对学生反馈信息的收集和分析，及时调整教学策略，最大化地提高教学效果。

在制作微课的过程中，教师需要主动询问学生对微课的看法，了解学生对微课内容的理解程度、对微课的观看体验等方面的反馈，以便针对性地改进教学方式和方法。此外，教师可以根据学生的学习特点和习惯，灵活设置教学内容，采用富有创新的教学方法，让学生在轻松愉快的氛围中进行学习。此外，互动环节是提高学生学习兴趣和学习效果的重要手段。教师可以在微课中设置一些互动环节，如问答、小测试等，不仅可以激发学生的学习兴趣，增加教学的趣味性，同时也可以让教师及时了解学生的学习状况，对教学内容和方法进行及时的调整。

（三）教师要与时俱进，掌握高新技术

高新技术对教师的教学方法提出了新的挑战，同时也带来了更大的教学自由度。微课作为一种灵活、便捷的教学方式，使得教师可以根据教学内容和学生需求，进行个性化教学设计，如插入图像、动画、录音等多媒体素材，使得教学内容更加生动、具象，增强了学生的学习兴趣。因此，教师需要不断学习和尝试新的教学技术，提高自身的教学能力。

同时，教师还需要了解和跟踪微课等高新技术的最新动态，如人工智能（AI）、虚拟现实（VR）、增强现实（AR）等技术在教育中的应用，以便及时引入教学，提升教学质量。例如，VR/AR 技术可以帮助学生进行模拟实践，使学生能够更好地理解和掌握复杂的会计知识。

总之，在这个信息爆炸的时代，教师需要做到眼观六路、耳听八方，不断丰富和更新自己的知识库，以便更好地应对教学中可能遇到的各种挑战。教师的教学能力、教学方法和教学工具，都需要与时俱进，以满足现代教学的需求。此外，教师还需要培养和提高自己的创新能力，善于运用和整合各种资源，设计出更符合学生需求的教学内容和方式，以此提升教学效果和效率。

第三章　高校会计课程体系的创新建设

课程体系是高校教学的核心组成部分。在逐渐适应社会发展和经济要求的过程中，高校会计课程体系必须不断进行创新和改革。针对当前会计教学的挑战，本章将对高校会计课程体系解读、创新建设的基本原则和策略、以及评价体系的构建进行全面的探讨和论述。

第一节　高校会计课程体系解读

一、高校课程体系的内涵

（一）课程

课程有广义和狭义之分。狭义的课程是指各级各类学校为了实现培养目标而开设的学科及其目的、内容、范围、活动、进程等的总和，主要体现在教学计划、教学大纲和教科书中。广义的课程是指在学校所获得的全部经验，包括学科设置、教学活动、课外活动以及学校的环境。所以，课程是指学校的学生所应学习的学科总和及其进程和安排。课程可以定义为培养人的教育方案，它由课程目标、课程内容、课程结构以及课程教学时数、课程教学先后顺序（或课程教学进度安排）等要素构成。

（二）体系

体系是一个科学术语，广泛应用于各种学科领域，指定范围内或同类的事物按照一定的秩序和内部联系组合而成的整体。无论是自然界还是人类社会，体系无处不在，遵循自己的规律。如果从宏观的角度来看，整个宇宙就是一个体系，其中各个星系也都是独立的体系。而在更微观的范围内，社会、人文等都是各自独立的体系。进一步深入，每一门学科及其内含的各个分支都可以视为一个独立的体系。甚至对于个体，如人、草、尘埃，也都可以看作一个体系。在一个大体系中，包含了无数的小体系，而这些小体系内部又可能包含更小的体系，层层递进，无穷无尽。大体系包含众多小体系，而小体系又构成整个大体系，总体一分为众，化为无穷，众体又汇总为一，反之亦然，这就是体系的本质。

（三）课程体系

一般认为，一个专业所设置的课程相互之间的分工与配合，构成课程体系。课程体系是否合理直接关系到培养人才的质量。高等学校课程体系主要反映在通识课与专业课、理论课与实践课、必修课与选修课之间的比例关系上。

从某种意义上来说，课程体系就是课程结构。它是本科层次教学管理的重要内容。也就是说，由若干彼此关联、相辅相成的课程组合而成的系统称为"课程体系"或"课程结构"。

课程体系即课程结构，也就是一个专业所设置课程的组合。课程结构是课程各部分的配合和组织，它是课程体系的骨架，主要规定了组成课程体系的学科门类，以及各学科内容的比例关系、必修课与选修课、分科课程与综合课程的搭配等，体现出一定的课程理念和课程设置的价值取向。

二、高校课程体系分类

（一）按管理范围划分

根据管理的范围，课程体系可以分为宏观课程体系、中观课程体系和微观课程体系。

宏观课程体系是最大的层面，是指一所学校设置的课程集群，即该学校所有的课程所构成的系统。它包括所有专业和所有年级的课程，涵盖学科知识、技能培养、人文素养等各个方面，是反映一所学校教育教学目标和教育理念的重要载体。它需要考虑的因素包括课程内容、课程设置、课程结构、课程时间分配等，而且还需要兼顾全体师生的教育需求和发展趋势。中观课程体系是指一个学院或者系部设置的课程构件，即在一个特定的学科领域内，根据其教育目标和特性设置的课程体系。它比宏观课程体系更具有专业性和针对性，主要反映了这个学科领域的知识体系和知识结构，是一种更具有针对性的课程组织方式。微观课程体系是指某个专业或某个培训项目设置的课程组合，是课程体系中最小的单元。它主要关注的是个体学习者的需求和发展，以学习者为中心，强调课程的实践性和针对性。微观课程体系的构建需要更加精细的课程设计，包括确定课程目标、选择课程内容、确定教学方法、评价学习效果等。

每一层级的课程体系都有其独特的目标和功能，但都是为了服务教育教学的目标和要求，提高教育教学的质量和效果。只有通过精心设计和组织，才能构建出符合教育目标和要求的课程体系，实现教育教学的最大效果。

（二）按学科性质划分

学科性质是划分课程体系的重要标准，它反映了课程体系的专业方向和知识结构。按照学科性质划分，课程体系可分为学科门类课程体系、一级学科课程体系、二级学科课程体系，以及更细的三级、四级、五级学科课程体系。

学科门类课程体系是指根据学科的性质和特点设立的课程体系，如哲学、经济学、法学、教育学、历史学、力学、工学、基础医学、军事学、管理学等。每一个学科门类都有其独特的知识体系和学术传统，因此它们的课程体系也各不相同。例如，哲学课程体系可能会包括逻辑学、伦理学、宗教哲学等课程，而医学课程体系则可能包括生理学、解剖学、内科学等课程。每个学科门类的课程体系都是为了培养具有该学科素质的人才而设立的。一级学科课程体系则是在学科门类的基础上，根据学科的分支和特性设立的课程体系。例如，在经济学门类中，可以进一步划分出宏观经济学、微观经济学、发展经济学、比较经济学等一级学科。一级学科的课程体系主要反映了学科的研究方向和研究方法。二级学科课程体系是在一级学科的基础上进一步细分的课程体系，它通常对应于一个专业或一个研究方向。例如，在宏观经济学一级学科中，可以进一步划分出货币政策、财政政策、经济增长等二级学科。二级学科课程体系更加具有专业性和针对性，反映了学科的最新研究进展和研究趋势。此外，还有一些项目培训和特定研究项目可能会设置三级、四级、五级学科课程体系。这些课程体系通常是为了满足特定的教育需求和研究任务而设立的，具有很高的实践性和针对性。例如，一个关于生物信息学的研究项目可能会设置包括生物学基础、计算机技术、统计分析、机器学习等在内的多级课程体系。

（三）按修课要求划分

按修课要求划分，高校课程体系可分为必修课和选修课两大类。这两种类别的课程均对学生的学习和发展起到关键性的作用，但它们的侧重点和目标有所不同。

必修课程是指某一专业、某些专业或所有专业的学生都必须学习的课程，它具有较强的基础性、统一性、稳定性。选修课程是指除必修课程之外的课程，学生可以根据自己所学专业，也可以根据自己的兴趣、爱好、特长和个性来任意挑选的课程。必修课程教学内容对构成具体的、基本的人才培养规格具有重要作用，是学生都必须学习、必须掌握的知识和技能。选修课程教学内容具有独特性、灵活性、自由性和交叉性，对构成特定的、特殊的人才培养规格具有重要作用；学生可以选修自己所学专业的高深理论或相近专业的相关课程，也可以选修跨专业、跨学科门类、跨学院甚至跨学校的公共课程。

必修课程在于保证学校学科专业所培养的人才的基本规格和质量。选修课程则在于扩大学生的知识面，发展学生的某一专长，满足社会经济发展对多元化人才的需求。

（四）其他分类

1.专业课程体系与通识课程体系

专业课程体系主要是为了满足特定专业领域的知识技能需求。其设立的初衷在于确保学生能够在毕业后胜任与所学专业相关的职业岗位，或为继续深造打下坚实的基础。为了实现这些目标，专业课程体系往往会围绕某一专业领域进行系统的知识技能训练。例如，医学专业的课程体系就会包括解剖学、生理学、病理学等内容，而计算机科学专业则可能会让学生学习编程语言、数据结构、操作系统等课程。对于学生来说，专业课程体系的学习可以让他们对于自己所学专业有深入且全面的了解，为未来的职业生涯或者进一步的学术研究奠定基础。

专业课程包括专业基础课、专业核心课、专业方向课和专业扩展课。专业基础课是对一门专业进行深入学习的基础，对于一个专业的理解和认知都有着重要影响，这些课程为学生在未来深入研究专业知识，理解专业技能提供了必要的支撑。专业核心课是每个专业都必须学习的重要课程，对于专业认证和专业技能的掌握具有关键作用，这些课程是专业核心能力的体现，对于学生找工作和将来的专业发展起着至关重要的作用。专业方向课通常是为了满足学生的个性化需求和发展方向设置的课程，它通常是在专业基础课和专业核心课的基础上，更深入地探索某个专业方向或领域。专业扩展课是为了扩大学生的知识视野，增强他们的跨学科知识和能力。例如，会计学专业的学生可能需要学习法律、经济学、信息技术等相关课程，这些课程虽然不是会计学的核心课程，但是对于学生的综合素质和能力的提高，以及未来在工作中能够更好地解决问题起到重要的作用。

而通识课程体系则与专业课程体系有所不同，它并不侧重于某一特定的专业领域，而是旨在提供一种广泛的、跨学科的学习体验。通过通识教育，学生可以接触到多种不同的学科领域，如文学、历史、科学、艺术等，这些领域可能并不直接关联他们的专业学习，但却能够为他们提供更广阔的知识视野。通识课程体系强调的是培养学生的批判性思维、解决问题的能力，以及对于人类文明和社会现象的理解。此外，通识课程体系还鼓励学生发展自己的兴趣，挖掘自己的潜力。它的存在丰富了高校教育的内涵，也为学生的全面发展提供了可能性。

专业课程体系与通识课程体系在结构和目标上各有其特点，但它们并不是相互孤立的，而是相互影响，相互补充。专业课程体系的学习可以为通识课程提供一种应用的视角，让学生能够理解并应用各种学科知识。通识课程的学习也能够拓宽专业课程的视野，为专业学习提供更多元、更深远的理解。因此，这两个课程体系共同构成了大学教育的重要内容，为学生的全面发展提供了支持。

2.理论课程体系与实践课程体系

理论课程体系主要侧重于提供学生系统、深入的专业知识理论基础。这一课程体系通常涵盖了从基础理论知识到进阶理论知识的全程学习，旨在让学生理解并掌握某个学科领域的理论框架、基本概念和方法论。

例如，经济学的理论课程可能会包括微观经济学、宏观经济学、经济计量学等课程，这些课程的主要目的是为学生解读经济现象、预测经济走势提供理论支持。理论课程的学习对于学生扎实的专业基础、独立思考能力和批判性思维能力的培养起到了关键性的作用。与理论课程体系不同，实践课程体系更多地侧重于学生的动手实践能力和实际操作技能的培养。这类课程体系可能包括实验、实习、项目设计、研究等多种形式，目的在于将学生在理论课程中所学的知识应用到实际中去，使学生能够将理论知识与实际操作相结合，以此提升自身的实践能力和解决实际问题的能力。例如，在化学专业中，除了必须学习的理论课程如有机化学、无机化学外，还有各种实验课程，让学生在实践中掌握各种实验技巧，理解化学反应的实质。

理论课程体系与实践课程体系虽然在教学方法和目标上有所不同，但它们相互补充，相辅相成，形成了教育的完整体系。理论课程为学生提供了必要的知识体系和思考方式，实践课程则让学生有机会把这些知识应用到实际中去，提升实践技能，增强解决问题的能力。这两种课程体系的有机结合，对于培养具有理论素养和实践能力的复合型人才具有重要的作用。

3.显性课程体系和隐性课程体系

显性课程体系和隐性课程体系是教育过程中两种截然不同的，但又相互关联的课程类型。它们旨在通过不同的方式来达到教育的目标，帮助学生在知识获取、能力培养和价值观塑造等方面达成全面的成长。

显性课程体系是学校教育的主要组成部分，通常包括一系列在教学大纲中明确列出的课程，如数学、物理、化学、语文等。显性课程的内容通常是确定的，有明确的教学目标，通过考试和评估来检查学生的学习成效。显性课程强调知识的传授和学习，目标是使学生掌握一定的知识结构和技能，以满足未来在社会和职业角色中所需要的基础知识和能力。

然而，教育不仅仅是知识的传授，更是对个人品格和价值观的塑造。这就是隐性课程体系的主要内容。隐性课程体系并不是明确列在教学大纲中的课程，它更多的是通过日常的校园生活、教师的行为示范、学校的规章制度、学校文化等方式，对学生进行间接、非正式的教育。例如，学校的校规、课间活动、学生自治活动、社区服务等都是隐性课程的一部分。隐性课程的目标是传递和塑造学生的社会责任感、公民意识、道德规范、情感态度等，帮助学生树立正确的人生观和价值观。

显性课程体系和隐性课程体系虽然在内容和形式上各有特点，但它们是相互补充的。只有显性课程，可能使学生过于注重知识的获取，忽视了品格和情感的培养；只有隐性课程，可能使学生缺乏必要的知识结构和技能。显性课程和隐性课程的有机结合，有助于培养既具有扎实知识基础，又具有良好品格素养的全面发展人才。

三、会计课程体系

（一）会计课程体系的含义

会计课程体系是在全面把握会计专业知识结构和会计专业人才培养目标的基础上，根据课程的学科属性、课程的逻辑结构、课程的层次性和课程的连续性，系统地组织和安排的一套会计专业课程。会计课程体系不仅仅是各门课程的简单相加，更是一个系统的整体，各门课程之间既有独立性，又有关联性。课程之间的关联性体现在各门课程之间的内容衔接、层次递进，以及它们对于实现会计专业人才培养目标的共同作用。

会计课程体系不仅包括课程的设置，还包括课程的内容、课程的顺序、课程的时间分配，以及课程的评价方式等。这些课程元素的合理组织和配置，可以有效地促进学生的全面学习和深入理解，以达到提高学生会计专业素养和职业技能的目的。

（二）会计课程体系建设现状

1.理论与实践脱节

尽管高校会计教学对于学生的理论知识掌握有着严谨的要求，但在实践教学的部分，还存在着不足。部分高校过于强调理论知识的灌输，却忽视了赋予学生将理论知识应用于实际工作的能力。而实践课程的缺失导致了很多毕业生在实际工作中无法独立完成任务，实践经验严重不足。

目前，实践课程的设置在部分高校中往往被安排在理论教学之后，或者仅在毕业之前提供少量实践课程。这种课程体系安排下，学生们在面临找工作、撰写毕业论文等多重压力下，难以安心投入实践之中。同时，由于实践课程的内容设置过于单调，往往以工业企业为主，涉及金融企业、政府与非营利组织等行业的情况相对较少，这无法满足各类会计岗位的需求。此外，实践课程在形式上往往过于简单，仅仅限于手工填制凭证、登记账簿和编制报表，这样的实践内容无法满足现代会计工作中对电算化操作的要求。对于实践课程的设置，有的高校常常要求一个学生对企业全部经济业务进行处理，而没有进行层次划分和阶段安排，这样的实践方式既不能让学生深入理解企业的运营模式，也不能帮助学生熟练掌握会计工作的流程。

2.缺乏职业道德教育课程

会计专业人员是企业重要的财务管理者，其职业道德素质对于企业的运营有着深远的影响。会计专业人员的职业道德水平不仅直接决定着工作效果，而且在一定程度上影响着企业的信誉和社会责任感。然而，在目前的高校会计专业的课程设置中，更多侧重于对专业知识的传授，而对于职业道德教育的重视程度相对较低。在部分高校中，尚未系统地开展会计职业道德教育课程，这种状况可能导致学生在道德感知、法律意识等方面的欠缺，使他们对各项法律法规与职业道德规范的理解和掌握不够，甚至在面临道德冲突时，缺乏有效的问题解决思维和能力。

3.偏重国内会计制度

在全球经济一体化的背景下，会计被视为通用的商业语言，而会计的国际化趋势也变得无法避免。新的业务模式如雨后春笋般涌现，相应地，对具备国际视野的会计专业人才的需求也日益增长。为了提供高质量的会计信息，会计人员有必要熟悉并理解国际会计准则以及相关的法律法规。然而，现阶段一些高校，会计专业的课程设置中，主要侧重于对本国会计知识的讲解，对外国的会计制度和相关理论涉及甚少，导致学生们的知识视野受限，他们能够熟练掌握本国的会计知识和制度，却对国外的相关会计理论和会计文化知之甚少，明显无法满足当今全球化背景下的会计教育需求，无法培养出具备国际化思维、了解先进会计理念并具备国际会计交流能力的人才。

4.专业课内容重复

会计课程体系的建设与优化，需要将各门课程精心设计，形成有机整体，避免内容上的冗余和重复。然而，当前部分高校中存在一种现象，即部分专业课程的内容在某些环节出现交叉重复，如财务管理课程与管理会计课程，在存货管理、货币时间价值、投资决策和本量利分析等主题上存在重复。这种课程内容的交叉重复无疑增加了教师的教学工作量，使各科教师面临更大的教学压力。教师需要花费更多的精力去规划和调整教学内容，以避免对学生的重复讲解，这既增加了教师的负担，也对教师的教学质量产生了影响。此外，这种课程内容的交叉重复也会挤占学生的学习时间，影响学生的学习效果。学生在学习过程中需要投入大量的时间和精力去处理这些重复的内容，这不仅浪费了学生的学习资源，而且可能导致学生对相关内容的理解产生混淆，对学生的学习兴趣和学习动力产生负面影响。

（三）会计课程体系的研究意义

会计课程体系的研究具有深远的理论和实践意义，这表现在以下几个方面。

1.对于优化会计教育培养模式有重要作用

会计课程体系的构建是对会计学科知识结构的反映，通过对会计课程体系的研究，可以揭示会计学科知识的内在逻辑和结构，有助于优化会计教育的内容和方法，提高会计教育的质量和效果。

2.有助于提高会计专业人才的培养质量

会计课程体系的研究可以揭示会计专业知识的内在逻辑和结构，为提高学生的学习效率和学习质量提供指导。同时，通过对会计课程体系的研究，可以定期更新和调整课程内容，以适应会计学科体系和会计职业的发展变化，保证培养出的会计专业人才能够满足社会和职业的需求。

3.有助于推进会计教育改革

会计课程体系的研究可以为会计教育改革提供理论依据和实践指导，促进会计教育的改革和发展。通过对会计课程体系的研究，可以发现现有会计教育存在的问题，提出改革的策略和措施，推进会计教育的现代化进程。

4.对于理解和把握会计学科发展有重要作用

会计课程体系的构建是对会计学科体系知识结构的反映，通过对会计课程体系的研究，可以揭示会计学科体系知识的发展趋势和变化规律，为会计学科体系的发展提供理论参考和实践指导。

5.有助于提升会计教育的国际影响力

会计课程体系的研究不仅可以推动国内会计教育的改革和发展，还可以参考和借鉴国外的成功经验，提升我国会计教育的国际影响力。通过对会计课程体系的研究，可以使我国会计教育更加符合国际标准，提升我国会计教育的国际竞争力。

第二节　高校会计课程体系创新建设的基本原则

高校会计课程体系的构建是一个系统的工程，在课程的构建过程中既不能因循守旧，还需要符合教育的一般规律，同时还要体现专业的特色，高校会计课程体系的构建原则如图 3-1 所示。

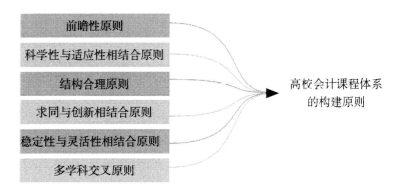

前瞻性原则
科学性与适应性相结合原则
结构合理原则
求同与创新相结合原则
稳定性与灵活性相结合原则
多学科交叉原则

高校会计课程体系
的构建原则

图 3-1　高校会计课程体系的构建原则

一、前瞻性原则

前瞻性原则强调课程体系的构建应预见未来的趋势和变化，以适应社会发展和行业进步的需要。会计，作为一门应用性极强的专业学科，其课程设置与社会经济发展和技术进步紧密相关。随着信息技术的发展，数字化、网络化和自动化已经渗透到会计工作的各个环节，传统的会计方法已经无法满足现代企业的需求。因此，构建会计课程体系时，应提前将相关的信息技术、数据分析等内容融入课程中，培养学生掌握现代会计方法，适应未来的工作环境。同样，随着全球化的加深，会计也日益具有国际性。许多企业不仅需要处理本国的会计事务，还需要处理跨国的会计事务。这就要求会计专业的学生不仅要掌握本国的会计规则，还需要了解国际会计规则。因此，会计课可以将国际会计规则等内容纳入课程体系中。此外，随着社会对企业社会责任的关注度越来越高，会计工作也不再仅仅关注企业的财务状况，还需要关注企业的社会影响。因此，企业社会责任、可持续发展等内容也有必要及时纳入会计课程体系中，培养学生具有全面的视野和责任意识。

二、科学性与适应性相结合原则

所谓科学性与适应性相结合原则，指的是在构建会计课程体系时，不仅要注重课程知识的科学性，也要注重课程的适应性，以适应社会经济环境的发展变化。在此原则的指导下，课程设置应遵循学生的认知规律，注意课程知识的循序渐进和连贯性，同时也要考虑社会对会计人才的需求变化。

科学性原则是课程体系建设的基本要求，这主要体现在课程知识的设置上。课程知识应遵循学生的认知规律，注意循序渐进地安排课程，保证课程知识之间的彼此衔接。为了满足这个原则，会计课程体系应该由浅入深，由基础到专业，从理论到实践逐步推进，保证学生能够系统、全面地掌握会计知识。同时，课程知识的设置应该具有科学性，能够反映会计学科的发展动态，包括最新的理论成果和技术进步。适应性原则强调的是课程体系的动态性和开放性，要求课程体系能够适应社会经济环境的变化，及时对课程内容进行调整和更新。随着经济社会的发展，会计工作面临的环境和任务正在发生深刻变化，这就要求会计课程体系具有很强的适应性和灵活性。高校应该根据社会对会计人才的需求变化，及时调整课程内容和结构，包括添加新的课程，删除过时的课程，对课程内容进行适当的调整等。

科学性与适应性相结合原则要求高校在课程体系设计时，既要保证课程内容的科学性和严谨性，又要充分考虑课程的实用性和适应性。只有这样，才能培养出既有深厚专业理论基础，又具备杰出实践能力和应变能力的会计人才，以满足社会对会计人才的需求。

三、结构合理原则

结构合理原则在会计课程体系中扮演着极其重要的地位。这一原则要求课程的设置以培养目标为依据，保证公共基础课程和专业课程比例合理，专业基础课程、专业必修课程与选修课程比例合理，专业课程设置前后次序合理，课时分配合理等。既要保证本专业课程的系统学习，又要兼顾相关学科知识的构建，使整个课程体系相互协调形成一个有机的整体。

公共基础课程和专业课程的比例决定了学生掌握的专业知识的深度和广度。合理的比例可以保证学生在获得足够深度的专业知识的同时，也能够获得跨学科的广度知识，从而在实际工作中能够具备更全面的视野和思考问题的能力。因此，在设置会计课程体系时，既要充分考虑会计专业的特性和需求，也要充分利用公共基础课程，通过跨学科的教学方法提高学生的综合素质。

专业基础课程、专业必修课程与选修课程的比例则是确保学生既能够全面系统地掌握会计专业知识，又能够根据自身兴趣和发展需要，自主选择一部分课程进行深入学习。这种比例设置方式兼顾了课程的系统性和灵活性，可以更好地满足学生的个性化学习需求，提高学生的学习积极性和学习效果。

专业课程设置的前后次序则体现了课程体系的逻辑性和连续性。一个合理的课程设置顺序可以让学生在学习新课程时，能够在已经掌握的知识基础上进行深化和拓展，避免了学习过程中的断裂和重复，提高了学习效率。

课时分配的合理性则是确保学生在掌握必要的理论知识的同时，有足够的时间进行实践操作和自主学习。在实践性强的会计专业中，理论学习和实践操作是密不可分的。只有通过大量的实践操作，学生才能真正理解和掌握理论知识，提高自己的实际操作能力。

四、求同与创新相结合原则

求同与创新相结合原则在高校会计课程体系创新建设中具有重要的意义。遵循这一原则时，高校不仅需要保持与其他学校在会计课程设置上的一致性，也需要积极探索和实践，突破旧有的思维模式，以满足社会发展对会计人才知识结构和综合能力的新要求。

求同性体现在课程设置的统一性上。对于基础课程和主要专业课程，各高校之间应有一定的共通性，以保证学生能够获得相同的基础知识和专业技能，满足行业对会计人才的基本要求。这种共通性是保证会计教育质量的重要因素，也是构建和谐一致的教育环境的必要条件。通过与其他高校的课程设置保持一致，可以使学生在转学、进修或就业等方面获得更多的便利。

然而，单纯的求同并不能满足社会对会计人才的多元化需求。高校在构建会计课程体系时，还需要根据社会发展的趋势，预见未来会计行业可能出现的新情况、新问题，从而进行课程内容的创新。这种创新不仅能使学生获得最新的会计知识，提高他们的创新思维和解决问题的能力，而且能使他们更好地适应社会的发展，提高他们的就业竞争力。同时，创新还体现在对学科发展步伐的紧跟上。会计学是一个与社会、经济密切相关的学科，其发展步伐也受到社会、经济发展的影响。在课程设置上，高校需要定期进行课程的更新和调整，将最新的会计理论和实践成果引入课程，使学生能够及时了解和掌握会计学的最新发展。

因此，高校在创新建设会计课程体系时，必须在求同与创新之间找到恰当的平衡点，既保证了学生能够获得基础的会计知识和技能，也为他们提供了获取新知识、开阔视野的机会。只有这样，高校才能培养出既具有扎实的会计基础，又具有创新精神和适应能力的会计人才。

五、稳定性与灵活性相结合原则

稳定性与灵活性相结合的原则在会计课程体系创新建设中起到了关键的作用。根据这一原则，高校需要在保持课程体系稳定性的同时，对课程内容进行灵活的调整，以适应经济社会的发展和变化。

稳定性主要体现在对已被会计界公认的基础课程和主干会计课程的持续开设。这些课程包含了会计学的核心理论和基础技能，是学生掌握会计专业知识，进一步研究会计相关问题的基础。同时，这些课程在一定程度上也保证了各高校会计教育的统一性，方便学生之间的交流和学习。因此，对这些课程的稳定开设是保证学生获得高质量会计教育的基础。

稳定性并不意味着僵化。在当今经济社会快速发展的环境下，会计工作需要应对的问题和挑战也在不断变化。一些传统的会计理论可能已经无法满足新经济环境下的需求，不能对新的交易事项提供有效的解释。在这种情况下，单纯依赖稳定的课程体系可能会限制学生的思维，影响他们对新问题的理解和处理。因此，灵活性成为一个必须考虑的因素。高校需要根据社会经济环境的发展，对课程体系进行适度的调整，例如，增加一些专题讲座，介绍会计理论和实务的最新进展，以拓宽学生的思路，培养他们的创新思维和能力。通过这种方式，学生不仅能够掌握最新的会计知识，而且能够提高自己的应变能力，更好地适应经济社会的变化。

稳定性与灵活性相结合的原则既保证了会计课程体系的完整性和连贯性，也使得课程体系具有了适应社会变化的能力。在遵循这一原则的前提下，高校能够培养出既具有扎实的会计基础知识，又具有创新思维和应变能力的会计人才。

六、多学科交叉原则

多学科交叉原则在高校会计课程体系的创新建设中起到了不可或缺的作用。这一原则强调，会计课程体系的建设和优化不仅需要关注会计学科自身的理论和技术，还需要将相关学科的知识和技术融入其中，以实现知识的交叉和融合。

会计是一门涉及经济、法律、管理等多个领域的综合性学科。在实际的会计工作中，会计人员需要理解和应用经济学的理论，遵循法律法规的要求，掌握并运用管理学的原理和方法。因此，在课程体系的建设中，高校需要充分考虑到这些相关学科的知识和技术。具体来说，一方面，高校可以在课程设置中明确包含这些相关学科的基础课程，如经济学原理、商法等，使学生在学习会计专业课程之前，就已经具备了一定的经济法律知识基础；另一方面，高校也可以在会计专业课程的教学中，融入这些学科的知识和技术。例如，在教授成本会计课程时，可以结合管理学的理论，引导学生理解和掌握成本控制的方法与策略。

多学科交叉原则的实施，不仅可以使学生在掌握会计专业知识的同时，了解和掌握与会计工作相关的其他学科知识，提高他们解决实际问题的能力，而且可以打破学科壁垒，促进不同学科之间的知识交流和融合，推动会计学科体系的发展。

第三节 高校会计课程体系创新建设的策略

一、优化会计课程结构

基于我国目前会计学课程体系设置的现状，根据高校会计学专业的培养目标，本书对会计学课程结构优化提出以下几方面的建议。

（一）设置职业道德教育课程

在当前社会环境下，会计职业道德教育显得尤为重要。高校应将职业道德教育课程作为专业核心课单独设置，如开设会计职业道德、注册会计师职业道德等课程。这样的设置旨在增强学生辨别是非的能力，帮助他们正确地处理道德与利益的关系，提高他们的职业道德水平与社会责任感，引导他们树立正确的荣辱观。开设这类课程时，应尽量采取案例教学方式代替单调枯燥的说教。通过详尽讲解国内外相关案例，利用生动有趣的教学方式，学生能够切实了解遵守职业道德的重要性以及不讲诚信、弄虚作假的严重后果。这样可以培养学生在遇到道德冲突时解决问题的能力，让他们在实践中学习并体验到职业道德的重要性。法制教育也是会计职业道德教育的重要部分，高校可以开设会计法、经济合同法等课程，以帮助学生了解相关法律法规，树立法律意识，提高道德判断力，使其在工作中能自觉遵纪守法。这不仅能为他们提供在实际工作中遵守职业道德的法律依据，也能够帮助他们提高分辨是非、处理问题的能力，这对于他们成为合格的会计人才是至关重要的。

（二）保持专业基础课相对稳定

在经济高速发展的当下，会计业务的种类日益丰富，会计人员需要解决的新问题层出不穷。然而，尽管环境和具体业务可能发生变化，会计的基础知识和基本理论原理却基本保持稳定。这些知识是整个专业学习的基础，对于培养学生的专业素质具有重要作用。

高校在设计课程时，应保证专业基础课程的设置相对稳定，以帮助学生扎实牢固地掌握基础专业知识。基础知识的掌握不仅仅是学习的基石，更能激发学生对学习的热情，激发他们对专业学习的兴趣，为进一步的学习提供动力。稳定的基础课程设置也有助于为学生夯实学习基础，为他们日后深入学习其他课程提供支持。良好的基础知识是学生理解复杂问题、解决新问题的基础。掌握了扎实的基础知识，学生在面对新问题时，才能更好地发挥其适应能力和创新能力。此外，专业基础课程的稳定设置也有助于保持课程的连贯性和完整性，使学生在学习过程中能形成完整的知识体系。通过基础知识的学习，学生能够对会计专业有一个全面的理解，对后续的专业课程有一个更好的理解和掌握。

（三）适当开设综合性课程

在传统的高等教育环境中，学生往往过分专注于特定的专业课程，以至于他们的知识视野被局限在狭窄的领域内。随着科技的迅速发展，各个学科和专业开始相互交融与联系，这就使得专业教育不再只是围绕单一的知识领域进行，而需要以更加综合的方式拓宽学生的视野，强调跨学科的学习和实践。会计专业是一门实用性强、实践性高的专业，其知识内容涵盖了经济、法律、管理等多个领域，因此，在会计教育中适当开设综合性课程就显得非常必要。综合性课程不仅能帮助学生拓宽视野，了解并掌握更广阔的知识领域，也能提升他们的问题解决能力和创新思维能力。以"比较会计"和"比较财务管理"为例，这些综合性课程能使学生从全球视野出发，系统地、全面地学习和掌握不同国家和地区的会计理念、会计制度、会计操作方法及其差异，这无疑能够拓宽学生的国际视野并提升其比较分析能力。

在今天的全球化趋势下，会计专业的毕业生将有可能在不同的国家和地区、不同的企业和机构开展工作，因此，他们必须具备批判性和比较性的思维方式，以适应不断变化和发展的实际工作环境。因此，综合性课程的开设将有助于为学生提供更全面、更深入的专业知识，同时也将提升他们的竞争力和就业能力。

（四）有针对性地增设行业会计课程

在面对日益复杂化的社会经济环境和市场需求时，会计专业的课程也应进行相应的调整和优化。具体来说，有针对性地增设行业会计课程应被视为一个重要的改革方向。由于各个行业的经营模式、业务流程和管理制度都有其特殊性，因此，行业会计不仅需要掌握通用的会计理论和技术，还需要理解和把握行业的特性与规律。金融行业会计、房地产行业会计、商品零售行业会计等行业会计课程的增设，无疑将有助于提升学生的专业素养和实践能力。

以金融行业会计为例，金融行业的业务流程和经营模式与其他行业存在明显差异，例如，金融行业会计需要处理各类复杂的金融产品和服务，涉及风险管理、资本计量、衍生金融工具等诸多专业知识。因此，开设金融行业会计课程将有助于学生深入理解金融业务的特殊性和复杂性，提升其在金融行业的就业竞争力。同样，房地产行业会计和商品零售行业会计也有其特殊的要求和技能。例如，房地产行业会计需要掌握房地产开发、经营和管理的全过程，以便准确地计量、记录和报告相关的经济活动。商品零售行业会计则需要深入理解零售业的供应链管理、库存控制、销售分析等方面的知识。

由此可见，有针对性地增设行业会计课程不应只局限于工业企业会计，还应该考虑到服务业、非营利组织等其他领域的会计需求。通过这样的方式，才可以有效地拓宽学生的知识视野，提高他们的就业适应性，同时也有助于推动会计专业教育与实际工作需求的紧密结合，培养出更为优秀的会计人才。

（五）合理开设会计前沿课程

随着科技发展和全球化进程，会计领域也在不断地变革和发展，产生了许多新的理论和实践问题。这就要求会计专业的教育也要紧跟时代发展，开设如会计理论前沿、审计理论专题、财务理论专题等具有前沿研究性质的课程，培养学生的前瞻性思维和创新能力。

开设会计理论前沿课程，可以让学生接触到最新的会计理论和实践动态，例如，公允价值会计、环境会计、网络会计等新兴会计分支领域的最新发展和趋势，使学生有机会对最新的会计理论进行深入研究和探讨，培养其对会计领域的前瞻性理解和思考。审计理论专题课程则主要是针对最新的审计理论和实践问题进行研究与探讨，例如，内部控制审计、风险导向审计、数字化审计等前沿审计理论，让学生能够熟悉和掌握最新的审计理论与方法，提升他们的审计能力和审计思维。财务理论专题课程则主要关注最新的财务理论和实践动态，例如，企业财务战略、财务风险管理、公司治理与财务等，旨在培养学生的财务思维和财务决策能力。

这些前沿课程的开设，对于培养学生的前瞻性思维、创新能力和实践能力都至关重要，也能帮助学生提升他们的竞争力，更好地适应未来的工作环境。而教授这些课程的教师，应该是理论功底深厚且有前沿课题研究经验的专家，他们不仅能引导学生对新兴理论进行深入的学习和研究，而且能将自己的研究成果和经验带入课堂，使教学更具针对性和实践性。

（六）强化实践课程的开设

在高等教育中，特别是会计专业的教学中，实践性课程的设置起着至关重要的作用。它不仅能够加强学生对理论知识的理解和应用，还能够提升学生的实际操作能力和专业素养。针对这一要求，高校应当分阶段，综合多种教学形式开设校内实践课程，且尽量减少实践课程的交叉重复。

首先，高校应当在完成基础会计、成本会计以及金融企业会计等课程的教学后，分别安排配套的实训课程。例如，完成基础会计教学后，应开设基础会计的相关实训课程。实践内容主要包括原始凭证的填制与审核，记账凭证的填制与审核、登记账簿、结账、错账更正以及编制财务报表等基础会计重点内容。这样，学生可以在实践中了解基础知识，直观地掌握抽象的理论。

其次，高校应当采用分岗实践与综合实践相结合的方式进行教学。分岗实践指的是采用角色扮演模式，为学生设置不同的岗位，如出纳、会计、会计主管等，并在一段时间后进行岗位的变换，让学生体验不同的岗位，便于学生掌握凭证的传递过程，看清经济业务的实质，了解各岗位之间的联系以及各部门之间的协作关系。综合实践则是让一名学生对全部业务进行处理，有利于学生完整、全面地掌握业务处理方法。另外，高校还应该安排学生学习各种财务软件，提高学生的实际操作水平。现在的会计工作已经高度依赖计算机技术，对财务软件的熟练掌握是现代会计人员必备的技能。通过学习和使用财务软件，学生可以更好地理解和掌握会计业务的处理流程与方法。

除了校内的实践教学，高校还可以与企业合作，设置校外实习环节，安排学生进入企业或校外实习基地实战演练。这样，学生可以在真实的工作环境中了解会计工作流程与具体操作方法，对会计产生更直接的认识，为其将来走上工作岗位打下坚实的基础。

最后，高校还可以根据自身条件和需要设置综合实践课、技能竞赛等课程。通过这些课程，学生可以在实践中将所学知识与实际问题相结合，进一步提升自己的专业技能和综合素质。

（七）注意课程设置的层次性

课程设置的层次性是课程结构优化的重要内容，这种设置方式有助于保证学生的知识体系结构完整，也有助于教育的系统性和连贯性。对于会计学课程，可以将其设置划分为建立基本知识体系阶段和建立拓展知识体系阶段。

在建立基本知识体系阶段，课程主要以传授会计基本概念、会计基本理论以及基础会计操作等为主。通过这一阶段的学习，学生应能够掌握会计的基本概念、理论和方法，了解会计的基本职能，建立初步的会计知识体系。课程包括基础会计学、财务管理、成本管理、会计信息系统等，这些课程有助于学生在初步掌握会计基本知识的基础上，逐渐形成对会计专业的初步理解。进入到建立拓展知识体系阶段，课程设置将进一步加强专业性和前沿性，注重培养学生的实际能力和创新思维。在这一阶段，学生将学习更为复杂的会计理论和实务，通过解决实际问题，提高自身的专业素养和解决问题的能力。此阶段的课程如高级财务会计、会计审计、财税法规等，不仅深入会计专业知识，还融入了法律、金融等跨学科的知识。

通过这样层次递进的课程设置，既可以确保学生在基本知识的基础上有所拓展，又可以逐步提高学生的专业素养和实际能力。课程设置的层次性体现了教育的科学性和规范性，更是贯穿了对人才培养目标的坚持和追求。同时，高校在课程设置中还应考虑学生的实际需求，根据市场动态和行业发展需要，及时调整课程内容，切实提高课程设置的针对性和实效性，从而更好地满足社会对会计人才的需求，为我国会计教育的发展贡献力量。

二、优化会计课程内容

根据会计学专业的培养目标，本书对会计学课程内容优化提出了以下三个方面的建议。

高校会计教学创新与人才培养研究

（一）对现有课程内容进行梳理与整合

目前，会计学专业核心课程存在内容交叉和重复的现象，应在充分调研的基础上，对现有课程内容进行梳理和整合。如会计学基础和中级财务会计等课程，这两门课程的内容框架大体相同，却在许多教学环节中独立开展，导致学生在学习过程中会遇到重复的教学内容。这种重复不仅影响学生的学习效率，也使教师的教学资源被浪费。因此，对现有课程内容进行梳理与整合显得尤为重要。

第一，课程教学内容应有所侧重。如会计学基础和中级财务会计两者的内容框架大体相同，但在教学目标和重点上有明显的区别。会计学基础应聚焦于会计学的基本原理和概念的讲授，这意味着不仅要使学生理解会计的基本规则，理解会计信息的生成过程，而且要引导学生探索会计现象背后的经济含义，理解会计对企业运营、决策以及社会经济生活的影响。这就要求教师在讲授会计基础课程时，需要从一个更广阔的视角出发，连接经济、法律等相关领域的知识，构建起一个跨学科的教学视角。相比之下，中级财务会计则应注重讲授六大要素的具体会计核算和报表编制。也就是说，中级财务会计的任务是帮助学生将学习到的基本原理和概念应用到具体的会计业务中，让学生了解和掌握企业实际操作中的会计处理方法。这就要求教师在讲解具体会计核算和报表编制的过程中，不仅要让学生了解和掌握相关的技术操作，还要让学生理解这些操作背后的原则和规则，了解这些操作对企业运营和决策的影响。而这就需要教师具备丰富的实务经验，能够将理论与实际相结合，让学生在理解和掌握会计技术操作的同时，也能理解和掌握会计的实际应用价值。这样的课程内容安排将使会计学基础和中级财务会计各具特色，互为补充，既满足了学生对会计理论知识的学习需求，又满足了学生对会计实务操作技能的学习需求，提高了教学效果，提升了学生的综合素质。

第二，有些课程内容可以考虑进行合并。以成本会计和管理会计为

108

例，这两门课程中都包含有关目标成本、标准成本以及作业成本法的内容。这些相似的课程内容可以通过整合进一门课程中来讲授，以提高教学效率。例如，将目标成本、标准成本及作业成本法的内容整合在成本会计课程中，让学生在一个课程中就能全面了解和掌握这些重要的成本会计知识。为了实现以上的内容整合，需要教师们在充分的调研基础上，对现有课程进行深度的梳理。只有深入理解每一门课程的教学目标和主要内容，才能找到合理的整合方案。同时，整合过程中也要充分考虑到学生的学习需求和接受程度，使整合后的课程内容既有深度，又有广度，既有理论，又有实务，真正提升学生的学习效率和能力。

（二）重视双语教学

在全球化的趋势下，会计双语教学的重要性日益显现。特别是在应用型、技能型和复合型人才的培养目标下，双语教学已经成为教育改革的重要一环。双语教学是对学生全方位能力的提升。它不仅可以提高学生的语言水平，而且还能让学生在学习会计学知识的同时，接触并理解其他文化背景下的会计理论与实践。在这个过程中，教师需要运用生动的语言，启发性的教学，让学生对西方优秀的会计学文化有一个深入的理解和接受。

引进西方国家的经典会计理论是会计双语教学的重要内容。西方国家的会计理论、会计文化和思想对会计学的发展有着深远的影响。这些理论和思想，如公允价值计量、全面收益等，对会计实践有着直接的指导作用。引进这些理论和思想，可以使学生了解和掌握国际通行的会计理论，提升其国际视野。在引进西方会计理论的同时，教师也需要注意培养学生的批判性思维。这意味着教师需要引导学生从多元文化的角度理解和评价这些理论与实践，鼓励学生从本土文化和实际情况出发，对这些理论和实践进行批判性的思考。

在双语教学的过程中，教师也需要不断地提升自己的双语教学能力。

除了具备良好的语言表达能力外，教师还需要掌握适应双语教学的教学方法和技巧，以确保双语教学的效果。双语教学也应该与现代化的教学手段结合起来，利用网络、多媒体等手段，可以丰富教学内容，提高教学效果，使双语教学更加生动和有效。

（三）适当以小微企业为对象安排课程内容

在当前的会计课程内容中，大中型企业通常被视为主要的教学对象，而小微企业的会计实务特点往往被忽视。这种偏向性的课程内容往往使学生在面对小微企业的会计工作时显得生疏和无力。本书认为，教师在会计教学中，有必要适当以小微企业为对象安排课程内容。

小微企业在经济社会发展中发挥着重要的作用。然而，由于小微企业的特殊性，其会计实务常常与大中型企业有所不同。例如，小微企业的业务流程较简单，经营活动较单一，因此，其会计处理也相对简洁。同时，小微企业的内部控制制度往往不如大中型企业完善，会计人员需要具备一定的审计和内控知识。因此，适当以小微企业为对象安排课程内容，可以使学生更好地理解和把握小微企业的会计实务特点，从而更好地适应小微企业的会计工作。

以小微企业为对象安排课程内容，具体来说，可以从以下两个方面进行。一方面，课程内容可以注重小微企业的会计处理和报表编制，让学生对小微企业的会计业务流程有一个清晰的理解。同时，通过真实的案例分析，使学生深入理解小微企业的会计业务处理方法和技巧。另一方面，课程内容还应注重小微企业的税收筹划和内部控制。税收筹划是小微企业经营活动中的重要环节，通过学习税收筹划，学生可以理解税法的应用，并掌握有效的税收筹划方法。同时，由于小微企业的内部控制制度往往较弱，学生需要掌握内部控制的基本理论和实务知识，以便在实际工作中发现和解决问题。

适当以小微企业为对象安排课程内容，是为了使学生更好地适应小微企业的会计工作，提高其专业技能和就业竞争力。这不仅是教育教学的需要，也是满足社会需求的必然选择。

第四节　高校会计课程评价体系的构建

在现代教育体系中，评价被视为教育过程的重要组成部分，而在会计教育中，构建有效的课程评价体系更是不可或缺的环节。高校会计课程评价体系对于课程的改进、教学质量的提升，以及学生能力的全面提升都具有决定性的作用。

一、课程评价概述

（一）课程评价的概念

本书所指的课程评价有别于教学评价，课程评价研究包含了从设计到实施整个过程，评价涉及课程需要、课程理念与课程目标、课程设计、课程实施、课程效果等。而教学评价涉及教学整体及教学的每一个方面和环节，教学评价不仅要评价学生的学习结果，还要对教学的各个方面，如教学目标、教学过程、教学方法、教学管理、课程设置、教师授课质量等进行评价。

（二）课程评价的类型

1.内部评价和外部评价

内部评价与外部评价是针对评价主体进行划分的课程评价方式。内部评价是指由课程实施的高校自身进行的评价。这种评价主要考察课程的设计与实施是否满足教育目标，是否达到了预设的教学效果。它通常包括对课程内容、课程结构、课时安排等多个维度的综合考察。内部评价直接反映了课程实施者对课程质量的认知和判断，因此它是优化课程、提升课程质量的重要依据。外部评价则是由课程实施单位以外的机构或个体进行的评价。如教育行政部门、专业评价机构、社会用人单位、学生家长等，他们通常从课程的社会适应性、社会满意度等角度出发，对课程进行客观、公正的评价。外部评价为课程提供了一个全新的观察视角，有助于发现和补充内部评价中可能遗漏的问题和不足。因此，内部评价与外部评价是相辅相成的，二者结合起来可以对课程进行全面、深入的评价。

2.定量评价和定性评价

定量评价和定性评价是课程评价的两个主要方式，它们分别侧重于不同的评价内容和目标。定量评价主要通过收集和分析可量化的数据，对课程进行量化分析和判断。这些数据可以通过具体的数值来进行衡量和对比，从而对课程的效果做出量化的评价。定量评价的优点是准确、客观，能够通过明确的数据支持评价结果，便于进行比较和差异分析。定性评价则主要通过观察、访谈、反思等方式，获取并分析课程中不易量化的信息。这些信息需要通过对课程实施者和接收者的深入理解与解读来进行评价和反馈。定性评价能够揭示课程实施的深层次情况和问题，能够更好地理解和解释定量数据背后的教学现象与规律。因此，定量评价和定性评价都是课程评价的重要组成部分，它们各有侧重，相互补充，共同为课程的优化和改进提供有效的信息与建议。

（三）高校会计课程评价的功能

课程评价是一种价值判断的活动。课程评价的结果可以运用于很多方面，如服务于课程设计、制定课程政策等。关于高校会计课程评价体系的功能，本书认为，主要体现在以下几方面。

1.高校会计课程评价能够明确课程的目标与定位

课程作为教育的重心环节，扮演着知识传递和能力培养的角色，它是教师与学生互动的主要载体，也是学生学习的关键路径。一个具备高效性和功能性的课程评价体系，不仅能够辅助教师明确课程的目标，为课程设计与实施提供必要的参考，同时也可以为整个教育系统内的各项目标达成提供支持。

2.高校会计课程评价可以有效地推动课程的改进与优化

这一点在很大程度上依赖于其能够对课程实施效果进行全面、深入的分析与评估，从而为课程改进提供数据支持。

评价体系能够全方位地收集、分析与课程相关的各种信息，包括课程设计、课程实施、学生学习效果、教师教学效果等，通过数据与信息的分析，发现课程在设计与实施过程中存在的问题，以及学生在学习过程中遇到的困难，从而提供针对性的改进建议。在这个过程中，评价体系不仅是一个观察的工具，而且是一个解决问题的工具。同时，评价体系还能够促进课程的更新与完善。科学技术和社会经济的快速发展，对会计专业人才的知识技能需求也在不断变化。因此，课程内容必须与时俱进，及时反映社会经济发展和会计职业发展的最新趋势。评价体系能够定期对课程内容进行审查，提出更新与完善的建议，保证课程内容的时效性和前瞻性。

3.高校会计课程评价有助于提升课程质量

课程质量是决定教育质量的重要因素，课程评价体系通过对课程的全方位、多角度的评价，可以有效地提升课程质量。这种评价不仅包括对课程内容的评价，也包括学生学习效果的评价，甚至还包括对课程资源的利用、课程管理的评价等。这种全方位、多角度的评价，可以为提升课程质量提供全面、深入的数据支持。

4.高校会计课程评价有助于提高课程的适应性

高校会计课程评价体系的作用不仅体现在提高教学质量，从更深层次方面来看，它为课程的适应性提升提供了有力支撑。随着社会经济的快速发展，对会计人才的需求日益丰富多样，早已不再仅仅局限于传统的会计记账、报表编制等基础技能，更需要具备良好的职业道德、扎实的专业知识、灵活的应用能力、敏锐的市场洞察力以及不断的创新意识。这些新的需求使得原有的会计课程设置面临新的挑战，需要进行调整和优化，以更好地适应社会需求。

在这个背景下，课程评价体系的功能就显得尤为重要。它能够帮助学校和教师了解到社会对会计人才的最新需求，以此为依据调整课程内容和教学方法，使之更符合社会实际需求，从而提高课程的社会适应性。这不仅包括对会计基础知识的教授，也包括对最新的会计理论、方法的引入，甚至是对会计伦理、法规的讲解，以及对会计相关的职业素养、沟通能力、团队协作能力等的培养。同时，课程评价也可以为学校提供反馈信息，帮助学校了解课程改革的效果，对照社会对会计人才的需求，进一步优化课程设置，提高课程的社会适应性。通过这样的方式，高校会计课程能够更好地满足社会的需求，培养出更符合社会期待的会计人才，为社会经济的发展做出更大的贡献。

二、高校会计课程评价体系构建的原则

高校会计课程评价体系的构建是一个系统的工程，涉及大量的评价内容，涵盖课程体系的各个方面。高校会计课程评价体系构建的原则如图 3-2 所示。

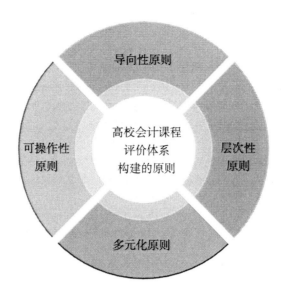

图 3-2　高校会计课程评价体系构建的原则

（一）导向性原则

高校会计课程评价体系应该突出反映会计专业的实践性与应用性特征，课程应该以就业为导向，以能力为本位，因此，课程评价体系的构建也应该重视就业导向与能力本位这两项标准，建立以就业为导向的课程质量评价体系，强调课程内容对学生能力的促进作用。会计评价体系应该从重视学习结果的"终结性评价"向重视学习过程的"形成性评价"与"终结性评价"并重转变，注重对学生综合职业能力的考核，注重对课程内容全面性、科学性、实践性的考察。

课程评价体系除了自身具有就业导向性之外，由于其最终的评价结果涉及课程设置与课程内容的调整，因此，其对课程体系的构建与课程内容的选择同样具有重要的导向作用，这就要求课程评价体系应该尽可能多地覆盖多种相关能力要素，并将课程质量评价与行业职业资格挂钩，使课程内容能够充分反映行业对人才知识与技能结构的需求。

（二）层次性原则

高校会计课程评价体系的构建应该体现层次性原则，课程评价体系应该包括对学生学业成就的评价、对学校课程体系的评价，以及对于具体专业课程的评价三个层面。课程评价体系的构建是一个系统的工程，评价对象涉及课程体系构建和实施的各个环节，因此，课程评价体系应该是一个层次分明的系统。

在高校会计课程评价实践中，课程评价的重点往往放在了相对容易操作的学生学业成就评价与专业课程评价这两个层面，对课程体系的评价还存在一定的提升空间，这就导致课程评价的内容集中在具体的课程教学领域，课程评价体系缺乏明确的层次性，造成课程评价体系不能很好地反映人才培养的质量与水平。

课程评价体系的层次性原则要求，在构建高校会计课程评价体系的过程中，应该以课程评价对象之间的关系为基础，充分发挥课程评价体系各子系统的作用，构建层次明确、分工合理、相辅相成的层次性课程评价体系。

（三）多元化原则

多元化原则是会计课程评价体系构建的重要原则之一，多元化原则在课程评价体系构建的过程中主要体现在两个方面，分别是评价标准的多元化与评价主体的多元化。

多元化原则在会计课程评价体系构建的过程中，首先体现在评价标准的多元化上。课程评价并非单一的过程，而是需要从多个维度、多个角度进行全面评价。包括课程的目标明确性、内容的科学性、结构的合理性等多个方面，每一方面都是衡量一个课程好坏的重要指标。因此，在构建会计课程评价体系时，需要设定多元化的评价标准，以全面、深入地了解课程的各个方面，为课程的改进提供准确、全面的数据支持。此外，多元化原则还体现在评价主体的多元化上。课程评价不仅仅是教师的事情，也不仅仅是学校的事情，更需要吸纳学生、企业、社会等多元化的评价主体参与。学生作为课程的主要受益者，他们的感受、反馈是评价课程的重要依据。企业作为学生就业的主要场所，它们对人才需求的理解、期待，是评价课程是否符合社会需求的重要依据。而社会的评价，更可以从宏观的角度，检验课程是否满足社会的期待，是否符合社会的发展趋势。因此，在构建会计课程评价体系时，需要吸纳多元化的评价主体，以获取全面、深入的评价结果，为课程的优化、改进提供有力的支持。

（四）可操作性原则

可操作性是会计课程评价体系构建的重要原则，合理的课程评价体系不仅要能对课程质量进行科学的评价，还需要具有较强的可操作性。高校会计课程评价体系的可操作性原则主要体现在以下两个方面。

1.简易性

在构建高校会计课程评价体系时，要在保证评价项目完整性的同时，注重评价体系的简化与明确，控制评价指标的数量，剔除无关紧要的评价内容，不应存在评价指标冗余的现象。构建课程评价体系应该做到使评价目标与评价项目之间具有较好的一致性，实现评价项目与评价目标的良好融合，而这一目标的实现依靠的不是冗杂的评价指标，而是能够准确反映课程体系质量的精简且明确的指标。因此，在构建高校会计课程评价体系时要注重评价指标的简易性，使课程既能准确反映课程体系的质量，还简单易行。

2.可测性

高校会计课程评价体系构建的可操作性原则还体现在评价项目和评价标准的可测性上。从分析方法上看，课程体系的评价项目的分析方法主要分为两种，分别是定性分析与定量分析。在定性分析层面，要对评价项目与标准的内涵、等级与层次进行明确的划分，不能使用模糊的术语，要提高评价结论的区分度。在定量分析层面，要使评价项目与标准尽量准确、客观、可测量，要选取科学的数据分析模型对评价指标进行计算与分析，提升评价结果的科学性。

简易性与可测性使课程评价指标具有较强的可操作性，能够直观地反映课程体系的质量，为高校进一步优化课程体系提供科学的参考。

三、高校会计课程评价体系的主要内容

（一）课程目标评价

1.课程目标实现的可行性

课程目标对于课程体系的构建与课程教学具有直接的影响，因此，构建高校会计课程评价体系首先要对课程目标进行评价。可行性评价对于课程目标的制定来说十分重要，只有可行的课程目标才具有价值，才能对课程体系的构建以及课程教学活动起到指导作用。

课程目标的可行性主要体现在以下几个方面：第一，课程目标需要符合客观基础，即学校的教学条件、区域发展实践，以及行业对于人才的需求，等等。倘若课程目标脱离了这些基础条件，就失去了可行性。第二，课程目标需要符合学生的认知规律和身心发展规律，学生是教学活动的主体，不符合主体认知规律的目标自然是难以实现的，因此，在制定课程目标时，既不能揠苗助长，也不能放任自流，要根据学生的认知规律设置课程目标的内容与难度。第三，课程目标的设定要符合教育的一般规律，教育是一个长期的、系统的过程，课程的目标不仅仅是学生短期的知识和技能的掌握，更是培养学生终身学习的能力和良好的人格品质。第四，课程目标需要能被教师所理解、接受并能够在实际教学过程中落实。教师是教学活动的主导者，只有在教师理解并接受课程目标的基础上，教学活动才能按照目标推进，收到理想的育人效果。

2.课程目标表述的准确性

课程目标对于教学活动具有重要的指导作用，因此，课程目标的表

述必须是准确的，而不能是模棱两可的。不同的课程必须分别设立明确的课程目标，对于学生需要掌握的知识与技能进行详细的规定，使学生与教师明确课程教学的内容，以结果性目标表述对会计知识与技能方面的要求，以体验性目标表述对教学过程、教学方法、情感态度与价值观的要求，这样才能有效指导教学活动的开展。

3.课程目标的全面性

课程目标的制定需要具有全面性。

其一，对于课程目标本身来说，课程目标的制定既需要符合行业发展的需求，还需要符合学生成长与发展的需求。这是课程目标评价的重要内容，课程目标是课程教学的目的之所在，人才的知识与技能结构是按照课程目标进行构建的，因此课程目标对于学生的成长与发展十分重要。会计专业以行业需求为导向进行人才培养，因此，课程目标必须符合会计行业对于人才的需求，这样才能为行业发展提供所需的人才，同时，也有利于学生的就业与发展。

其二，从学生个体发展的角度来看，课程目标不仅仅要关注学生知识与技能学习，还要重视学生综合素质的提升，要把学生的情感、态度、价值观、个性发展、创新能力、沟通交流能力、团队协作能力等因素纳入课程目标制定的依据之中，保证在课程目标的指导下，学生的综合素质能够实现显著的提升。

4.课程目标的整体性

课程目标的整体性是课程目标评价的重要考察对象之一，整体性指的是不同课程目标之间应该具有内在的逻辑联系，而不是彼此孤立的。课程体系是一个统一的整体，尽管不同的课程在教学内容与教学模式上存在差异，但是这些课程都是为了服务于同一个专业人才培养方案而存在的，课程之间存在着内在的逻辑联系，因此，不同的课程目标之间也应该具有内在的逻辑联系，服务于人才培养的整体目标。

（二）课程内容选择评价与组织评价

1.课程内容选择评价

课程内容的选择直接关系到学生知识与技能体系的构建，因此，对课程内容选择的评价是会计课程评价体系构建的重要环节。对课程内容选择的评价主要从以下两方面进行。

（1）所选择的课程内容是否有助于实现课程目标。课程目标是课程教学的指导，课程的内容必须符合课程目标。会计所包含的内容十分丰富，涉及的学科十分广泛，会计的课程内容需要经过教育者的选择和提炼，而这一过程必须以实现会计课程目标为前提。

（2）评价课程内容选择范围是否全面。课程内容需要能够全面覆盖学生专业发展所需要掌握的各门知识与技能，会计涉及的知识领域较多，每个领域的知识具有各自的特点，适用的教学模式也各有不同，达成课程目标的侧重点也有所不同，课程内容的选择对于课程目标的支持程度是课程目标得以实现的关键因素。此外，较为全面的课程内容可以帮助学生构建相对丰富的知识体系，使学生未来发展有更多选择的空间，因此，选择的课程内容是否全面也是课程评价的重要因素。

2.课程内容组织评价

在会计课程评价体系的构建过程中，课程内容的评价包括课程内容选择的评价与课程内容组织的评价两部分。课程内容组织的评价关注的是教育者是否对课程的基本要素进行了妥善的安排，课程的组织是否体现了课程体系的统整性和课程之间的衔接性。

在教学实践中，从课程内容的角度审视课程体系的构建，课程内容的选择只是其中的一个方面，课程内容的组织同样十分重要，如果对于课程内容没有科学、合理的组织，那么课程内容将会杂乱无章，不同的课程内容之间缺乏逻辑联系，不利于教学活动的开展，因此，高校应该重视对于课程内容的组织效果的评价。

会计涉及大量交叉学科的学习，因此，其课程内容的组织更是重要的。具体到会计课程内容组织评价当中，评价的内容应该包括以下几个方面。

（1）课程内容的组织是否有利于学生将获得的知识由琐碎的细节统整为一个具有清晰内在逻辑关系的知识体系。

（2）课程内容的组织是否能使不同课程的内容之间形成有效的衔接，进而使得学生能够对知识有一个整体、系统的把握。会计涉及的知识类型丰富多样，在课程内容组织的过程中，要重视不同知识之间的联系与衔接，便于学生理解和掌握。

（3）课程内容是否将理论课程与实践课程有机结合在一起。对于会计专业来说，理论与实践的结合十分重要，因此，会计课程内容的组织要合理安排理论与实践课程的内容，使两者有机结合，形成模块化教学体系。

（三）课程结构评价

1.课程结构合理性评价

对于课程结构的评价主要关注各类课程之间比例的科学性。课程结构反映的是学生需要具备的知识与技能结构，因此，课程结构是否合理将直接影响学生的知识与技能结构是否符合行业对于人才的需求。对于会计专业课程设置来说，课程结构合理性评价主要是需要判断理论课程与实践课程、专业课程与通识类课程之间比例的科学性。

2.课时安排合理性评价

对于课程结构的评价，除了评价不同课程比例之间的合理性之外，还需要对课时安排的合理性进行评价。对于课时安排合理性的评价主要集中在以下两点。

（1）对于课时总量合理性的评价。在课时安排中，课时总量的合理性是最为重要的问题。课时总量倘若不合理，那么课程结构的合理性也将无从谈起。在高校会计课程教学中，课时总量合理性主要体现在显性课程的课时总量安排上。首先，高校需要保证显性课程拥有足够的课时，为学生知识与技能体系的构建提供足够的课时支持。其次，还需要合理安排学生隐性课程的时间，使学生能够通过隐性课程拓展思路，为学生的个性化发展提供支持。

（2）对于具体科目课时安排合理性的评价。对于课时安排合理性评价的另一个重点在于对具体科目课时安排合理性的评价。在高校会计教学中，不同的课程在内容总量与教学目标上都是不同的，不同科目所需的课时也有所不同，与此同时，会计行业对于人才需求的变化也会影响具体科目课时的安排。因此，在对具体科目课时安排的合理性进行评价时，要重点关注其是否符合行业对于人才素质的需求，以及不同科目教学对于课时的需求。

（四）课程实施过程评价与结果评价

1.课程实施过程评价

对于课程实施过程的评价，是会计课程评价体系的重要组成部分。会计课程实施过程的评价主要集中在以下几个方面。

（1）对课程实施媒介教材的评价。教材是知识的载体，是教师开展教学活动最重要的辅助工具，教材直接体现着教学内容，影响着教学方法，在教学过程中扮演着十分重要的角色。对于教材的评价，既要评价教材的逻辑性、科学性、价值性、丰富性，还要评价教材的内容与逻辑是否符合学科教学的规律，是否符合学生的身心发展规律，是否符合学生的认知规律，以及与其他学科内容之间的协调程度。

（2）对课程实施途径的教学评价。对于课程实施途径的教学评价是课程实施过程评价的主体部分，对课程实施途径的教学评价主要集中在对教学方式的评价，教师对教材内容的处理是否得当，教师选取的教学方法是否有利于学生对知识的掌握和理解，教师能否根据不同课程的特点灵活选取合适的教学方法，在教学过程中教师是否帮助学生切实完善了知识与技能结构等，都是对课程实施途径教学评价的主要内容。

（3）对课程实施者的评价。对课程实施者的评价一般指的是对于教师的评价，当然，在会计教学的过程中，课程实施者还包括在实践训练中担任教育者角色的资深行业从业人员。对于课程实施者的评价主要包括以下内容：一是要考查教师是否具备会计教学的素质和能力，包括职业道德、教育理念、专业知识结构、综合知识素养、沟通能力、教材驾驭和开发能力、教学设计能力、教学监控能力以及学术研究能力，等等。二是要考查教师的实践技能水平，会计涉及大量的实践性教学内容，这就要求教师应该具备一定的实践经验与实践能力，这样才能承担起实践教学的重任。

（4）对课程实施条件的评价。课程实施条件对于课程实施结果具有重要的影响，一切教学活动都离不开相关硬件设施与保障措施的支持，因此，对课程实施条件的评价同样也是课程实施过程评价的重要组成部分。教学环境和设施对学生的学习体验与学习效果有着直接的影响，例如，一个安静、舒适的教学环境，先进的教学设备等都可以提高学生的学习效率，增强学习的积极性。对于会计课程来说，一套完善的计算机实验室和会计软件对学生掌握会计信息化的知识和技能尤为重要。

2.课程实施结果评价

课程实施结果评价是课程评价体系的最终环节，同时也是课程评价最为重要的环节之一。课程实施结果评价针对的是课程教学成果，是对整个课程教学过程的总结性评价，课程结果评价的主要作用是通过总结和评价课程教学成果，发现课程教学过程中的优点与不足，进而为课程体系的优化提供指导，因此，对于课程实施结果的评价对课程体系的构建与课程教学的过程具有重要的影响。

会计教学的最终目的是促进学生的全面发展，为会计行业发展提供高素质应用型人才，进而促进区域经济的发展。因此，对于会计课程实施结果的评价不应该仅仅局限于学生对具体知识的掌握，还应该重视对学生综合素质与实践能力的考查，将其作为课程实施结果评价的重要因素，构建符合行业人才需求与学生发展需求的课程实施结果评价体系。

第四章　职业能力视角下的高校会计
实践教学

会计实践教学是会计教学的重要组成部分，是实现会计专业教学目标的重要途径之一。会计教学过程中除了注重教给学生会计基本理论知识之外，还必须强化学生从事会计实际工作的技能训练。这是由会计学科的特点决定的，因此，必须对会计实践教学给予充分的重视。本章首先阐述会计实践教学的重要性，其次分析会计实践教学的实施，最后探讨会计实践教学基地的建设。

第一节　会计实践教学的重要性

一、会计实践教学在会计教学中的作用

（一）会计实践教学有综合运用所学知识的作用

在高校教育中，会计实践教学起着至关重要的作用，特别是在帮助学生综合运用所学知识方面。课堂上所学的会计理论知识，虽然广泛全面，但往往是比较间接的、抽象的。想要将这些知识转化为真正理解的、

比较直接的具体知识，需要在实践环节中加以应用和锻炼。如会计模拟实验和会计实习，可以为学生提供一个将所学理论知识转化为实际操作技能的平台。在这一过程中，学生的会计基础理论知识、会计法规政策以及会计操作技能等必须相互协调，构成一个整体，形成一个合理的知识结构。

对于即将走入社会、投身各行各业会计实际工作的会计专业学生来说，他们不仅需要掌握广泛的会计理论知识，而且需要能够综合运用这些知识。因为用人单位对于会计专业毕业生的能力和知识要求，并不仅仅停留在具有处理账务的能力上，他们还希望会计专业毕业生具备的能力能够更为全面，包括分析决策能力和组织协调能力等。因此，会计专业毕业生需要对所学的各科专业知识进行融会贯通，形成整体的知识结构。会计实践教学为学生提供了这样一个机会，让他们在实践中提高会计思维，塑造良好的职业素养，使得所学知识真正变得活生生，而不是抽象枯燥。

（二）会计实践教学有综合考查所学知识的作用

会计实践教学的另一重要作用体现在其对学生所学知识的综合考查上。考查学生基本理论知识的理解程度，考查学生能不能灵活运用这些知识。会计实践教学既可以检查学生会计专业知识的学习情况，如基础会计学、财务会计学、成本会计学、财务管理学、审计学、财务分析学、会计法规等知识的掌握情况，又可以检查学生对与会计专业相关的其他专业知识的了解情况，如经济法、税法、财政与税收、国际金融、证券投资学、市场营销学等。以会计实践教学中的模拟业务处理为例，该实践课程需要学生运用他们所学的会计基础知识、财务管理知识、税法知识等，完成从记账凭证编制、账簿记录到报表编制等全过程的操作。在这个过程中，学生的会计操作技能、账务处理能力、财务分析能力等将得到全面的考查。

做一个合格的会计人员是不容易的，既要有精深的会计专业知识，又要有广博的相关知识，并能在会计实际工作中灵活地运用这些知识。通过会计实践教学，可以综合考查学生基础知识掌握是否牢固，知识面是否广泛，表达能力、写作能力是否具备等。

（三）会计实践教学有综合提高所学知识的作用

通过会计实践教学，使会计专业学生全面锻炼和综合提高。这个过程不仅使学生的专业知识水平得到提升，也让课堂所学的专业知识能在实践中接受检验，进一步巩固和深化。仅凭理论知识，是无法满足知识经济时代对会计专业人才需求的。只有通过实践，才能发展和创新知识，才能培养出真正合格的会计专业人才。优秀的会计人员，不能仅仅是一个机械的记账员，他们需要具备良好的会计职业道德，精通会计业务，并且对经济现象具有敏锐的洞察力和批判性思维，还要具备良好的人际交往能力。而要成为具备这些素质的人，综合能力的提高是必不可少的。会计实践教学，就是这样一个提升学生综合能力的重要环节。

无论是综合应用知识，还是综合考查知识，或是综合提高知识，都说明会计实践教学的综合性是会计实践教学的一个重要特点。它是理论联系实际，培养具有较强的市场经济意识和社会适应能力，具有较为宽广的经济和财会理论基础，以及相关学科的原理性知识，具备较好的从事会计及其他相关经济管理工作的高素质会计人才的重要方法。当代社会科技飞速发展，各科知识不仅互相渗透，而且互相综合。作为一名会计人员，综合能力越强，则专业水平就会越高。因此，会计实践教学对会计教学具有重要作用。

二、会计实践教学是会计教学过程中的重要环节

会计实践教学是高校会计教学的重要环节。高校的会计教学是多环节的，包括讲课、实验、实习、讨论、社会调查、考试考查、毕业论文

（毕业设计）等。而会计实践教学主要包括会计实验课、校内校外实习、社会调查、毕业论文或毕业设计等，是会计教学的一个重要环节。

（一）会计实践教学是发展认识的重要一环

认识是从感性到理性，从低级到高级的过程。它是一个完整的认识过程，在实践的基础上得以统一。对会计工作的理解和掌握，也是一个由低级到高级，由感性到理性的逐步提高的过程，而实践教学在这一过程中起到了关键作用。会计实践教学使学生能够理解会计工作的核心价值和重要性，使他们意识到会计的职责正在扩大，其社会地位也在逐步提升。此外，实践教学也揭示了会计工作的严谨性和复杂性。实践教学也让学生认识到，会计人员需付出巨大的努力来保障会计行为的规范性、确保会计数据的真实性和完整性，以加强经济和财务管理，提高经济效率和维护社会主义市场经济的有序运行。这些体验和理解使得学生能够在未来的学习和工作实践中，对自身的认识有所提升，以期在专业知识和实践技能上发展更高的层次。

通过会计实践教学，学生不仅能感知到会计工作的各个方面，而且能对其中涉及的课题有更深入的理解，从而在专业发展上获得更为扎实的基础。这样的认识过程，对于他们的学习和未来的工作都是十分必要的。

（二）会计实践教学是使知识转化为能力的重要一环

会计实践教学充当着知识转化为能力的关键桥梁，它的功能丰富，尤其在三个方面有着至关重要的作用：第一，会计实践教学有力地推动了会计专业知识和其他相关知识的转变，使其变为实际工作能力。在学习过程中，真正的目标是能够将知识转化为实际应用，没有实践的知识终究不足以构成完全的理解。例如，想让学生掌握会计实务操作，如填制凭证、登记账簿、编制报表等，仅仅依靠课堂理论讲授是远远不够的，实践教学成为达成这个目标的重要手段。第二，通过会计实践教学，知识和能力可以进一步转化为生产力。知识变为能力只是转化工作的一个环节，下一步应是将知识和能力转化为实际的物质生产。例如，高等教育机构的会计专业可以通过培养合格的会计人才，为社会提供服务，这便是知识和能力转化为生产力的过程，而这一过程是通过教师的会计教学，包括实践教学来实现的。第三，通过会计实践教学，不仅可以提升学生的知识技能，更可以进一步发展教师的知识和智能。例如，观察和评估会计专业学生的实践技能和动手能力，需要教师进行详尽的观察、调查、分析和综合，然后根据结果调整教学计划，提高教学质量。而这一过程中所收集的信息，正是通过实践教学环节获取的。

三、会计实践教学有助于培养创新思维

创新思维是指在解决问题和应对挑战时，能够突破传统思维方式，提出新的、具有创造性的解决方案。会计实践教学在培养创新思维方面具有独特的作用。第一，在会计实践教学中，学生需要应用所学的会计理论知识处理各种实际问题，这就需要他们有创新的思维方式，才能在实际操作中找出最优的解决方案。第二，会计实践教学通过情景模拟、案例分析等方式，提供了一个模拟真实会计工作环境的平台，使学生有机会在实际操作中理解并应用会计理论知识，这就要求他们必须具备创新思维，才能解决实际中的各种问题。第三，会计实践教学有助于培养学生的批判性思维和独立思考能力。在实践教学过程中，学生需要批判性地思考各种问题，独立地寻找解决问题的方案。这就要求他们具备创新思维，能够从不同的角度、用不同的方式思考问题，而不仅仅是机械地应用所学的知识。第四，会计实践教学通过让学生接触和使用各种最新的会计软件与工具，培养他们的信息技术能力，同时也促进了他们的创新思维的形成。在熟练掌握和运用这些工具的过程中，学生需要有创新思维，才能发现并解决使用这些工具过程中出现的问题，找出最有效、

最快捷的使用方法。

四、会计实践教学有利于提高团队合作能力

会计实践教学对于提高学生的团队合作能力有着极大的助益。实际上，会计工作不仅需要个人的专业能力，更需要团队之间的协调和合作。在企业实际运行过程中，会计工作往往涉及多个部门、多个层面，需要团队成员之间进行有效的沟通、协调和合作才能完成。因此，学生在接受会计实践教学的过程中，可以通过团队合作的方式，提升自身的协作能力，为将来步入社会、融入工作团队打下坚实的基础。

在会计实践教学过程中，学生往往需要分工合作，共同完成一项会计任务。这不仅可以锻炼他们的实践能力，也可以提高他们的团队协作能力。通过在实践中解决实际问题，学生可以明白团队合作的重要性，理解团队协作对于工作效率和效果的影响，从而懂得如何与人协作，如何有效地进行团队合作。此外，会计实践教学还能培养学生的沟通能力。在完成会计任务的过程中，学生需要与教师、同学，甚至企业等进行有效沟通，这不仅有助于提高他们的沟通能力，也有助于提高他们的团队协作能力。有效的沟通是团队协作的基础，只有通过有效的沟通，才能确保团队协作的顺利进行。

第二节　会计实践教学的实施

长期以来，部分高校会计教学过程中的实践教学环节没有被重视，存在着重理论知识、重书本知识、重课堂教学而轻实际知识、轻实践教学的现象，在制订教学计划时没有留出足够的时间来进行学生的技能训练，把学生操作技能的培养完全寄希望于毕业实习，结果致使不少学生到单位实习时不知所措，无从下手。这种现象应当引起高校重视，建立

一个切实可行的、合理的会计实践教学体系很有必要。会计实践教学体系包括校内会计实践教学（实验课、单项模拟实习、综合模拟实习、学年论文、毕业论文或毕业设计）和校外会计实践教学（社会实践、毕业实习等）。

一、校内会计实践教学的实施

（一）实验课

会计实验课是会计专业教育的重要组成部分，它是将理论知识和实践操作有机结合的有效方式。这种教学形式的主要目的是使学生通过实验课的实践操作，理解和掌握会计的基本理论知识，了解会计的基本运作流程，熟悉会计的基本业务处理，提高会计核算技能，培养会计实际操作能力。

在具体实施方面，会计实验课一般设立在学生完成一定量的会计基础理论课程学习后进行。通过模拟实际会计环境，设定各种会计业务场景，要求学生按照规定的会计准则和方法，进行会计分录的制作，会计报表的编制，以及相关的会计分析等操作。在这个过程中，教师一般扮演引导和指导的角色，解答学生在实际操作中遇到的问题，指出学生在实际操作中的错误，并对其进行纠正。为了提高会计实验课的教学效果，通常会配备一定的教学设备和教学软件。例如，计算机、财务软件、税务软件等，这些可以帮助学生更好地模拟实际的会计环境，进行实际的会计操作。还会安排专门的教师进行辅导，以确保学生在操作过程中能够独立思考，理解和掌握会计知识。在实验课的最后，通常会要求学生进行会计实验报告的撰写，以检验学生对实验内容的理解程度，以及对会计理论知识的运用程度。也可以通过实验报告，培养学生的文字表达能力和逻辑思维能力。

（二）模拟实习

1.会计单项模拟实习

会计单项模拟实习就是在会计实践教学过程中，针对某一特定的会计科目或业务流程进行的模拟实习。这种教学形式，其主要目的是使学生通过深入的模拟实践，更加具体、深入地理解并掌握某一特定会计科目或业务流程的处理方法和规则。例如，针对"应收账款"这一科目，可以通过模拟实习，让学生了解到应收账款的确认、计量、记录、报告等具体操作过程，熟悉应收账款管理的基本规则，掌握应收账款坏账准备计提和处理等具体方法，提高处理应收账款业务的能力。

会计单项模拟实习通常以教学班为单位，由教研室指派各专业课教师下班指导，在课余进行。具体实施方法如图4-1所示。

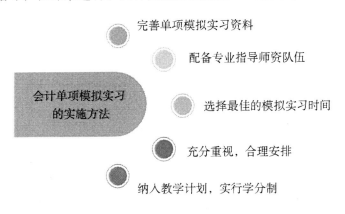

图4-1 会计单项模拟实习的实施方法

（1）完善单项模拟实习资料。单项模拟实习是学生独自完成识别原始凭证、填制记账凭证、登记账簿、编制会计报表等一系列工作的过程。如何设计单项模拟实习资料成为单项模拟实习成功与否的前提和关键。为了实现真实有效的模拟，设计者需要对实际单位的工作过程进行深入理解和精心设计。他们需要收集实际单位的业务资料，通过综合、归类、缩小的方法，将实际工作中复杂、烦琐且重复的业务精简为一套完整、高效且易于理解的模拟实习资料。这样的资料设计既能真实反映企业的业务流程，也能让学生通过模拟操作，全面、综合地理解和掌握会计业务的处理过程。

设计者的任务是要使模拟实习资料精细化和系统化，以此来模拟出一个真实的企业业务场景，让学生能在模拟实习中得到真实感受，提升对会计业务的理解和掌握，从而实现会计学习的目标。单项模拟实习资料包括会计凭证、单据、报表等材料，还包括实习指导书、实习任务书、实习日志等教学指导材料。会计凭证、单据、报表等材料必须设计得尽可能真实。可以根据不同的会计业务流程，制作一系列与实际业务相符的模拟材料，包括购销合同、收发货单据、付款收据、转账凭证等。同时，材料之间的逻辑关系需要严谨准确，以便让学生在处理过程中能够深入理解会计业务流程的内在逻辑。另外，实习指导书和实习任务书是指导学生进行实习的重要材料。实习指导书需要详细阐述实习的目的、内容、方法、流程和要求，以便学生在实习前对实习有一个清晰的认识。实习任务书则需要明确规定学生需要完成的具体任务，包括编写会计分录、登记账簿、编制报表、分析数据等，以便学生在实习过程中有目标地进行。实习日志是记录和反思实习过程的重要工具。教师需要制作清晰明确的实习日志模板，引导学生每天记录自己的实习过程，包括完成的任务、遇到的问题、找到的解决方案、自我评价等，以便学生能够通过实习日志进行自我反思和总结。

（2）配备专业指导师资队伍。单项模拟实习指导教师是开启单项模拟实习的"钥匙"。能否达到单项模拟实习的目的，能否使学生真正有收获，指导老师的作用是不可低估的。专业的指导师资队伍不仅具备深厚的会计理论知识，更拥有丰富的实际操作经验和卓越的指导能力。他们通过以教学班为单位进行指导，以专业知识和实践经验，指导学生们理解和掌握会计业务的处理流程。

具体来说，指导师资队伍的作用主要体现在以下几方面：一是专业指导师资队伍能给予学生正确的指导。会计是一门实践性强的专业，理论知识的掌握需要在实践过程中不断地验证和深化。而专业指导师就是这个过程中的引导者，他们能够帮助学生将理论知识和实际操作相结合，提高学生对会计业务流程的理解和掌握程度。二是专业指导师资队伍可以提供针对性的指导。每个学生的学习能力和理解程度都不同，专业指导师通过对每个学生的个体差异进行研究，为他们提供针对性的指导，使得所有的学生都能够从模拟实习中受益。三是专业指导师资队伍能帮助学生培养正确的学习态度和习惯。会计学习需要持之以恒，需要注意细节，需要有严谨的态度。专业指导师能够通过自身的榜样作用，以及在模拟实习中的具体指导，帮助学生树立正确的学习观念，培养良好的学习习惯。

配备专业指导师资队伍，对于提高会计单项模拟实习的质量，提高学生的实践能力和理论素养，具有至关重要的作用。他们是实现会计单项模拟实习目标的关键，是学生会计学习成功的重要保障。

（3）选择最佳的模拟实习时间。选择最佳的模拟实习时间是对会计单项模拟实习的关键环节之一，不仅影响学生的学习积极性，更直接影响到模拟实习效果的优劣。为此，教研室需要根据学生的学习情况、课程设置等因素，对模拟实习的时间进行周密的筹划和安排。

理想的模拟实习时间应当在学生掌握了一定的会计理论知识后，具备一定的实际操作能力，此时的学生可以将理论知识和实际操作有机地结合起来，既可以提高理论知识的运用效率，又能提升实际操作的技能。对于会计专业的学生来说，在大学二年级完成财务会计学课程的学习后就已具备进行单项模拟实习的条件。因此，教研室还应当根据学生的课程进度和学习状况，尽量将模拟实习时间安排在学生课余时间较多、精力较集中的时期。当然，模拟实习的时间也需要兼顾学生的个体差异，有些学生可能需要更多的时间来准备和完成模拟实习，因此，教研室在安排模拟实习时间的同时，应该给予学生一定的灵活性，让他们可以根据自己的实际情况，合理安排和利用模拟实习的时间。

正确地选择模拟实习时间，可以让学生在模拟实习中更好地发挥自己的优势，充分运用所学知识，提高实习效果。因此，选择最佳的模拟实习时间不仅是提高模拟实习质量的重要环节，更是提高学生会计实践能力的关键步骤。

（4）充分重视，合理安排。会计单项模拟实习是一项重要的教学活动，对于提高学生的会计实操能力具有显著的效果。因此，对于这项活动，必须充分重视并合理安排，以确保实习的顺利进行和实习效果的达成。

确保实习质量的一个重要环节就是成立实习指导小组，这个小组可由系主任担任组长，同时由其他熟悉业务、有较强责任心的专业教师组成。他们分别负责各自的教学班，指导学生进行模拟实习。他们的责任不仅是指导学生如何进行模拟实习，更是监督和保证实习活动的质量，确保实习目标的达成。

模拟实习的时间安排也是一个需要重视的问题。通常，模拟实习需要安排5周的时间，每周的活动都需要有明确的计划和任务。这个计划需要具体明确，而且所有的教学班都要统一进度，确保所有学生都能按照计划进行学习和实操。例如，在实习开始的第一周，指导教师需要对实习要求和实习资料的特点进行详细的解释，让学生熟悉这些资料，准备好进行实习。第二周到第三周，指导教师需要讲解几个有代表性的经济业务的处理方法，然后让学生自己动手编制会计凭证，提高他们的实操能力。第四周，学生需要进行账簿的登记、对账和结账，进行试算平衡，检查他们的会计处理是否准确。到了第五周，学生需要根据前四周的会计处理结果，编制会计报表，以检验他们的会计核算能力。

以上的安排不仅能够确保模拟实习的有序进行，也可以让学生在实操中逐步掌握会计处理的各个环节，提高他们的会计实操能力。

（5）纳入教学计划，实行学分制。会计单项模拟实习作为一个重要的教学环节，理应纳入教学计划，并实行学分制。纳入教学计划意味着这一环节被正式认定为学生学习的一部分，有明确的学习目标和标准。这能确保实习活动的规范性，增强教学的系统性和连贯性，同时使学生更加重视此环节，避免视其为可有可无的附加部分。实行学分制意味着学生的表现将以具体的分数反映，并作为他们学业成绩的一部分，从而使得会计模拟实习有了更强的实效性。这种做法不仅能让学生更加注重实习结果，也能鼓励他们用实际行动去取得更好的学习成果，从而提高他们的动手实操能力。

纳入教学计划和实行学分制可以使模拟实习有充足的时间和资源保障，避免因为教学时间、教师资源等因素而导致实习质量的降低。同时，通过为实习环节设立学分，也可以激发学生的学习积极性，使他们更愿意投入模拟实习中去，更好地理解和掌握会计知识。而且，实行学分制也会让评价方式更加多元，不再只依赖于笔试成绩，而是考查学生的实际操作能力和理解程度。这也更符合现代教育评价的趋势，即注重学生实际能力的培养和评价，而非只看理论知识的掌握程度。这种评价方式也更符合会计专业的特性，能更好地评价出学生的实际水平。

学生在整个校内单项模拟实习过程中虽有老师的指导，但老师只讲授一些操作时应注意的问题与关键。学生要想能顺利完成全部操作并真正通过模拟实习提高自己的能力，除了要在实习过程中将所学会计基础知识与财务会计学知识融会贯通起来之外，还必须注意以下几方面的问题。

第一，准确掌握账务处理程序。账务处理要按照一定的程序来进行，学生只有掌握了正确的账务处理程序，方能真正提高实习操作水平，才能知晓何时填制记账凭证，何时登记明细账，登记总账的依据是什么，报表如何编制，总账与明细账之间怎样核对，报表的数据怎样平衡和相互衔接。这些基本程序问题都应掌握清楚，否则就会在实际操作中出现"本末倒置"现象，从而降低操作水平。

第二，细心操作，认真对待。整个模拟实习过程，展示给学生的是一个庞大的数据系统，特别是在汇总科目平衡表时，庞大的数字稍不留意就会不相符。学生只有细心操作，认真对待，才能不出差错顺利完成实习并因此提高会计动手能力。然而，有些学生在操作中发现账与账之间不相符、报表不平衡就随意更改数字来实现相符和平衡。虽然完成了实习，但不负责任的态度却滋生了。如果这种态度和行为发生在实际工作中，就有可能酿成大错，导致企业的财产不真实，利润虚增或虚减，给企业造成不必要的损失。另外，在实习中，有些学生明知报表不平衡是错误的，也一交了之，这种态度和行为也是不可取的。

第三，比耐心，拼毅力。因单项模拟实习是将一个单位的基本业务加以浓缩，业务量较多，学校也不可能给予学生单独的时间来操作，因此，学生只能利用业余时间来做。学生为了应付各门课程的学习，有可能忽视单项模拟实习操作，可能会出现先做几笔业务，就认为自己会做了，后面的操作就抄袭他人的现象，这样就不能达到实习的目的。学校应该培养每一个学生的耐心和毅力，形成一个学生与学生之间比耐心、拼毅力的竞争环境。

第四，高校会计专业单项模拟实习应改进之处。目前，单项模拟实习大多是手工操作，高校若能将单项模拟实习运用电算化进行操作，既能为所有学生提供一个上机操作的机会，也能使其巩固以前所学的计算机课程，又能为以后的会计电算化操作打下基础，更能提高学生的模拟实习兴趣。

2.会计综合模拟实习

会计综合模拟实习是在会计单项模拟实习的基础上，综合运用所学会计知识，模拟整个企业的会计核算过程。与单项模拟实习相比，它的内容更为全面，更具综合性，也更具挑战性。该实习旨在培养学生的会计职业素养、会计实务操作技能和综合分析问题、解决问题的能力。在这个过程中，学生不仅需要掌握和运用基础会计知识，还需要了解和掌握企业运营的全貌，包括生产、销售、财务等各个环节的运作情况，并能够根据这些情况进行合理的会计处理。会计综合模拟实习通常在大学三年级或四年级进行，此时的学生已经掌握了较为全面的会计知识，具备了一定的实际操作能力，可以在实习中深化理论知识，增强实践能力。

会计综合模拟实习在时间安排、资料设计、师资队伍配置、组织管理等方面比单项模拟实习要求更高，所以，要制订好计划和实施方案。本节根据会计学专业实习情况，制订了会计学专业本科综合模拟实习方案，方案如下。

会计学专业本科综合模拟实习方案

会计综合模拟实习是缩短理论教学与社会实践的距离，培养学生实际动手能力的一个重要途径，是毕业实习的一个重要组成部分。为了使学生走向社会适应会计改革的新形势，帮助学生尽快地熟悉和掌握新的会计有关规定及具体内容，我们设计了一套制造业模拟实习资料。根据教学计划，安排××班××人在第七学期下半期进行校内模拟实习，为保证实习顺利进行，特制订本实习方案。

一、实习目的

根据学院培养应用型高级专业人才的需要，拟通过对制造业的常规财务会计业务活动的操作训练，以及通过对计算机上机操作熟悉地掌握会计软件的使用方法，使学生从总体上了解制造企业财务会计的主要内容及经济业务的处理方法，掌握会计基本技能，巩固所学理论知识，培养分析问题的能力和动手操作的能力，为走向工作岗位打下良好基础。

二、实习内容和实习过程

实习内容为制造业的手工会计核算（开账、制单、记账、成本计算及分配、编制会计报表及年终财务分析）；计算机上机操作；撰写实习报告。

实习过程及时间安排：本次实习从××年××月××日到××年××月××日，共分六个阶段。

第一阶段：实习动员，熟悉岗位（××年××月××日）。

第二阶段：阅读技术资料、期初资料、开设账户（××年××月××日—××年××月××日）。

第三阶段：业务运作（××年××月××日—××年××月××日）。

第四阶段：编制财务报表（××年××月××日—××年××月××日）。

第五阶段：计算机上机（××年××月××日—××年××月××日）。

第六阶段：撰写实习报告，进行实习总结（××年××月××日—××年××月××日）。

三、实习岗位（定期轮换）

本次模拟实习分成××条线，每条线设11个岗位，共计14个人。

（1）采购核算岗位（1人）。

（2）存货核算岗位（1人）。

（3）车间成本核算岗位（4人）。其中铸造车间1人，加工车间1人，装配车间1人，机修车间1人。

（4）公司成本核算岗位（1人）。

（5）财务经理岗位（1人）。

（6）出纳岗位（1人）。

（7）销售核算岗位（1人）。

（8）往来核算岗位（1人）。

（9）银行岗位（1人）。

（10）外协单位（供货机构兼外出纳）（1人）。

（11）外协单位（需求机构兼外出纳）（1人）。

四、模拟实习指导老师的配置

组织领导：

指导老师：

五、模拟实习的基本要求及成绩考核

模拟实习结束日，安排学生提交实习日志（个人操作记录）和个人实习总结报告两份材料，指导老师根据模拟实习成绩考核方案评定成绩并报教务处。成绩考核等级分优、良、中、及格、不及格五个等级。

六、各细分岗人员安排表（略）

会计综合模拟实验室

××年××月××日

（三）学年论文与毕业论文

1.学年论文

学年论文作为一项基础训练，是会计专业实践教学的重要环节，致力于培养学生利用已掌握的知识分析实际问题，提高其独立工作和创新能力。其目标不仅是让学生学会新知识，更是激发他们运用所学会计知识，对某一特定领域或问题提出具有创新性和说服力的观点。这一环节通常安排在第六学期，即学生学完主要专业课程后，可以用1～2周的集中形式进行，也可以在课余时间逐步完成。

学年论文的具体实施步骤如下：第一步，为学生提供一些实际、新颖的参考选题。这些选题由专业教研室根据教学目标和计划，并结合学生所学专业特点制定。学生首次接触论文写作，因此选题的规模不应过大，篇幅一般约4000字，避免涉及范围过广，以便在已有知识基础上，让学生尽可能提出新的观点和理解。第二步，在学生确定选题后，教研室将根据教师的科研情况和研究方向，为学生分配合适的指导教师。指导教师的职责是全程指导学生的学年论文写作，包括提纲拟定、资料收

集、写作要领、文字表达、初稿修改以及定稿审阅等环节。第三步，指导教师将为学年论文写出评语，并对其进行成绩评定。

2.毕业论文或毕业设计

毕业论文或毕业设计是会计专业学生在大学阶段的最后一个重要学术任务，是检验学生专业研究能力和专业写作水平的关键环节。此项任务需要学生将所学知识整合，对所选的特定问题进行深入研究，并阐述自己的学术见解。对于专注于会计电算化的学生来说，除了撰写毕业论文外，还可以通过毕业设计来完成这一学术任务，如开发一个程序或设计一个软件包。因为毕业论文或毕业设计是学生在校学习的最后一项实践教学活动，所以时间通常安排在最后一个学期，也就是第八学期，全程大约需要2个月的时间。具体的实施步骤如下。

（1）各教研室需要从会计人才的培养目标和培养规格出发，紧密结合当前社会经济实际以及会计学科的特性，精心制定一系列参考选题。此过程中需要注意以下问题：一是选题需要能够展现会计学科的多样性和实用性，同时也需要与现代社会经济现象和发展趋势紧密相连。学生可以根据自己的兴趣和专长，以及对未来职业发展的规划，自由选择自己的毕业论文或毕业设计题目。二是确定论文的范围和深度。毕业论文或毕业设计的题目，应当比学年论文的题目要大一些，深一些。虽然一篇毕业论文不可能完全展现学生在大学四年中所学习的所有知识，但是它可以反映出学生运用在大学四年中所学习的知识，来分析和解决会计学科内某一基本问题的学术水平和科研能力。三是制定论文的篇幅要求。毕业论文的篇幅要求为8000字左右。这样的篇幅不仅可以确保论文内容的全面性和深入性，也可以让学生在撰写论文的过程中对自己的学术写作技巧进行更全面的练习和提高。尽管篇幅有要求，但重要的是内容的质量，篇幅只是一个参考，不可过于追求字数而忽视了论文的核心内容。

（2）各教研室根据学生选题，选派讲师以上职称的、有较高学术水平的教师对学生的撰写工作进行全过程的指导。这个过程非常重要，因为它涉及学生毕业论文的质量和完成情况。具有较高学术水平的讲师能够准确理解学生论文的主题和方向，提供有效的指导和建议，帮助学生规避可能的错误，提高论文的质量。

讲师对学生的全过程指导，从提纲、初稿、二稿直到定稿，具体表现为以下几个环节：一是提纲阶段，指导教师可以帮助学生明确论文的结构和主题，提供相关的参考文献和资料，以及给出如何进行研究和分析的方法。二是初稿阶段，指导教师可以提供对论文初稿的评价和建议，例如，语言表达、逻辑结构、数据和事实的准确性等，帮助学生修改和完善论文。三是二稿阶段，指导教师可以对修改后的论文进行进一步的审查，确保论文的质量符合学术规范。四是定稿阶段，指导教师确认论文已经达到提交的标准，学生就可以准备提交毕业论文了。在每个阶段，指导教师的作用都是至关重要的。他们的专业知识和学术经验可以提供宝贵的指导，确保学生的毕业论文满足学术要求和标准。同时，他们也可以通过这个过程，培养学生的独立研究能力和学术写作能力。

（3）毕业论文或毕业设计完成后应由指导教师进行审查，这是确保论文的质量和学术水平的关键步骤。审查的过程一般会对论文内容深度阅读，检查其学术性、原创性和逻辑性。对于论文的形式，如语言、格式和引用等，也会进行严格的审查。最好的做法是由两位指导教师评阅每一篇论文，这样可以从不同的角度和视角对论文进行全面的审查和评价。

审查完成后，指导教师需要写出评语，评定论文的成绩。评语通常会涵盖论文的优点和不足，以及如何改进的建议。它提供了关于学生学术写作技能的具体反馈，并指出了学生在研究方法、数据分析或理论阐述等方面的表现。此外，评定论文的成绩不仅反映了学生在毕业论文上的工作成果，也是对学生在整个学习周期中研究能力和专业知识的评估。

（4）审查完成后，需要交给答辩小组进行答辩。答辩是学生公开阐述自己研究成果的过程，同时也是对学生在口头表达和应对问题方面能力的考核。答辩小组由几位具有相关专业知识的教师组成，他们会对论文进行深入的探讨，提出问题，评价学生的研究成果和阐述能力。答辩是学生展示自己独立思考和解决问题能力的重要机会，也是他们在学习过程中积累的知识和技能的最后检验。答辩小组在毕业论文或毕业设计的答辩结束后负责评估学生的表现并给出答辩成绩。这是一个系统性和公正的过程，旨在全面评估学生的学术能力、分析能力、应对压力的能力以及沟通和表达技巧。答辩小组的成员通常由3到5位有着相关专业知识和教学经验的教师组成，他们从不同角度对学生的表现进行评估，从而使评分更具公正性和公平性。

答辩小组的评估主要包括以下几个方面：学生是否对研究问题有深入的理解，是否能够清晰地阐述自己的观点，是否能够应对答辩小组提出的疑问，以及在答辩过程中的态度和表现。所有这些因素都将纳入答辩成绩的评估中。在确定答辩成绩之后，答辩小组会与指导教师一起综合考虑学生的论文成绩和答辩成绩，从而确定一个综合成绩。这个综合成绩能够客观、公正地反映学生在毕业论文或毕业设计中的全面表现。此外，答辩小组还会撰写评语，对学生的表现进行总结和评价，提供对他们学术研究和写作能力的反馈。

整个过程旨在鼓励学生运用他们所学的知识和技能进行独立研究，提高他们的研究和写作能力，为他们的未来职业生涯做好准备。同时，毕业论文或毕业设计的评估过程也能让教师了解和评估课程对学生能力培养的效果，从而对教学内容和方法进行适当的调整与改进。

二、校外会计实践教学的实施

（一）社会实践

社会实践是一种独特的教学方法，能将会计专业学生从理论学习环境引入实际的社会环境中。这是一个目标明确的实践活动，其目的是提升学生的交流能力、公关能力和自我发展能力，同时深化对国家和社会情况的理解。这个过程是对我国企事业单位会计工作现状的深入了解，研究包括会计工作知识、人员配备、人员素质、工作环境以及存在的主要问题在内的各个方面。此外，还可以专门研究与会计工作相关的具体问题，如新《会计法》的执行情况，会计委派制的实施状况，以及新《企业会计制度》的实施情况等。

社会实践活动由学生自主联系实践单位，一般在暑假进行，也是教学计划的一部分。对于低年级的学生，他们可以进行一般的社会调查，运用马克思主义的立场、观点和方法，对当前的社会热点、经济热点问题进行分析和判断，并提出解决这些问题的方法，形成调查报告。高年级的学生则可以结合自己已经掌握的会计专业知识进行更深入的调查，并撰写相应的报告。

社会实践活动应根据教学计划的要求进行，具有严密的计划和周全的部署。包括在调查开始之前安排指导教师对学生的调查提纲进行指导，在调查进行期间对学生的调查情况进行详细了解和全程指导，在调查结束之后对学生撰写的调查报告进行评审。活动最后，指导老师应进行成绩评定，对学生的整个社会实践活动进行总结。

（二）毕业实习

毕业实习是会计实践教学的重要环节，是学生巩固理论知识，丰富感性认识，了解我国会计改革现状，掌握企业会计实务具体操作过程的重要途径。通过毕业实习，能促使学生提高综合运用专业知识解决实际业务问题的能力，能提高学生职业判断能力和与各方面协调的能力。同时，能缩短学生毕业后走上工作岗位的适应期。因此，高校应重视这一环节的教学与管理。

1.毕业实习的组织形式

（1）集中实习。集中实习是一种更为系统的、有组织的实习形式。

在这种形式下，学生被组织在一起去相同或相近的实习单位进行实习，这些实习单位一般是经过学校筛选和确认的，具有一定的教学条件和实习环境。集中实习有助于实习单位和学校的教师对学生的行为与学习成果进行有效的监督和管理。同时，这种实习方式也可以促进学生之间的交流和互动，他们可以共享经验、交流想法，互相学习，互相激励。在集中实习中，学生有机会直接接触到真实的会计工作环境，亲身体验会计工作的流程，更好地理解和应用理论知识。此外，集中实习也有助于培养学生的团队精神和合作能力，因为在实习过程中，他们需要与同伴、指导老师以及实习单位的员工合作，解决实际问题。总的来说，集中实习是一种有效的实习方式，可以帮助学生更好地理解和掌握会计知识，提升他们的实践能力和团队合作能力。

（2）分散实习。分散实习是将学生分散到各个实习单位进行个别实习，每个学生可能面临不同的实习环境和任务，这种方式给予学生更大的自主性和独立性。分散实习可以让学生有机会在实际工作环境中，应用所学的会计知识和技能，以满足不同实习单位的特定要求和需要。分散实习强调个人的独立思考和解决问题的能力，对个人的责任心和自我管理能力要求较高。在这种实习形式下，学生需要对自己的学习进度和质量负责，同时，他们需要适应各种不同的工作环境和工作内容，这对学生的适应能力和应变能力提出了更高的要求。通过分散实习，学生可以根据自己的兴趣和职业规划，选择最适合自己的实习单位，让实习过程更加个性化，更能满足学生的职业发展需要。同时，分散实习还可以帮助学生建立人脉，为未来的就业铺平道路。虽然分散实习给学生提供了更多的自主权，但同时也需要学校和实习单位提供适当的指导与支持，以确保实习过程的有效性和质量。

2.毕业实习的组织与实施

毕业实习的组织与实施包括三个阶段，具体如图 4-2 所示。

图 4-2　毕业实习的组织与实施

（1）准备阶段。准备阶段的主要工作有以下六项。

第一，建立实习领导小组。建立实习领导小组是毕业实习准备阶段的重要任务之一，它的主要责任是规划、协调和监督实习活动的各个方面。实习领导小组通常由教学管理者、专业教师、实习指导教师和学生代表等多方面的人员组成，从而确保实习活动从多个角度得到充分的考虑和规划。实习领导小组应定期召开会议，讨论并确定实习的目标、内容、时间表、评价标准等关键问题，以确保实习活动的顺利进行。在实习过程中，实习领导小组还需要监督实习活动的实施，包括实习进度的跟踪、实习效果的评估，以及实习问题的解决等。在实习结束后，实习领导小组应进行实习总结，评估实习活动的效果，发现并记录实习过程中的问题和经验，为今后的实习活动提供参考。通过这种方式，实习领导小组在实习活动中起到了桥梁和纽带的作用，它连接了学校、实习单位和学生，有效地推动了实习活动有序、高效地进行。

第二，编写实习文件。实习文件通常包括实习方案、实习任务书、实习日志、实习报告等文档。实习方案是对实习活动进行总体规划的文档，包括实习的目标、内容、时间安排、实习单位选择、实习管理和实习评估等方面的内容。实习任务书则是对实习内容的具体描述和规定，它详细规定了实习生在实习过程中需要完成的各项任务，包括学习的内容、能力的提升、工作的完成等。实习日志是实习生在实习过程中记录自己学习和工作情况的日志，包括每天的学习内容、工作进度、问题和解决方案、感受和反思等。实习报告则是实习生在实习结束后编写的对实习活动的总结和反思，它不仅需要对实习的内容、进度和结果进行全面的描述和分析，还需要对实习过程中的问题和困难进行反思与解决，对自己在实习中的学习和成长进行自我评价。通过编写实习文件，实习生可以更好地规划和管理自己的实习活动，更好地反思和总结自己的实习经历，从而提升自己的专业能力和素质。

第三，落实实习单位。落实实习单位是毕业实习准备阶段的关键环节。选择合适的实习单位不仅能为实习生提供丰富的实践机会，也能确保实习活动的顺利进行。实习单位的选择需要考虑多种因素，包括单位的行业背景、规模、业务内容、工作环境等。理想的实习单位应该能提供与学生专业相关的实习职位，有专业的人员对实习生进行指导，并能为实习生提供良好的工作环境和实践条件。选择实习单位的过程需要通过多种方式进行，如学校与企业的合作、实习生自我寻找等。在落实实习单位的过程中，需要实习生、学校和实习单位三方密切协作，确保实习活动的顺利进行。实习生需要了解并确认实习单位的相关情况，包括实习岗位的职责、实习期间的工作内容、工作时间等，以便做好充分的实习准备。同时，学校需要在实习单位选择、实习合同签订等环节进行监督和指导，确保实习的顺利进行。

第四，聘请实习指导教师。聘请实习指导教师是毕业实习准备阶段的重要组成部分，主要目的是确保实习生的实习活动得到有效的指导和监督。理想的实习指导教师应具备丰富的教学经验和专业知识，熟悉实习内容，能够对实习生进行专业的指导和建议。在聘请实习指导教师时，需要考虑教师的教学质量、教学经验、专业背景和研究领域等因素。另外，实习指导教师的职责不仅仅是对实习生进行教学指导，还包括对实习生的工作态度和表现进行评价，以及与实习单位进行有效的沟通和协调，解决实习过程中可能出现的问题。在聘请实习指导教师的过程中，需要学校、实习单位和实习生三方共同协作，以确保实习指导教师的角色得到充分发挥，实习生能够在实习过程中得到有效的指导和帮助。实习指导教师的聘请和配备，是毕业实习顺利进行的关键所在。

第五，集中指导。集中指导是对学生实习前进行必要的专业知识和实习技能的集中训练与指导。这个阶段通常包括两部分内容，一是重点强化和复习实习所需要的专业知识，二是针对实习内容进行模拟训练和操作技能的指导。在集中指导阶段，教师应按照实习计划和教学大纲，将实习相关的理论知识、实习程序、实习技巧等进行详细解读和实践指导，使学生对实习有一个全面、详细的了解和把握。在进行集中指导的同时，应强调实习的安全注意事项，让学生明确实习的行为规范和职业道德，提醒学生在实习过程中注意保护自身权益。集中指导的主要目标是确保学生具备开始实习所需的必要知识和技能，为学生提供实习过程中可能遇到的问题的解决方案，以便学生能够顺利开始和完成实习任务。

第六，资料准备。资料准备是指实习生在正式开始实习前，应根据指导教师的建议和自己选择的实习主题，通过查阅学校和系资料室的相关专业书籍，收集和整理相关的专业资料，为实习过程做好充足的知识储备。这些资料可能包括理论知识、实例分析、操作手册、工具使用指南等，都是实习生在实习过程中需要反复参考的重要信息。资料准备不仅可以帮助实习生在实习过程中更好地理解和掌握实习内容，还能帮助实习生在遇到问题时有所参考，找到问题的解决方案。在实习过程中，实习生应随时更新和补充资料库，以适应实习任务的变化和发展，保证实习的顺利进行。通过资料的准备，实习生可以了解并掌握实习的相关理论知识，更好地应用在实习中提升实习的效果。

（2）实施阶段。实施阶段是毕业实习中的关键阶段，此时实习生已经进入实习单位，开始了实践操作。实习生主要依据之前的实习计划，与实习单位的其他员工一同工作，将所学知识和技能应用到具体的工作中。实习生不仅需要掌握业务技能，还需要了解并适应实习单位的工作环境和文化，处理好人际关系，彰显良好的职业素养。在实习过程中，日志的记录是必不可少的环节。实习生需要每日如实填写实习日志，记载自己每天的工作内容，以及在工作中遇到的问题和解决的方法。这些日志不仅可以帮助实习生回顾和思考自己的实习经历，也为日后的考核提供了依据。

实习指导教师也承担着重要的责任。他们需要定期通过抽查实习日志、实地检查、电话检查和通信答疑等方法，了解实习生的实习进展，并进行必要的指导和帮助。对于实习生在实习点的业务技能操作问题，兼职实习指导教师则需要提供更为具体和详细的指导，确保实习生能够顺利完成实习任务。

在实施阶段，良好的沟通是保证实习效果的关键。实习生需要与实习指导教师以及实习单位的其他员工保持密切的联系，主动寻求帮助，及时解决实习过程中遇到的问题。同时，实习生也需要对自己的实习经历进行反思和总结，从实习中学习和成长。通过这一阶段的实习，实习生能够获得真实的工作经验，增强自己的专业能力，为将来的职业生涯打下坚实的基础。

（3）总结阶段。总结阶段的主要工作有以下七项。

第一，全面交流实习情况。全面交流实习情况的环节，强调了实习生、实习指导教师以及实习单位之间的信息共享和交流。此阶段对于实习生来说是十分关键的，因为这是他们把个人实习经验转化为可交流和分享知识的机会。在交流中，实习生需要详细地介绍自己在实习过程中的工作内容，同时展示个人对于实习任务的理解，以及在实际操作过程中的得失。实习生可以通过描述个人经验、分享案例，以及提出见解等方式，进行全面的实习情况交流。全面交流实习情况也是对实习生能力的一个重要考察。通过对实习情况的全面交流，不仅可以使实习生对自己的实习经历有一个深入的理解和反思，而且可以提升实习生的沟通能力和团队协作能力。此外，实习指导教师和实习单位可以通过全面交流实习情况，进一步了解实习生在实习过程中的表现，为后续的评价和反馈提供依据。

　　第二，集中验收实习资料。集中验收实习资料是实习总结阶段的一个重要环节，此环节的主要目的是通过对实习生所提交的各类实习资料的验收，以评估其在实习期间的表现及所取得的成果。在这个阶段，实习指导教师通常会对实习生逐一进行验收，并对其在实习期间所准备的实习方案所规定的实习资料进行全面的查验。

　　验收的主要内容包括一份所在实习单位一个月的系统会计资料，有原始凭证的复制件、记账凭证、账簿记录、会计报表及财务分析报告等，并将这些资料整理装订成册。这些资料是实习生在实习期间完成的重要会计工作的直接体现，同时也是实习生对实习单位会计工作理解和掌握情况的重要反映。验收这些资料，不仅可以了解实习生在实习期间的工作情况，还可以帮助评估其会计专业知识的运用情况和工作能力。此外，还包括一份不少于 3000 字的实习报告。实习报告是实习生对自己实习经历的反思和总结，是实习生综合运用理论知识、专业技能和实际操作经验来分析、评估和解决实际问题的能力的一种体现。通过对实习报告的验收，可以更深入地了解实习生的思考深度、逻辑能力和综合素质。

　　第三，汇展实习成果。汇展实习成果的目的是通过展示学生在实习期间的重要成果，激励学生进一步提升专业技能，同时为其他学生提供了学习和借鉴的机会。评定优秀实习成果是汇展的首要步骤，指导教师将根据学生的实习报告、实习资料和实习表现，从中选择出表现最优秀的实习成果。

　　汇展实习成果不仅包括这一届学生的实习成果，还会将历届的优秀实习成果一同展出。这样做的目的是形成一种良性的竞争氛围，通过展示前人的优秀成果，激励当前的实习生更加努力，争取取得更好的实习效果。此外，学校还会组织全体实习生及低年级的学生进行观摩。对于实习生来说，这是一个反思和学习的机会，他们可以通过比较自己和他人的实习成果，找出自己的不足，以便在今后的学习和实习中做出改进。

对于低年级学生来说，观摩优秀的实习成果可以帮助他们更好地理解和掌握会计专业知识，为他们未来的实习做好准备。

第四，实习情况的问卷调查。实习情况的问卷调查是实习总结阶段的重要部分，其主要目的是收集和了解实习组织情况与效果的信息，为进一步改善实习工作提供依据。问卷调查通常针对三个主要参与者：实习生、实习生所在单位的指导教师以及本校实习指导教师。每个参与者都有自己的角度和观点，通过集合他们的反馈，可以得到对实习过程全面而深入的理解。

"实习情况问卷表"是收集反馈的主要工具，它应包含一系列有关实习的问题，如实习工作的安排和执行情况，实习过程中遇到的困难和问题，实习成果的质量和数量等。实习生可以根据自己的亲身经历，给出对实习工作的评价和建议；实习单位的指导教师则可以从企业的角度，评价实习生的表现和学校实习组织的效果；本校实习指导教师则可以从教学的角度，评价实习过程的运行和实习生的学习效果。

收集到的问卷数据，将被用于分析和比较实习的组织情况与效果。这包括对比实习期间和实习前的数据，分析实习的成效和存在的问题。分析结果将被用作改进实习工作的依据，如调整实习的组织和执行方式，改进实习的管理和监督机制等。这样，通过问卷调查和数据分析，可以使实习工作更为科学和有效，更好地提升实习生的学习效果和满意度。

第五，综合评定实习成绩。综合评定实习成绩是毕业实习总结阶段的关键环节，以此评估学生的实习表现和学习成果，进而为他们的职业发展提供宝贵的反馈。实习成绩的评定可以采取"双轨制"来确保其公平性和有效性。

"双轨制"中的第一轨是单独评定实习成绩。这一部分由实习报告、实习系统资料、学校实习指导教师的鉴定以及实习单位指导教师的鉴定这四个部分构成。其中，实习报告和实习系统资料各占40%，反映了学生在实习期间的工作表现和专业知识应用能力；学校实习指导教师的鉴定以及实习单位指导教师的鉴定各占10%，从两个不同的角度对学生的实习表现进行评价。第二轨则是将实习成绩按照一定比例计入相关专业课的总评成绩中。例如，会计课专业实习成绩可以按照30%的比例计入财务会计总评成绩，这样既能突出实习的重要性，又能与理论教学紧密结合，使学生在实践中应用理论知识，提高学习效果。

这种评定方式旨在全面评估学生的实习表现，包括他们的专业知识运用、业务操作技能、问题解决能力以及团队协作精神等各方面。同时，将实习成绩纳入专业课成绩评定，也体现了理论与实践相结合的教学理念，有助于提升学生的实践能力和就业竞争力。

第六，实习资料整理归档。实习资料的整理和归档对于后续的教学和学习都有着重要的意义。实习期间收集的所有相关资料，如原始凭证的复制件、记账凭证、账簿记录、会计报表、财务分析报告以及实习报告等，都需要经过详细的整理和分类，以便于存档和使用。这些实习资料不仅可以作为教学档案的一部分，为教师在课堂上提供实际案例作参考，提高教学效果，也可以被用作未来实习生的参照范本，帮助他们更好地理解和掌握会计实务操作的各个环节。此外，对于学生来说，参照这些实习资料也能够提高他们对专业知识的理解和运用能力，提升其解决实际问题的能力。

第七，全面总结实习工作。全面总结实习工作是毕业实习过程中的最后环节，它有助于梳理实习活动的全过程，反思在实施过程中的优点与不足，以便在将来的实习活动中做出改进。在实习结束后，实习领导小组需要进行详细的反思和分析，厘清本次实习活动的经验教训和需要改进的地方。这个过程包括对实习目标的达成程度进行评估，对实习活动的组织、执行和结果进行全面的分析，对实习生在实习过程中的行为、成绩和进步进行总结评价，以及对实习单位的评价等。

通过对实习工作的全面总结，可以对本次实习活动有一个深入的理解和评估，这对于提升未来实习活动的质量和效果具有重要的指导意义。

同时，总结报告也可以作为教学档案的一部分保存起来，对于后续的教学活动和实习活动具有参考价值。因此，全面总结实习工作不仅是对实习活动本身的反思和评价，也是对未来教学和实习活动的积极准备与规划。

三、会计实践教学的组织管理

（一）会计实践教学组织管理的意义

1.协调会计实践教学中的关系

在实践教学的各个环节中，存在着许多错综复杂的关系，对于这些复杂的关系，必须采取严格的科学管理，合理处理和协调各种矛盾与问题，以保证实践教学的顺利进行和教学效果的优化。

专业院系与教务部门之间的关系是教学管理的核心，需要协调好各方面的教学资源，保证实践教学的顺利进行。同时要建立有效的信息沟通机制，以便及时掌握和解决实践教学中的问题；指导老师与实习生之间的关系是实践教学的主体，需要建立起良好的师生关系，形成互相尊重、互相学习的良好氛围，指导老师需要对学生进行科学、系统的指导，帮助他们解决实践中的问题，提高实习效果。实习生与实习单位辅导教师的关系也十分重要，辅导教师是学生在实习单位的重要引导者和帮助者，他们的角色、责任、待遇等需要明确，并得到良好的实施，以激发他们的工作热情，提高教学质量。实习生与实习生之间的关系也不容忽视，团队合作是实习活动中的重要环节，学生之间的良好关系有利于提高团队的整体效果，加强合作意识和能力。此外，校内会计综合模拟实习与校外毕业实习之间的关系也需要细心对待，两者需要相互衔接，形成统一的教学体系，以提高教学的连贯性和实效性。

2.提高会计实践教学质量

会计实践教学质量的提升，不仅取决于学生自身的专业理论知识和对实际操作技能的追求，更与组织管理的科学性和合理性紧密相关。校内综合模拟实习，各个会计岗位的人员配置和定期轮换需要通过周密的计划与科学的管理来实现。同样，校外专业实习的组织、要求设定、时间安排以及实习成绩的评估等方面，都离不开实习计划的整体部署、工作的合理布局以及必要的规章制度等管理手段。如果没有这样的管理，教学活动可能会陷入混乱，从而影响实践教学的质量。因此，实行严谨的组织管理对于提升会计实践教学质量具有显著的效果。管理方式越科学和合理，实践教学的质量也就可能越高。

（二）会计实践教学组织管理的原则

会计实践教学组织管理应遵循一定的原则，主要原则如图4-3所示。

图4-3 会计实践教学组织管理的原则

1.系统原则

系统原则主张实践教学应作为一个整体来看待，每个环节、每个步骤都互相关联、互相影响。实践教学不仅包括学生的操作环节，更包括前期的准备阶段、中期的实施阶段和后期的总结阶段，这三个阶段缺一不可，互相依赖，互为条件。任何一个环节的漏洞都可能影响到实践教学的整体效果。因此，在进行实践教学的组织管理时，要从全局出发，系统考虑，做好每一个环节的衔接和配合，使得实践教学形成一个有机的整体。同时，实践教学的每一个环节都需要与理论教学、课程设计等其他教学环节相结合，形成贯穿始终的教学系统。只有这样，实践教学才能最大限度地发挥其作用，达到预期的教学目标。

2.灵活原则

灵活原则强调，会计实践教学组织管理需要根据实际情况进行灵活调整。因为会计实践教学涉及的内容广泛，涵盖会计理论、会计技能以及实际业务处理等多个层面，而且实习环境、学生的学习水平、实习单位的实际情况等因素都有可能产生变化，这就需要教师在组织管理实践教学的过程中能够做到随机应变，灵活调整。例如，如果实习单位的实际情况发生了变化，需要修改实习计划，那么教师就应当根据变化的情况，及时调整实习内容，确保实习教学能够顺利进行；如果学生的学习水平有所提高，需要提供更高级别的实践教学，那么教师也应当灵活调整教学内容，挑战学生的极限，激发学生的潜力。同时，会计实践教学还应该与社会的需求以及科技的发展紧密结合，不断进行改革和创新。例如，随着科技的进步，会计工作也在逐渐电子化、自动化，这就需要实践教学也要随之更新，教授学生最新的电子会计技术和工具。

3.科学性原则

科学性原则是会计实践教学组织管理的一个重要指导原则。这个原则强调教学组织管理应该依据教学科学理论和科学的教学方式来进行，从而提高教学效果和效率。科学性原则不仅尊重教学科学，同时尊重管理科学，旨在实现教学与管理的完美融合。

在制订并实施实习计划的过程中，应依据管理科学的原则进行合理的时间安排和人员配置，以实现预设的实习目标。而在评价学生的实习成果时，也应以科学性原则为依据，确保评价方式和标准的公正性与公平性。此外，科学性原则要求在组织管理实践教学时，运用科学的教学方式和手段。可以利用现代教育技术，如网络课程和在线学习平台，以提升教学效果，推动学生学习。运用科学的教学方式和手段有助于学生更深入地理解和掌握知识，提升学习效率和效果。

第三节 会计实践教学基地的建设

要加强会计实践教学，除了保证会计实践教学时间，丰富会计实践教学内容以外，还必须加强对校内外实践性技能训练基地建设的认识，这是进行会计实践教学的前提。

一、校内会计实验室的建设

校内会计实验室的建设包括实验教学的场地建设和设备配置、实验教学资料配备。

（一）实验教学的场地建设和设备配置

实验教学的场地建设和设备配置是校内会计实验室建设的重要部分，它是提高会计实践教学质量、培养学生会计实践能力的基础。在实验教学的场地选址上，既要保证其安静，适合专心进行实验教学，又要保证其便于学生及时参与和教师进行有效管理。理想的场地需要宽敞，以容纳足够数量的学生同时进行实验操作，也要有一定的开放空间，让学生可以进行团队合作或者小组讨论。场地的建设，除了物理空间的合理布局外，还要关注其中环境的温度、湿度、照明和通风等因素，这些都会影响学生的学习效果和设备的运行状态。设备的配置则应根据实验教学的目标和内容来确定。例如，如果实验教学涉及会计软件的使用，那么就需要配备有相应配置的计算机。如果实验教学要求学生熟悉实际会计工作中的各种单据和账簿，那么就需要准备相应的模拟单据和账簿。此外，一些基本的教学设备，如投影仪、打印机、复印机等，也是必不可少的。

在设备的配置上，也要考虑设备的更新换代。随着科技的进步，会计工作中使用的软硬件设备也在不断更新，学校应该定期更新实验设备，以使学生能接触到最新的技术，提高他们的实践能力。同时，设备的维护工作也很重要。只有良好运行的设备，才能保证实验教学的顺利进行。因此，学校需要建立健全设备的维护和维修制度，定期对设备进行检查和维护，对故障设备进行及时修复，以保证实验教学的正常进行。

（二）实验教学资料配备

实验教学资料配备是实验教学的重要支撑，包括各类会计凭证、账簿、报表、规章制度以及相关会计软件等，可以让学生在模拟真实的会计环境中进行学习和实践。具体来说，会计实验教学资料应当涵盖会计学习的各个层面，包括基础的理论知识、具体的会计业务操作，以及进阶的财务分析技巧等。在制定会计实验资料时，既要兼顾学生的学习需求，也要考虑实际的会计环境，以实现理论与实践的有机结合。

学校可以根据不同的实验教学目标，设计和制定相应的实验教材与实验指导书，制定各类实验任务和案例，让学生通过完成这些任务和案例，深入理解会计的基本原理和方法，熟悉会计的业务流程，掌握会计的操作技巧。另外，教师在进行实验教学时还应注意实际的会计工作中各类软件的使用和操作。例如，可以设计一些基于常见会计软件的实验，让学生在操作这些软件的过程中，了解和掌握会计工作的流程和方法。同时可以利用实验教学的平台，引入最新的会计理论和方法，如新的财务报告标准、新的税法规定等，让学生及时了解和掌握会计领域的最新动态。此外，学校应当注意资料的更新和维护。由于会计规则和标准，乃至会计工作的方法和流程，都在随着时间的推移和科技的进步而发生变化，学校应当定期更新实验教学的资料，以使学生能接触到最新的会计知识和技能。同时要定期对实验教学的资料进行清理和整理，对过时或者破损的资料进行淘汰或者更换，以保证实验教学的正常进行。

二、校外实训基地的建设

校外实训基地，就是高校利用自身的优势，与政府、行业、企业或者社会相结合，通过产品生产、社会服务、技术研发等生产性过程，实现经济效益，并在生产中实现学生实践技能培养的一种训练中心。校外实训基地不但为师生创造了真实的职业环境，还可以利用其创造的经济效益，用于购置设施设备、改善教学条件、加强课题研究和技术研发以及改进教学方法等，这样就变消耗性实验实习为创造效益的生产经营活动，为实训基地的可持续发展奠定了坚实的基础。

（一）实训基地建设原则

实训基地建设最终要达到的目的有三个：一是要实现工学结合的人才培养模式；二是要真正实现学生顶岗实习；三是要实现学生零距离就业。因此实训基地建设必须坚持以下原则，如图4-4所示。

图4-4　实训基地建设原则

1.系统性原则

系统性原则是实训基地建设中的核心原则之一。它主张实训基地的建设和发展必须以行业、企业等提出的培养目标中的能力项目和能力标准为指引，确保基地建设与实际需求相匹配。实训基地的建设（硬件）应始终为软件服务，其终极目的是满足培养目标中能力培养项目和标准的需求，这也是系统性原则所强调的关键观念。此外，系统性原则也强调以全局视角来审视实训基地的建设，将其看作一个整体，而不是孤立、零散的部分。每一个元素、每一项设施，乃至每一个活动，都应当是相互关联、相互作用的部分，共同构建起一套完整、高效、符合需求的系统。只有这样，实训基地才能真正发挥出它的最大效用，为实训教学提供全方位、高效率的支持。

2. 实用性原则

实用性原则是实训基地建设的重要原则之一，强调实训基地的结构和布局应优先考虑其适应性和实际效用。具体而言，实训基地的设施和环境应该能够适应专业实践教学的组织需求，适应学生的学习特性，同时也要与学生专业能力的提高规律相匹配。实训基地的设施和环境不仅应满足基本的教学需求，更要能够为学生提供实实在在的实践机会。实用性原则也强调实训基地应适应以能力训练为主线的教学模式。它要求实训基地能够提供体现现代高技术的设计性实验和紧跟现代社会发展前沿的综合性生产训练，让学生能够在实际的操作中提高自己的专业能力。只有这样，实训基地才能真正让学生在实训中获得真实的体验，提升专业技能，实现真正的实用性。

3. 仿真性原则

仿真性原则要求实训基地在设计和构建过程中，应尽可能体现生产现场的特征，以保证实训环境与实际生产服务环境的一致性。实训岗位的数量、配置和布局，都应当充分照顾到实际生产的需求和规律，以提供给学生最真实、最贴近实际的实训环境。仿真性原则不仅涵盖了实训设备和环境的配置，更深入到了教学内容和方式。实训基地应提供真实而综合的职业环境，充分反映未来专业岗位群对技术技能的实际需求。学生在实训中可以进行实际操作训练，实训内容应贴近或模仿实际生产环境中可能遇到的各种任务和挑战，帮助学生形成专业技能和技巧，提高他们的技术应用能力。

　　简言之，仿真性原则的目标是让实训基地成为实际生产环境的一个微缩版或者真实反映，让学生在学习过程中能够最大限度地体验到实际生产环境的各种特点和需求，从而更好地为将来的职业生涯做好准备。

　　4. 开放性原则

　　开放性原则强调的是实训基地在服务教学的同时，也需要面向行业、企业乃至整个社会，以此实现教育与实际生产之间的紧密连接。实训基地在开放中可以充分利用行业和企业的资源，打造出反映现实生产环境的实践教学环境。通过构建这样的沟通渠道，不仅可以提供多方位的技术服务，更能使教育和行业、企业之间的交流更加直接有效。同时，这种开放性也能帮助学校获取更加直接的反馈信息，以便及时调整教学计划以适应经济的发展和社会的进步。此外，开放性原则还可以通过引进企业的技师，形成"双师型"教师队伍，加强企业与学校的合作，使得教育更贴近实际，更具有应用价值。在总体上，开放性原则对于实训基地的建设具有十分重要的指导意义，它强调实训基地应是一个融入社会，面向未来的开放性平台。

　　5. 前瞻性原则

　　前瞻性原则着重于在实训基地的建设过程中，应预见到未来行业、企业的发展动向及技术的更新换代，以便使实训基地始终保持与时俱进的态势。基地的设施、设备和教学模式的设置，需要在设计之初就顾及未来的需求。对新技术、新理念的引入，需要积极探索并且早期介入，使得实训基地能在最短的时间内对新技术进行有效的传授。同时，要定期对实训基地的建设进行评估和预测，根据行业和企业的发展趋势进行及时的调整和改革，确保实训基地的建设始终保持最新的发展水平。

　　6. 多功能原则

　　多功能原则强调实训基地在设计和建设时应考虑到多种功能的需求，

以最大限度地发挥其价值。实训基地不仅是培养学生专业技能的场所，同时也是培养学生创新能力、协作精神及实战应对能力的实践平台。因此，实训基地应具备多样性和综合性，能够为学生提供多元化的学习体验和实践机会。实训基地也应有力地承载学科交叉与融合的需求，促进各专业知识的综合运用，增强学生的问题解决能力。此外，实训基地应具备承接社会服务任务的能力，通过承担社会服务项目，让学生在真实的工作环境中锻炼能力，提升素质。实训基地还可作为学校与企业、学校与学校之间交流合作的平台，通过开放共享，实现资源的优化配置，提升整体教育效果。多功能原则的贯彻，使实训基地成为多元发展的创新环境，为学生提供了更广阔的发展空间，更有利于实现人才培养的多元化和个性化。

（二）实训基地布局

实训基地布局应考虑到空间和时间两个方面，以实现资源的最大化利用，保证实践教学的效果，为学生提供更好的实践环境和条件。具体来说，实训基地布局要注意两个问题：一是相对集中，就近安排；二是建立基地，相对稳定。

首先要考虑的是空间的近距离性。实训基地应尽量集中在一个地区或相邻近的地区，最好是在学校所在的城市，这样能节省大量的人力、物力和财力。相对集中的布局可以方便实习指导教师到实习点检查，对学生的实习情况进行必要的督导；而就近安排，有利于各实习点的学生之间进行经验交流，同时，也能节省人力、物力和财力。

其次要关注的是时间的长期性。实训基地应该是相对稳定的，学校的附属企业、董事单位和与学校有协作关系的企业都是较理想的实习基地，宜建立长久的关系。平时，可以经常组织学生到这些企业去见习、观摩，有计划、有步骤地到这些企业进行社会调查，实习期间又可安排部分学生进行专业实习。

（三）实训基地定点

布局之后，就要定点。布局是定大局，定点是定小局，要把小局与大局很好地结合起来。定点要考虑到以下问题：第一，选择的企业应该具备全面的业务、健全的财务制度和全面的会计核算资料。这样的企业能够保证学生全面熟悉会计各个岗位的具体业务，从而使学生在实践中获取更多的知识，拓宽视野。在具备全面业务的企业中，学生可以接触到各种类型的业务，从而加深理论知识的理解和运用；财务制度健全的企业，则可以让学生深入了解和实践企业的内部控制和风险管理，这对于他们的职业发展有着重要的意义。第二，选择的企业应具备强大的指导力量。企业中的财务骨干人员应具备丰富的会计理论知识和实践经验，他们可以作为学生的兼职指导教师。在他们的指导下，学生可以更好地理解会计实务，并在实际操作中提升自己的技能。只有与企业内部的财务骨干人员进行良好的配合、热心的教学，才能使实习生在实习中收获更多。第三，选择的企业应具备良好的物质条件。这些条件包括会计办公场地，会计电算化的硬件和软件设施等。一个会计电算化程度高的企业，可以使实习生深入了解和直接掌握财务软件的特点、原理及操作方法，让实习生参与企业会计电算化信息系统的建立、实施，为其未来的工作打下坚实的基础。

第五章 高校会计人才培养的整体策略

在当今经济全球化、信息化、智能化的背景下，会计专业人才的培养是推动企业和社会发展的重要因素。本章将深入探讨高校会计人才培养的整体策略。首先要明确会计人才培养目标，这是确保会计教育的方向和标准。其次将着重讨论如何制订科学、完整的会计人才培养方案，为培养出合格的会计人才提供全面的规划。再次构建一支专业、高效的教师队伍是提高会计人才培养质量的关键。最后将探讨如何完善会计人才培养保障体系，确保各项策略的有效实施。本章旨在建立一个可持续的、创新的、前瞻性的会计人才培养体系，以适应未来的发展趋势。

第一节 明确会计人才培养目标

一、会计人才培养目标确定的依据

会计是一项技术性很强的管理活动，涉及许多专门方法和各项会计准则，而这些方法与准则又是随着经济生活的发展而不断发展的。这说明，会计职业所必须具备的专业技能并不是一成不变的，从事会计工作的人员必须不断地学习新知识，掌握新的会计方法，才能在新的会计环境中立足，才能跟上经济发展的步伐。这一点，在我国目前表现得尤为突出。近年来，随着国内外经济环境与国际经济关系的不断变化，国家经济政策也随之不断进行调整，这带来的是经济业务呈现出的多样性。在科技发展日新月异的今天，新技术正在不断改变原有的经济业务模式与业务开展方法，使经济业务越来越呈现出快速的创新性。这就要求从事经济管理的人员必须不断学习提高，才能应对这些变化与创新。知识经济也给会计工作带来了巨大的冲击和影响，要求会计人员必须跟上这个进程。如果墨守成规，不能跟进，而只会机械地从事传统会计的确认、计量、记录、报告等，那么在面临新的会计环境时，就会不知所措，难以发挥会计应有的职能。因此，对于会计人员而言，具备一种不断适应经济变化的能力，是一种基本的需求。那么，高校自然也应该将培养这种适应能力看成会计人才培养的基本目标。所以，经济不断发展的现状、经济法规逐渐完善的现实、知识经济使会计面临的新的环境，也就自然而然成为高校确定会计人才培养目标的依据。

　　会计作为一种技术很强的管理活动，既是一种与账目数字打交道的人与物的交流活动，也是一种与人打交道的人与人的交流活动。与人打交道，会计工作便具有了一定的人文色彩。而且，从事会计工作的人员，本身也是一个可变的因素，其道德、心灵、人格的修养也具有明显的人文色彩。会计工作能不能与相关部门的职员互相协作，实现良性互动，能不能与其他同事良好相处，共同完成会计管理的任务，也是会计人员综合素养的具体表现。因此，从人的角度来考虑个人的发展、表现与人际适应能力，也应该成为高校确立会计人才培养目标的依据。

二、会计人才培养目标的内部结构

　　会计人才培养的目标究竟如何呢？本书从分析会计专业大学生的学习目标的角度可以得出结论。会计专业的大学生，直接的目标是学习职业本领，也就是会计理论知识与实际操作技能，以便为毕业后从事会计工作奠定坚实基础。不过，会计工作不同于简单劳动，除了需要掌握系统的会计专业知识与技能以外，还需要体现明晰的职业操守和个人修养，并将这样的操守与修养渗透到职业能力中。因此，会计专业的大学生，在学习会计知识与能力的同时，也应该使自己的人格得到改善，增强职业意识，具备职业道德，提高职业修养。同时学习又是一种自主的活动，学习者在学习知识与能力的同时，可以获得自主学习的能力、发展评判是非的能力，并激发出怀疑与创新的能力，大学生的学习在这方面表现得更加鲜明。此外，对职业的兴趣、职业的情感等非智力的因素，也必将在学习过程中得到激发与增进，促进专业学习的进步。这样说来，会计专业的大学生，其学习目标实际上是由三个层面的因素构成的。一是会计知识与能力，二是会计道德与人格，三是会计智力与非智力。知识与能力属于教养，道德与人格属于教育，智力与非智力属于发展。所以，会计专业人才培养的目标，可以简要地表述为形成教养、接受教育、获得发展。这三者之间构成一种三维结构，在会计人才培养过程中同步实现。

必须说明的是，在这个三维结构中，基本的维度是两个，即会计专业教养目标与会计人格教育目标，智性发展目标是这二者的派生物，也是在完成专业教养目标与人格教育目标的过程中同时实现的。此外，会计人才培养的直接目标是会计专业教养目标，属于第一层面；会计人格教育目标是建立在会计专业教养目标的实现基础上的，属于第二层面；智性发展目标则是建立在专业教养目标与人格教育目标的实现基础上的，属于第三层面，三者既是一个整体，又有先后顺序与不同分工。

三、会计人才培养目标的具体内容

（一）会计专业教养目标

会计专业教学的教养目标到底包括哪些知识与能力呢？下面进行具体阐述。

1.知识

知识是符合文明方向的，是人类对物质世界和精神世界探索的结果的总和。[①]知识这一词至今也没有一个统一而明确的界定。但是，知识的价值判断标准在于实用性，以能否让人类创造新物质、得到力量和权力等为考量。会计专业知识是非常宽泛的。从整体上看，它属于会计的专业知识，具有区别于其他专业知识的完整体系，形成了一个相对完备的自足系统。展开来分析，会计的专业知识又是由会计的前提性知识、会计的基础性知识与会计的专门性知识三个部分所构成的。

会计的前提性知识实质上是会计活动所涉及的环境因素，它为会计人员提供了操作的基础和框架。它主要包括会计法规知识和会计主体知识两大类。会计法规知识是会计前提性知识的重要组成部分，包括国家和地方的会计法律法规，以及企业会计制度和会计准则等内容。这些法律法规和规章为会计活动提供了规则与指引，是每一个会计人员在处理经济业务时必须了解和遵守的前提。它们具有强制性和权威性，不仅定义了会计人员的权利和义务，还规定了会计信息的报告和披露要求。只有牢固掌握这些会计法规知识，会计人员才能在遵守法律和规定的前提下，有效地进行会计活动，从而实现会计的目标，如提供决策有用的信息，保护投资者和债权人的利益等。会计主体知识则涉及会计活动的主体，即进行会计活动的各类组织和企业。不同的会计主体，如政府和事

---

① 余晓，刘文婷．技术标准联盟的知识协同研究：理论与案例 [M]．上海：上海交通大学出版社，2020：27．

业单位、工商企业等，都有各自的特点和要求，对会计活动的组织和实施也有各自的规定与程序。因此，会计人员在处理经济业务时，需要了解和掌握这些会计主体的特点与要求，才能在各类会计主体中有效地进行会计工作。例如，工商企业的会计主要是服务于企业决策，需要重视利润的计算和报告，而政府和事业单位的会计则更多的是服务于公共决策，需要重视预算的编制和执行。因此，会计人员需要了解和掌握这些会计主体的特点与要求，以适应不同的会计环境和满足不同的会计需求。会计法规知识和会计主体知识渗透于会计专业课程的许多具体章节中，因此，会计教师有责任通过自己的教学，让大学生牢固掌握。

会计的基础性知识是会计人员必须掌握的专业相关的原理性知识，是会计工作的重要基础。这种知识包括会计历史知识、经济管理知识、数理统计知识等，虽然不直接与会计专业能力相关联，但深刻影响着会计人员的素质和会计工作的质量。理解会计历史知识，可以帮助会计人员了解会计的发展脉络，理解会计原理的形成和变化，从而更好地理解现代会计的实质和特点。例如，通过学习会计的历史，可以了解到会计的起源和早期发展，了解复式记账法的产生和发展，了解现代会计理论和实践的发展，从而更好地理解和应用会计原理。经济管理知识是会计基础性知识的重要组成部分，因为会计是经济管理活动的重要工具。通过了解经济学和管理学的基本原理，可以帮助会计人员理解经济活动的本质，理解企业的经营和管理，理解市场经济的运行机制，从而更好地使用会计工具进行经济管理。数理统计知识是会计人员处理会计信息，进行会计分析和决策的重要工具。通过掌握数理统计知识，会计人员可以有效地处理和解读会计数据，可以进行有效的会计分析和决策，可以提高会计工作的质量和效率。在会计专业课程的教学内容里，也随处渗透着这些方面的知识，掌握这些知识是专业型会计人才必备的素质。

会计的专门性知识是直接与会计工作相关的专业知识，是会计人员在日常工作中所必须掌握的知识。这类知识包括会计知识和审计知识两大类，涵盖会计科目、会计账户与借贷记账法、会计凭证、会计账簿与账务处理程序、会计各要素的核算方法、成本核算方法、财务管理原理、审计基础知识、会计信息化知识等。在会计知识中，会计科目、会计账户与借贷记账法、会计凭证、会计账簿与账务处理程序是会计工作的基本组成部分，掌握这些知识是进行日常会计工作的基本前提。会计各要素的核算方法和成本核算方法则是会计人员进行成本计算、利润分析、经济效益评价等工作的基本工具。而财务管理原理的理解和掌握，对于会计人员进行投资、融资、分配等决策以及进行企业财务风险管理有着至关重要的意义。审计基础知识是会计人员进行会计信息的核实、评价和监督的基本工具，掌握审计基础知识有助于会计人员对会计信息进行独立、客观的评价和审查。会计信息化知识的理解和掌握，对于会计人员进行现代会计信息系统的建设和管理、利用计算机技术进行会计信息处理和会计决策等具有重要意义。会计专业课程的主要内容就是让学生掌握这些专门性知识，无论学生将来是从事会计工作还是审计工作，这些专门性知识都是必不可少的。因此，让学生牢固掌握这些知识是会计人才培养的核心任务，也是实现会计教育目标的关键所在。

2.能力

能力是完成一项目标或者任务所体现出来的综合素质。[1]人们在完成活动中表现出来的能力有所不同，能力是直接影响活动效率，并使活动顺利完成的个性心理特征。能力总是和人完成一定的实践联系在一起，离开了具体实践既不能表现人的能力，也不能发展人的能力。会计能力，即会计人员在处理会计事项时所表现出来的熟练程度与有效程度。应该说，会计能力是一个由多方面因素构成的综合体。

会计能力与会计知识不同，会计知识主要关注对信息的了解、理解和巩固，强调记忆和熟知，而会计能力则更侧重于应用，重视经过反复

---

① 闵杰.当代大学生就业指导与职业生涯规划 [M].长春：吉林大学出版社，2020：75.

训练和操作达到的熟练与有效性。由于会计信息系统是一个按照既定程序对数据进行加工、识别、传递和生成信息的系统，实现这个系统必须通过三个步骤，即会计数据的记录和核算、会计数据的鉴别和使用、会计数据的归纳和分析。因此，在处理会计信息的过程中，需要会计专业大学生具备三种基本能力，即会计数据的记录和核算能力、会计数据的鉴别和使用能力，以及会计数据的归纳和分析能力。这三种基本能力是会计工作所必需的，也是高校会计专业人才培养的目标，还是"教养目标"的具体成分。

会计数据的记录和核算能力是会计人员在会计信息系统中输入和处理经济业务数据的基本技能。这种能力决定着会计工作的有效性和准确性，因为处理经济业务数据是会计部门的主要任务，也是每个会计人员必须掌握的基本技能。具体来说，这种能力主要涉及两个方面，即会计核算基础能力和财务会计核算能力。会计核算基础能力主要包括掌握会计基本理论，理解和熟悉会计基本原则与会计准则，熟练运用会计科目、会计账户、会计账簿、会计报表等会计核算工具，能够熟练进行经济业务的记账处理。财务会计核算能力则要求会计人员能够理解和应用财务会计准则，掌握企业财务会计制度，熟练进行资产、负债、所有者权益、收入、费用等各项经济业务的核算，能够编制和理解企业财务报表。这两方面的能力是互相补充和互相支持的，具备这两方面的能力，才能保证会计人员在处理经济业务数据时的准确性和有效性，从而保证了会计信息的可靠性和实用性。

会计数据的鉴别和使用能力涵盖对会计数据进行分类、排序、总结、鉴定，并在管理过程中有效利用这些数据的技能。对会计数据的分类和排序是将数据有条理地组织起来，以便进行更深入的分析和理解，同时也有助于提高工作效率。总结则是对数据进行归纳，以找出数据的主要趋势和模式，进而为决策提供有价值的信息。鉴定是对数据的真实性和准确性进行检验，以确保数据的质量。在管理过程中，会计数据的鉴别和使用能力尤为重要。管理者需要根据会计数据进行决策，如预算编制、成本控制、投资决策等，因此，会计人员需要具备将数据转化为可用信息，进一步为决策提供支持的能力。此外，由于会计数据的性质和复杂性，需要一定的专业知识和技能进行处理，因此，这种能力也包括理解和应用相关会计理论与方法，对会计数据进行有效的管理和使用。从这个角度看，会计数据的鉴别与使用能力不仅关乎数据处理的技巧，更涉及会计人员的专业素质和职业能力。

会计数据的归纳和分析能力是指基于会计报表对会计数据进行汇总和分析，以及生成有用会计信息的能力。这一能力是在会计数据的鉴别与使用能力的基础上进一步发展的，它要求会计人员不仅能处理和管理数据，还需要能够从数据中提炼出有价值的信息，以供企业管理者和其他利益相关者使用。在会计报表的基础上，会计人员需要具备将大量会计数据进行归纳、整合、对比和解读的能力，包括对财务状况、运营成果、现金流量等关键方面的理解和分析，以揭示企业经营的真实情况。此外，会计人员还需要具备进行经济分析的能力，包括理解和使用各种财务比率，以对企业的经营效益、偿债能力、资金运营效率等进行评价。最后，会计人员需要具备将分析结果转化为有用会计信息的能力，这些信息能为企业的决策提供有力的支持。

（二）会计人格教育目标

1.会计人格教育的内涵

会计人格教育是对会计专业大学生在人格特质、价值观念和行为方式等方面进行全面的、系统的教育和引导。会计专业大学生除了需要具备技术知识与专业能力外，更要具备良好的道德素养、职业操守和人格特质。人格教育中，重视对学生的一般人格与特殊人格的培养。一般人格，如积极、乐观、向上的人生观，远大的人生理想，活泼、热情、友善的性格，正确的世界观，等等，均为每个人需要具备的品质。而特殊人格，是根据不同的职业身份与工作需要所展现出的独特人格。对于会计专业大学生来说，特殊人格即指其将来的职业所需的人格品质，如正直、严谨、耐心、细致等，同时，对法规、规章制度的遵守，对企业、社会、国家的责任感和使命感，以及对职业道德的重视和坚守等，都属于会计人格教育的重要内容。

2. 会计人格教育目标的构成

具体来说，会计教学的人格教育目标到底包括哪些特殊因素？下面从会计工作对会计人员所需具备的工作态度、职业道德与合作精神三个方面分别进行阐述。

（1）任何工作都有其相应的工作态度，会计工作由于其工作内容与性质的决定性影响，对会计人员的工作态度有特殊的要求。认真细致与求真务实是会计人员应有的工作态度。因为在会计工作中，数字的严谨、准确无误的数据处理，以及保证会计信息真实性是基本原则。对于任何数据，会计人员都需要细心对待，甚至在处理复杂数据时也需要保持冷静的心态。任何一个错误的数字都可能导致重大的财务损失，所以在数据处理过程中一点都不能马虎。从记录核算到鉴别使用再到归纳分析，每一环节都要求会计人员严谨、准确。此外，会计人员还需要在工作中坚守原则，不受外界因素的干扰，处理账目时始终保持真实、客观，做到实事求是。这种求真务实的态度不仅体现在数据处理上，更体现在对待报销账目的公平公正上，无论是对待上级领导还是普通员工，都应一视同仁，依规章制度办事。对于会计人员来说，不认真细致，便可能做糊涂账；不求真务实，便可能做人情账，这对会计人员最终都是没有好处的，反而可能带来麻烦。因此，在高校会计专业人才培养过程中，教师应随时强调认真细致与求真务实的重要性，通过实例教学，引导学生理解并认同这种工作态度，培养他们对会计工作的尊重和敬业精神，为他们未来成为一名称职的会计人员打下坚实的基础。

（2）会计工作的专业性质要求会计人员必须具备特定的职业道德，

其中包括秉公敬业和遵规守法两个关键因素。秉公敬业是指客观公正、爱岗敬业。会计工作中涉及各方的责任、权利和利益，这既包括国家、上级主管部门，也包括所在单位。如果会计人员不能做到客观公正，甚至做假账，设立账外账，这就意味着他们缺乏基本的职业道德。另外，由于会计工作每天都要和大量数字打交道，可能会让会计人员感到枯燥乏味，甚至产生厌烦情绪，所以对于会计人员来说，热爱自己的工作，做到专一、专业，显得至关重要。这也是会计人员的基本职业道德和职业人格。

遵规守法，也就是依法理账，按照规章制度办事。由于会计工作直接与经济管理相关，所以需要保证其客观性、公正性、准确性、系统性以及完整性。为此，从国家到行业，从部门到单位，都制定了一系列的法规制度。这些法规制度都经过充分的讨论和广泛地征求意见，权衡了国家、集体与个人之间的利益，具有强制性和权威性。这些法规制度是会计人员处理会计数据的依据，也是他们应对各种违法行为的武器，是他们务必遵守的标准。如果会计人员寻找法规的漏洞，试图投机取巧或贪污挪用，这不仅会损害国家、部门和单位的利益，也会损害个人的利益。因此，对于会计人员来说，依法办事，做到法规面前人人平等，应该是基本的职业道德，并应当成为基本的人格。

因此，在会计人才培养中，高校应注重培养学生的职业道德，可以开设专门的会计职业道德课程，或者在讲授其他课程特别是在讲授涉及相关法规的会计专业课程时，有意识地进行会计职业道德的教育。只有这样，才能确保学生在完成学业并步入会计职业后，能够坚守职业道德，为社会做出贡献。

（3）会计工作是经济管理的重要环节，与其他管理环节有着紧密的联系，因此需要与各方进行密切合作。作为经济管理人员的一员，会计人员需要展现出良好的合作精神，这种合作精神可以理解为古人所言的"敬业乐群"中的"乐群"精神。对每一位会计人员而言，合作不仅包括同一个部门的会计人员之间的合作，也包括与生产管理、销售管理、人事管理等其他部门之间的合作，还包括与银行、税务、工商部门之间的合作。简而言之，这种合作精神，实质上是会计人员的人际沟通意识与协调配合思想。如果有着开朗的性格，热情主动，能够为他人着想，给他人带来方便，不仅能赢得他人的尊重，也有利于提升自身的管理能力与人际协调能力。同样，如果缺乏协调配合的思想，只知道按照自己的方式做事，将无法保证整个工作流程的高效运转，也无法获得他人的配合，最终损害的将是自己。虽然这样的人际沟通意识与协调配合思想在大学的会计专业课程中难以直接培养，但可以在教学过程中得到强调与影响。如果会计教师能在教学中随时强调这种合作精神，并在会计实践教学过程中有意识地锻炼学生的合作精神，将能使教学真正成为既传授知识又塑造人格的事业。

（三）个人智性发展目标

1.个人智性发展的内涵

在教育学与心理学领域，个人的发展意味着学校教育使得学生在获取教养和受教育的同时，获得心理发展。心理发展包括智力因素的发展和非智力因素的发展两个方面。智力因素是指人类个体获取和处理信息的能力，即人们获取知识和运用知识解决实际问题的心理能力。具体来说，智力包括注意力、观察力、记忆力、联想力、想象力、思维力、学习力、创造力八个方面。其中，思维力是智力的核心，学习力是智力的表现，而创造力则是智力的最高表现形式。智力的高低用智商（IQ）来衡量，智商的高低不仅决定了人类个体的聪明程度，也决定了人的能力水平。非智力因素是个性因素，指的是人类个体的一些意识倾向和各种稳定而独特的心理特征的总和，它与认知无关，但直接与人的行为方式相关。非智力因素主要包括动机、兴趣、情感、意志、习惯、性格等心理因素。动机和兴趣影响人的行为态度，情感和意志影响人的行为能力，习惯和性格则影响人的行为效果。非智力因素的高低用情商（EQ）来衡量，情商的高低决定了人的行为能力，也决定了人的成功程度。

2. 个人智性发展目标的构成

（1）在智力因素发展方面，对会计专业的大学生而言，会计专业人才培养目标，应该是发展其深广的思维力、独立的学习力与新颖的创造力等三大方面。

思维力作为智力的核心部分，尤其在会计专业的人才培养中被高度重视。这种深广的思维力主要体现在两个方面：职业判断能力与信息管理能力。职业判断能力是指会计人员对自己所从事的具体工作进行归类与判断的能力。由于会计工作的性质与职能，会计人员需要具备敏锐的职业判断能力。对于纷繁复杂的经济业务，能否准确地进行职业判断并对数据准确地进行归类，这是衡量一个会计人员是否合格的重要标准。尽管敏锐的职业判断能力的最终形成需要一个较长的实践过程和经验的不断积累，但是否能为这种职业判断能力的形成打下良好的基础，则是衡量学校人才培养质量的一个重要尺度。为了培养大学生这种职业判断能力，在教学过程中应尽可能多地让学生了解会计现状、接触会计实务，理论联系实际。实行案例教学并加强会计实践训练是非常必要的。信息管理能力则是指会计人员对会计信息的实际分析和决策能力。在现代企业中，各项决策都离不开包括会计信息在内的各项经济信息。会计人员不仅是经济信息的提供者，也是经济信息的综合分析者，他们需要为企业决策提供综合性分析资料。企业的资金、成本、利润等预测分析是会计工作的基本任务之一。因此，作为会计专业的大学生，应具备较强的经济信息综合分析能力。会计专业课程的教学可以对此进行专项训练。

在会计专业人才培养中，独立的学习力是智力发展的一个关键因素，它主要由吸收与运用新知识的能力和跨学科学习的能力两方面体现。吸收与运用新知识的能力是指在学习和工作中不断学习新知识的能力，它是终身教育的重要组成部分，同时也是自我教育的重要因素。随着时代的进步和社会的发展，会计人员会面临新的知识和新的挑战。只有通过不断的学习，积极地吸收和运用新知识，并将终身学习和持续学习作为生活的一部分，才能跟上时代的步伐。会计专业的大学生不仅要重视在大学期间所获得的知识，更应该重视在长期的工作实践中不断学习、积累、更新和运用新知识，这样才能积累进一步发展和成长的潜力。大学的会计教师不会保证向学生传授的知识能够一劳永逸，但他们可以确保让学生学会学习，培养出独立、主动和有效的学习能力。跨学科学习的能力则是指以专业知识学习为核心，横跨相关学科知识的学习能力。会计人员为了胜任会计管理工作，需要掌握一套共同的知识体系。这个知识体系是会计人员终身教育所涉及的知识领域，其范围非常广泛。这个知识体系不仅包括会计专业的专业知识体系，还包括会计工作所需要的经济知识和管理知识，以及现代社会从事任何工作都需要的一般科学文化知识。与此同时，这个庞大的知识体系也在不断的扩大、改进、更新和淘汰中，会计专业的大学生在学习专业课程的过程中，也需要培养出独立、自主和有效的学习能力。因此，独立的学习能力对于会计专业的大学生来说是非常重要的，它不仅可以帮助他们吸收和运用新知识，还能提高他们的跨学科学习能力，这都是他们成为优秀会计专业人才所必需的。

新颖的创造力在会计专业人才培养中占据着重要的地位，它主要由会计方法创新能力与会计业务拓展能力两个方面构成。会计方法创新能力指的是在会计工作中，面对新的情况，能在遵守会计法规的前提下，创新和艺术地处理会计信息的能力。随着社会的发展，新的经济领域和经济业务不断出现，会计所面临的环境在不断变化，而教科书的内容往往无法跟上这样的实际变化。如果只是机械地应用教科书中学到的方法处理会计问题，就可能会遇到难以解决的问题。这就要求会计人员有能力进行会计方法的研究和会计制度的设计。虽然会计教师无法提供创新会计方法的具体经验，但他们可以在教学中启发学生，培养他们的创新意识。会计业务拓展能力则是指在法规和准则提供的会计基础操作方法的基础上，根据会计主体的实际情况及时调整启用的会计科目体系、账务处理程序、采用的会计政策、凭证收集传递的程序和方法等，以使会计工作的开展更为科学，保障会计信息质量的能力。新的经济体系、新的经济交往方式以及电子时代的资金运作方式都对会计人员提出了挑战，要求他们需要有创新精神，敢于进行改革，从而拓展业务，实现科学的核算。虽然大学教育本身无法做到让会计专业的大学生一开始就具备这种能力，但是可以培养他们具有这种思维方式。

（2）在非智力因素发展方面，对会计专业的大学生而言，会计专业人才培养目标应该是磨炼大学生坚忍顽强的意志，培养大学生耐心细致的习惯，培养大学生冷静理智的性格等三大方面。

坚忍顽强的意志对于会计专业的大学生尤为重要，它主要指迎难而上的精神和锲而不舍的意志。会计工作中充满了各个环节、程序以及大量数据，每个环节都密不可分，没有一步可以出错。会计人员需要整日专注于复杂的工作，头晕眼花也是家常便饭。一旦稍有不慎，就可能产生核算错误，这就需要重新核对和调整，耗时又麻烦。面对这样的工作，需要迎难而上的精神，才不会被困难压垮，甚至放弃。需要锲而不舍的意志，才不会在困难面前步履维艰，甚至消沉失落。因此，在会计人才培养过程中，教师应强调和训练学生的坚忍顽强的意志，这是他们完成艰巨会计任务的基本保证。学生应学会在困难面前挺直腰板，迎难而上，具备无惧挑战的精神。同时，他们还需要有持之以恒的意志，不管遇到什么困难，都不放弃，以此来完成会计工作中的每一项任务。

耐心细致的习惯对于会计专业的大学生同样重要，在会计工作中，记账和登账环节最容易出现错误与遗漏。为了确保这两大环节的准确无误，需要会计人员精心核算和登记，反复核对，甚至将其养成习惯。具有丰富经验的会计人员通常都重视仔细核算和反复核对，并且随时保持头脑清醒，谨慎处理每一笔账目。这种习惯一旦养成，就可以大大减少错误，从而提高工作效率。因此，对于会计工作而言，马虎潦草、心浮气躁的态度是无法胜任的。会计专业人才培养过程中，教师既需要强调仔细核算和反复核对的重要性与必要性，又需要增加一些实际的训练，让学生通过实践来养成这种习惯。例如，可以让学生在完成一些练习的过程中，不断反复核算和核对，同时也可以通过展示一些成功和失败的例子，来影响学生的学习态度和习惯。

冷静理智的性格对于会计专业的大学生也是至关重要的，它主要体现在坚持原则的性格和宽厚待人的性格这两个方面。会计工作无疑是既需要处理事务又需要面对人的复杂工作。在处理事务方面，无论会计事项多少，无论繁简，会计人员都应当坚持原则，依法依规进行处理。这就需要会计人员具备冷静理智，能够在处理复杂会计事务时，不受各种压力和困扰，始终能够坚持原则，坚持依法依规进行处理。在面对人的方面，会计人员都必须以热情宽厚的态度去面对，这不仅能够体现出会计人员的良好性格，也能够体现出他们的高素质。因此，会计专业人才培养过程中，应该致力于完善大学生的性格，使其更趋于成熟。在这个过程中，会计教师既可以通过强调的方式让学生了解和理解冷静理智与坚持原则的重要性，也可以通过自己的实际行动，以身作则地向学生展示冷静理智和坚持原则的重要性。

第二节　制订会计人才培养方案

一、人才培养方案的概念

人才培养方案，也被称为专业培养计划或专业培养方案，是由高等学校根据各层次各专业的培养目标和培养对象特点制订的，旨在实施培养活动的具体计划和方案。这一方案是学校指导、组织和管理教学工作的基本文件，具有纲领性的特点。它涵盖了课程结构、教学形式结构、学时分配、学历等多个方面的具体内容，能够有效地指导教学活动的进行。

具体来说，人才培养方案不仅是对学校或管理部门对人才培养指导思想的具体体现，同时也是对培养模式的整体设计。它需要明确回答"培养什么样的人"和"怎样培养这种人"的基本问题，这就涵盖了人才培养的总体目标和培养模式两个重要方面。人才培养方案涉及教育教学的核心问题，它是教育与教学的系统设计，包括课程总体平台结构、主干学科、主干课程等内容。在实际教学过程中，人才培养方案提供了对课程、科目、教学环节和教学单元的具体安排，以及对教学管理的具体规定，包括课程设置、学分分配以及指导性教学进程计划等。

可以说，人才培养方案是高等学校人才培养规格的纲领性文件，是本科教学工作的重要指导和依据。它不仅明确了人才培养的总体目标和模式，也对教育过程中的各个环节提供了详细的指导。因此，人才培养方案是保证人才培养质量的基础和保证，是高等学校实现教学目标，提高教学质量的重要工具。

二、会计人才培养方案制订的原则

会计人才培养方案制订原则如图 5-1 所示。

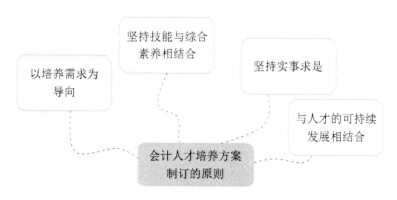

图 5-1 会计人才培养方案制订的原则

（一）以培养需求为导向

以培养需求为导向是会计人才培养方案制订的重要原则。会计专业的人才培养需求不仅来自学校和学生，还包括社会、行业和企业。从学校和学生的角度来看，会计人才培养的目标是提高学生的专业素质和能力，使他们能够在毕业后找到满意的工作或继续深造。从社会、行业和企业的角度来看，会计人才培养的目标是提供具有专业知识和实践技能的会计人才，以满足他们的需求。因此，会计人才培养方案的制订需要充分考虑各方面的需求，对这些需求进行系统的分析和评估，确定最重要的培养目标和内容。这一原则有助于提高培养方案的针对性和有效性，使得培养方案能够更好地服务于学生的学习和发展，以及社会和行业的需求。同时，以培养需求为导向还要求培养方案具有灵活性，能够适应环境和需求的变化。随着社会经济的发展和技术的进步，会计专业的知识和技能需求也在不断变化。因此，会计人才培养方案需要定期进行评估和调整，以确保其内容和方式始终符合最新的需求。

（二）坚持技能与综合素养相结合

高校会计专业人才培养的一个目的就是让学生掌握从事会计行业的技能。当然，现代教育强调的是人的全面发展，技能只是学生进入某个行业的"敲门砖"，综合素养才是决定学生能否在行业中实现长远发展的根本，尤其在企业愈加重视人才综合素养的今天，综合素养显得更加重要。因此，对于高校来说，除了要重视学生会计技能的培养之外，还需要重视学生综合素养的提升，使学生实现全面的发展。

（三）坚持实事求是

实事求是指从实际对象出发，探求事物的内部联系及其发展的规律性，认识事物的本质。目前也指按照事物的实际情况做事。会计人才培养方案的制订就是要充分考虑实际情况，制订科学、合理的方案。首先，高校要充分考虑自身建设情况，包括教学基础设施建设、教师资源建设等，制订与之相匹配的人才培养方案，而不是好高骛远。其次，高校要充分考虑会计行业发展情况，这是保证高校所培养人才能够满足会计行业要求的一个前提，如果高校不考虑行业发展情况而盲目制订方案，势必会影响学生毕业后的就业，进而影响高校教学质量的口碑。最后，高校要充分考虑学生的生源特点以及身心发展特点，高校阶段的学生正处在青春期阶段，心理发展还不成熟，高校在制订方案的过程中要将该阶段学生的身心发展特点，尤其是心理发展特点考虑在内。总之，作为高校人才培养的一个宏观蓝图，人才培养方案的制订不能好高骛远，要实事求是，并脚踏实地一步一个脚印地去落实，才能使这个蓝图实现从纸面到现实的跃迁。

（四）与人才的可持续发展相结合

社会是在不断向前发展的，尤其在这个知识爆炸的时代，社会发展的速度非常之快，这也促进了知识更迭速度的加快。对于每个人来说，要想跟上社会时代发展的潮流，首先，必然要树立终身学习的理念，实现自身的可持续发展。其实，会计人才培养方案本身就是一个人才培养的蓝图，是站在四年教学的时间长度上，不局限于一时一刻。但从一个人终身的发展来看，四年也只是其中的一个阶段，如果高校能够站在四年教学规划的基础上，将终身学习以及可持续发展的理念融入人才培养方案中，对于学生的成长和长远发展无疑具有更加重要的意义。

三、会计人才培养方案制订的要点

（一）会计人才培养方案主线的确定

确定会计人才培养方案主线是科学、合理制订会计人才培养方案的第一步，因为只有确定了主线，才能去填充"枝叶"，会计人才培养方案"这棵大树"才能直立且茂盛地生长。的确，选择什么样的主线设计通常会产生什么样的人才培养结果。会计教育的目的之一在于培养技能型人才，以此来满足个人的就业需求以及企业工作岗位的客观需求，进而推动社会生产力的发展，而随着社会的不断发展，社会对会计人才的需求不再是单一的以知识为主，也不再是单一的以技能为主，而是呈现出多元性的需求态势，即在要求知识或技能的基础上对素养的要求也相应地提高了。的确，自 21 世纪以来，人类进入知识爆炸的"大科学"与"大综合"的时代，社会对会计人才的需求已经发生了根本性的改变，越来越多的企业要求人才知识面广，具有对应的技能和具备多种综合素质。

基于这种人才需求的社会背景，高校教育如果继续沿袭过往那种单一以技能为主线构建人才培养方案的思路，无疑是与社会的需求脱节，其最终培养的人才将难以适应和满足社会发展的需求。因此，在高校会计人才培养方案制订中，要从以往那种以技能为主的主线设计中转变到技能与素质并重的"两位一体"主线设计中来，即以培养技能与素养为一体作为会计人才培养方案的主线。

（二）会计人才培养方案结构模式的选择

会计人才培养方案的结构模式从某种意义上来说是指专业教学计划的结构模式，即学校要按照怎样的横向关系与纵向关系进行教学课程的排列，这是制订会计人才培养方案的重要问题。目前，高校会计人才培养方案结构的模式主要有"楼层式""平台式""一体化"三种。"楼层式"即"基础课—技术基础课—专业课—专业方向课"的结构模式；"平台式"即"公共基础平台—专业大类基础平台—专业课程平台"的结构模式；"一体化"即"集知识传授、职业能力培养与素质提高为一体"的结构模式。

上述三种模式中，"一体化"的结构模式是目前较为普遍的一种，也是效果比较突出的一种，与前两种模式相比，该模式具有诸多优点：其一，具有系统综合的知识结构——"平台—模块式结构"。其中的平台是公共基础课平台、学科基础课平台，是按照组成学科专业的大基础教育两级平台；模块则是专业知识体系的内容分解，并按其结构与功能组合成各种课程群。这种设置体现了"拓宽基础面、夯实基础层"原则。其二，理论联系实际。每一个课程模块都有与之相应的实践教学环节，包括实验、见习、实习、课程设计。而实践教学环节贯穿整个培养过程，直至毕业实习。其三，普通教育平台。设置人文社会科学基础与自然科学基础模块，加强思想政治素质、科学文化素质与身体心理素质的教育和培养，特别是在实践教学中更要重视专业素质、职业道德的教育与培养。

（三）会计人才培养方案技术路线的选择

在确定会计人才培养方案的主线以及选择适宜的结构模式之后，下一环节便是选择适当的技术路线。技术路线的选择应该以专业培养目标为基点，遵循一定的原则，具体如图5-2所示。

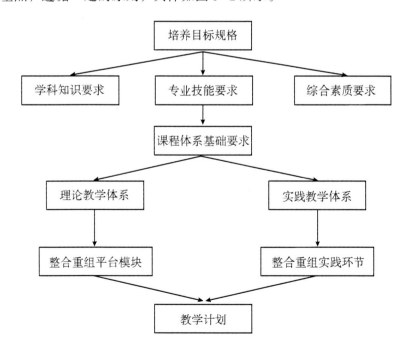

图5-2 会计人才培养方案制订的技术路线图

四、会计人才培养方案制订的流程

会计学专业院校负责人深入行业企业进行调研是会计人才培养方案制订的第一步。这一步的目的是了解行业职业岗位对专业人才的知识、能力、素质的需求，以便将这些需求反映到培养方案中。会计学专业院校负责人可以通过访问企业、与企业负责人和从业人员进行深度交流，甚至参与企业的实际工作，直观地了解会计岗位的实际需求。会计学专业院校负责人通过调研得到的信息将是制订会计人才培养方案的重要参考。这些信息将帮助院校制定出与行业需求相匹配的培养目标，选择与行业需求相一致的课程内容，设计出有利于满足行业需求的教学方法和评价方式。

第二步，会计学专业院校相关负责人需要结合本校实际情况编制人才培养方案，并征求行业专家意见，反复修改形成初稿。这个环节需要详细研究学校的基础设施、师资力量、科研能力、教学理念等多方面情况，以确保培养方案的实施效果。以此为基础，结合前期调研获得的行业需求信息，编制初步的人才培养方案。人才培养方案初稿完成后，征求行业专家的意见是十分必要的。行业专家具有丰富的行业经验和专业知识，他们的建议能够从专业角度对人才培养方案进行深度的评估和改进。他们的反馈可以帮助高校发现和修正人才培养方案中可能存在的问题，进一步提升培养方案的质量。在得到行业专家的反馈后，需要根据他们的建议反复修改人才培养方案。这个过程可能需要进行多次，每次修改都需要根据反馈进行详细的分析和研究，以确定修改方案的正确性和合理性。

第三步，会计人才培养方案初稿完成后，需要提交至教务处，教务处随后组织行业企业、用人单位专家进行评审，会计学专业院校结合评审意见修改。这一环节的目的是获取更全面、更深入的反馈，进一步优化人才培养方案。教务处的角色在此处十分关键。他们需要组织包括行业企业代表、用人单位专家等在内的各方参与评审，以确保评审的公正性和广泛性。这些评审人员具有丰富的专业知识和行业经验，他们的意见和建议对

人才培养方案的优化起着重要作用。会计学专业院校在收到评审意见后，需要对人才培养方案进行相应修改。这可能涉及课程设置、教学方法、学时分配等方面的调整。在修改过程中，会计学专业院校需要充分考虑评审意见，同时也要结合学校的实际情况，进行适当的权衡和调整。

第四步，人才培养方案修改完成后，应由教务处组织学校专业建设委员会审定。专业建设委员会是由学校内部的教学管理人员、教师代表以及行业专家等多方组成，他们具有全面的教育教学和专业知识，他们的审定能够确保人才培养方案的科学性和实用性。在专业建设委员会审定过程中，各个委员会根据他们的专业知识和经验，对人才培养方案进行深度的评审和审定，确保方案内容的全面性和适应性。在审定过程中，可能会对方案的各个方面进行详细的检查，如课程设置、学时分配、教学方法等。审定通过后，教务处需要将人才培养方案报给主管校长审批。校长是学校的最高决策者，他的审批意味着方案的最后确认和生效。校长在审批过程中，会全面考虑方案的实施可能性、与学校教育理念的匹配程度，以及方案实施可能带来的长期效果等多方面因素。

第五步，经过审批的人才培养方案最终以书面形式出台，它将指导教学单位进行接下来的教学工作，为会计专业人才的培养提供明确的路线图。编印培养方案汇编是个复杂的过程，需要确保方案的清晰、完整和准确。在这个过程中，需要对方案进行仔细的校对和格式设计，使其既符合学校的要求，又易于理解和执行。方案编印完毕后，通过正式途径分发给各教学单位和相关部门。这不仅包括直接参与教学的教师和教学管理人员，也包括行政、学生事务、招生就业等部门，因为它们的工作也会受到培养方案的影响。此步的重要性在于它宣示了新的教学路线图的开始。培养方案的分发，让所有参与者都能明确知晓自身的任务和期望，从而能全力以赴地进行教学工作，为培养出优秀的会计人才做出贡献。

第六步，需要组织人员将人才培养方案中的教学计划、课程设置等录入教学管理系统。这标志着方案的数字化，使教学管理实现统一调度。

教学计划、课程设置等关键信息通过系统实现全员共享。这一步不仅方便了教师和学生获取课程信息，调整教学计划，还让管理者得以实时监控教学过程。总体而言，这个环节使教学管理更具效率，也更具系统性，为优化教学方案和提高教学效果打下了坚实的基础。

会计人才培养方案制订的流程如图 5-3 所示。

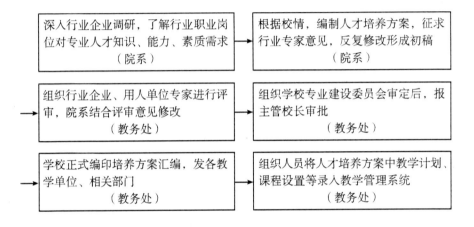

图 5-3　会计人才培养方案制订的流程

第三节　强化会计师资队伍建设

会计师资队伍是提高学校教学质量的关键，也是会计人才培养的一个重要支撑，所以打造专业型的会计师资队伍非常重要。

一、教师角色解读

（一）教师的本质

教师是履行教育教学职责的专业人员，承担教书育人，培养社会主义事业建设者和接班人，提高民族素质的使命。

教育作为一种社会现象和实践活动，始终关系着人类社会的进步和发展。虽然在不同时代，教育的形式和内容都在发生着变化，但是教师这个角色的本质从未改变。下面从三个维度来探讨教师的本质。

（1）教师是一种职业，同其他职业一样，也是社会分工中的一部分。作为职业者，教师通过传授知识、教育学生为社会提供服务，并因此获得报酬。

（2）教师肩负教书育人的使命。这一使命既体现在知识传授方面，也体现在学生的品德塑造和个性发展等方面。教师在教育过程中不仅要将专业知识传授给学生，帮助他们构建完整的知识体系，还要关注学生的思维能力培养，培育他们独立思考和创新的能力。此外，教师还要着眼于学生的全面发展，关注他们的兴趣爱好和特长，引导学生形成健康的世界观、人生观和价值观，从而促进学生的全面发展。

（3）教师应具备高尚的道德品质。教师是学生的楷模，他们的言行会深刻地影响学生。因此，教师不仅需要具备丰富的知识，还需要具备高尚的道德品质，并通过身教言传，成为学生的表率，真正做到"学高为师，身正为范"。

（二）教师的职业角色

1.教师职业的基本角色

（1）教师是知识的传授者。在教育中，教师首要的角色是知识的传授者，即将知识传授给学生并让学生理解和掌握。为了让学生真正理解和掌握所学知识，教师应该采用多种教学方法和手段，如讲授、演示、实验、讨论等，以便让学生从不同的角度和层次去理解与掌握知识。同时，教师还应该注重学生的学习兴趣和积极性，采用启发式教学和探究式学习等方法，以激发学生的学习兴趣和求知欲，促进学生的自主学习和探究精神。需要注意的是，教师的角色不应该局限于知识的传授，而应该注重学生的能力和素养的培养。因此，教师应该在知识传授的过程中，注重培养学生的学习能力、思考能力和创新能力等，以便让学生在学习知识的同时，也获得能力的提升，实现全面的发展。

（2）教师是道德的规范者。作为教育者，教师的任务不仅仅是传授知识，还包括育人，尤其要关注学生道德素质教育。在道德素质教育方面，教师不仅需要注重理论的传授，更需要注重实践的培养。教师应该将道德教育融入教育教学中的各个环节，如课堂教学、班级管理、家长沟通等，以帮助学生在实践中培养道德品质。此外，教师还应该成为学生的榜样，以身作则，将正确的道德观和价值观传递给学生。

（3）教师是班级的领导者。作为教育工作者，教师还承担着班级领导者的角色。教师需要具备良好的组织协调能力和管理能力，以帮助班级建设和发展。其一，教师应该搭建高效的班级管理团队。教师需要与班级干部进行沟通和协调，制定班级管理规定和制度，并建立班级管理团队，确保班级工作有序开展。其二，教师应该注重班级文化建设，营造积极向上的班级氛围。教师可以通过组织各种班级活动和课外活动，如文艺比赛、运动会、实践活动等，来增强班级凝聚力和提升团队精神。教师还可以通过班级会议、小组讨论等方式，增强班级文化的建设，塑造班级形象和风貌。

（4）教师是教学的研究者。作为教育实践的探索者，教师既承担着教育研究的责任，也在塑造着教学研究者的身份。在教育领域，教学与研究密切相关，研究指导教学，教学验证研究，从而在持续的教学实践与研究中推进教育的进步。作为一线的教育实践者，教师不仅具备丰富的专业知识，还在长期的教学过程中对教学形成了深刻的理解和认知，因此教师成为从事教学研究的理想人选。对教师来说，教学研究主要有两个目的：一是追求教育的内在价值，二是优化教学过程。追求教育内在价值属于宏观层面，是教师对个人理念的追求，也是对教育本质的探讨。在寻求教育内在价值的过程中，教师应将教育研究植根于实际教育场景中，消除客观与主观、科学与人文、规律与价值的界限，从而揭示教育的内在价值。优化教学过程是教学研究的基本目标，即通过教学研究来改进教学过程，从而提高教学质量。

2.教师职业的新角色

在教育改革的大环境下，教师角色也发生了变化，除了上文提到的几种基本角色外，新课程还赋予了教师新的角色。

（1）教师是学生学习的合作者。教育改革强调以学生为中心的教学方式，这意味着教师需要与学生建立良好的互动关系，共同参与学习过程。在这种合作关系中，教师是学生学习的合作者，教师要鼓励学生积极参与、提问和发表观点，同时也要关注每个学生的学习进度和需求。作为学生学习的合作者，教师可以通过设计有趣、具有挑战性的课程活动，帮助学生培养独立思考和解决问题的能力。

（2）教师是学生心理的疏导者。在新课程下，教师不仅要关注学生的学习成绩，还要关注学生的心理健康。教师需要具备一定的心理学知识，以便在学生面临挫折、困惑、压力等情况时给予适当的指导和支持。教师要善于倾听学生的想法和感受，建立信任关系，引导学生树立自信、积极向上的心态，帮助他们建立良好的人际关系和应对压力的能力。

（3）教师是自我进步的学习者。在不断变化的教育环境中，教师需要不断更新知识、技能和教育理念，以适应新课程的要求。教师应该具备良好的自我学习能力，关注教育领域的新动态、新理论和新技术，不断提高教育教学质量。作为自我进步的学习者，教师要勇于尝试创新的教学方法和策略，积极参加培训和研讨活动，与同行分享经验，相互学习、共同进步。

二、会计人才培养对教师能力的要求

明确会计人才培养对教师能力的要求，需要同时考虑人才培养的需求和学校师资的现状。首要任务是明确会计人才培养的目标，将行业需求转化为具体的教学目标和能力要求，再以此为基础，建立针对会计教师的专业能力标准体系。在这一过程中，还需要深入了解和分析学校师资的现状，评估教师们在专业知识掌握、教学能力、研究实践能力，以及沟通交流能力等方面的优势和不足，找出与人才培养需求之间的差距，并提出相应的改进策略。

本书构建的会计教师专业能力标准体系具体见表5-1。构建这一体系不仅能为学校的师资队伍建设提供标准和方向，也能推动教师持续专业发展，以满足会计人才培养的需求。同时，构建这一体系也能对教师进行有效评价，激励他们提升自身能力，更好地完成人才培养任务。

表 5-1　会计教师专业能力标准体系

一级指标	二级指标	三级指标
本体性能力	专业知识与技能素养	文化知识素养
		专业知识素养
		"双师型"能力
条件性能力	教师职业的有关素养	职业道德素养
		教育法规素养
		教学自我管理能力
		班级管理能力
	教育基础知识与基本技能素养	现代专业教育观念
		把握与借鉴课改动态的能力
		认识把握会计专业学生特点的能力
		会计学习规律认识把握能力
		会计教育质量测量与评价能力
		学分制和弹性学制认知能力

一级指标	二级指标	三级指标
实践性能力	教育实践基本技术与方法能力	专业课程设置能力
		教学设计能力
		教学实施能力
		表达能力
		德育指导能力
		课外实践活动指导能力
		就业指导能力
		心理指导能力
	现代教育技术能力	教育信息与计算机网络技术素养
		教育技术应用能力
	操作性实践与指导能力	课程标准修订与学习
		教材教法指导
		反思性实践能力
	教育科研能力	教育科研能力

三、会计师资队伍建设的具体路径

会计师资队伍建设有以下三种路径，具体如图 5-4 所示。

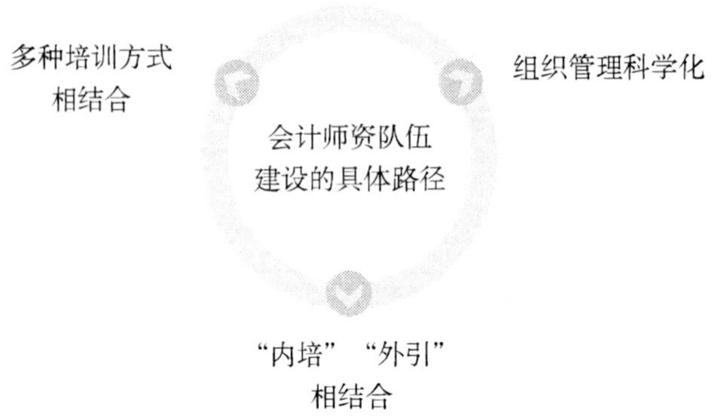

多种培训方式　　　　　　　　　　组织管理科学化
相结合

会计师资队伍
建设的具体路径

"内培""外引"
相结合

图 5-4　会计师资队伍建设的具体路径

（一）多种培训方式相结合

对教师进行培训是提高教师专业能力的有效途径之一，为了提高培训的效果，学校应多种培训方式并行，切忌依赖于某种单一的培训方式。目前，会计教师的培训方式主要有校内培训、高校进修培训、校际交流和企业定岗培训四种。

1. 校内培训

校内培训是教师培训较为普遍的一种方式，学校结合教育发展现状以及教师发展情况不定期对教师进行培训。培训的内容既包括教师专业方向，也包括教师教育的大方向。

校内培训具有以下两方面的优点。

（1）组织方便。校内培训的开展场所是学校，因此，无论从时间维度还是从空间维度来看，都便于组织教师开展培训活动。学校是教师日常工作的场所，校内培训可以在不耽误课程进度的情况下，使教师参与到培训活动中来。学校可以根据教师的工作时间，合理安排或灵活调整教师的授课时间，集中组织教师开展校内培训。

（2）立足教学实践，针对性强。校内培训是立足本校教学实践开展的教师培训活动，因此，培训内容更加贴合教师的教学实践，在培训过程中，教师可以就自己在教学过程中遇到的问题展开讨论，或交由经验丰富的教师或者专家进行解答。培训的内容也是以提升本校会计教学效果为核心，具有很强的针对性。

高校要鼓励会计专业教师积极参加校内培训，通过培训可以发现并解决在教学过程中遇到的问题。学校还可以利用老带新的培训方式，让经验成熟的老教师对新教师进行理论与实践层面的指导，用丰富的教学经验帮助新教师少走弯路，提升教学能力，培训方式可以是新老一对一也可以是一对多。此外，还可以组织教师交流会，教师通过交流会将自己在教学过程中遇到的问题列举出来，供新老教师交流与讨论，群策群力，共同分析问题产生的原因，探索应对问题的方法，教师还可以通过这种方式发现自己在教学过程中潜在的问题，防患于未然。

2.高校进修培训

我国很多省份每年会由教育厅牵头主办一些学校教师培训项目，承办项目的一般为该省内的高校，每个高校按照一定的选送标准，从校内选送一些教师参与培训，从而起到提高高校教师专业能力的作用。当然，这样的培训项目并不是很多，而且能够选送的教师名额也有限，所以为了鼓励更多的教师自主到高校进修，学校可以制定一些激励型的政策，对于自主提高学历层次的教师予以适当的奖励，并将其与晋级、评优相挂钩。

3.校际交流

校际交流是不同学校之间展开的学习交流活动，这种交流形式包括访问交流、学术会议、联合研究等，旨在通过教师之间的交流和互动，提升其在会计教学和研究方面的专业能力。

访问交流让教师有机会进入其他高校，了解其会计课程的设置和教学方法，观察优秀教师的教学实践，直接从他们的经验和技巧中学习。此外，访问交流也让教师接触到其他高校的研究项目，获取新的研究灵感和方法。学术会议则是教师交流研究成果、获取最新研究动态的重要场所。在这样的场合，教师可以向同行展示自己的研究成果，同时学习他人的优秀成果。通过与会议上的专家和同行交流，教师可以拓宽自己的研究领域，丰富自己的研究方法，提升自己的研究水平。联合研究是校际交流的另一种形式，教师可以与来自其他高校的同行一起，针对特定的研究课题进行深入的探讨和研究。这种合作不仅可以提高研究的效率和质量，还可以让教师在合作中学习到新的研究思路和技巧。

4.企业定岗培训

企业定岗培训就是将教师安排到会计企业之中，让教师从封闭的学校中走出去，也从单调的理论知识中走出去，到企业的第一线体验会计企业相关岗位的工作情况，了解会计行业的市场情况，从而促进教师对现实岗位中知识与技能的了解，提高教师的实践教学能力。为了提高教师到企业进行定岗培训的积极性，学校可以采取"双薪双聘"的方式，即与企业签订教师定岗培训活动，企业需要支付给教师一定的薪酬，而学校照常支付教师的薪酬。当然，教师到会计企业中不仅应该充当学习者的角色，还应该充当培训者的角色，即为企业员工提供必要的知识培训，使企业的工作人员也能得到职业素养的提高。这种教师定岗培训的方式对企业和学校而言是一种双赢，而且也能够进一步推动校企合作，具有非常积极的意义。

（二）组织管理科学化

正所谓"不以规矩，不能成方圆"，要打造专业型的师资队伍，除了采用多种方式对教师进行培训以外，还需要对教师队伍进行科学化的组织管理。

1.加强领导班子建设

火车跑得快，全靠车头带。学校的领导班子是整个学校教育工作者的"车头"，他们不仅从宏观层面负责学校的发展，更从微观层面负责对每一位教师的管理。从管理的角度看，教师管理属于人力资源管理的范畴，这并不是一件简单的事情，里面涉及很多专业性的内容，这是对学校领导班子提出的挑战，尤其要实现科学化的组织管理，更需要学校的领导班子具备一定的专业化的管理知识。因此，实现学校师资队伍组织管理专业化的第一步就是要加强领导班子的建设，这是领导班子必须认识到的一点，也是不能忽视的一点。

2.合理运用奖惩机制

奖励和惩罚是管理的手段，适用于任何岗位的管理，也是目前采用最为普遍的一种管理手段。奖惩机制是基于心理学的基础上产生的，具有应用的科学性，而且在长期的实践应用中也证明了其效果。如果奖惩不适，势必会导致消极的结果。因此，在运用奖惩机制对师资队伍进行管理的时候，一定要掌握一个度，合理地运用这一机制。至于如何把握这个度，本书认为要遵循及时性、相符性、针对性原则，使奖惩得当，即有功奖功，有过罚过，公平合理。在以精神奖励为主的基础上，坚持物质奖励与精神奖励相结合，全校范围内宣传其先进事迹，树立典型；惩罚时也可以采取物质惩罚与精神惩罚相结合的方式，但无论采取哪种方式一定要客观、公正，否则容易让教师产生抱怨的心理，这样便违背了"惩罚是为了矫正"的目的，适得其反。

3.了解教师之间的个性差异，有的放矢地进行差异化管理

在教学中，常常强调学生之间的个性差异，其实教师之间同样也存在个性上的差异，这是学校领导班子不能忽视的一点。当然，相对于学生来说，教师心理发展已经比较成熟，能够正确看待自己的个性，也能

够在自我个性与集体责任之间权衡轻重，不会因为自我个性影响集体的利益，这使得教师队伍的管理比学生队伍管理更加简单。但作为教师队伍的领导者，不能因此就忽视教师之间的个性差异，忽视教师的个人利益，这种行为是对教师责任心的一种消耗，也是对教师队伍不负责任的一种体现，更是一种无为化的管理方式。以教师的性格差异为例，教师性格是完成教育工作的重要条件，在确定班主任的人选时，选择性格外向，善于交谈的教师，可以更好承担起班主任的工作职责。

（三）"内培""外引"相结合

"内培"是指对校内的教师进行培训，这是提高教师能力的重要途径。而"外引"则是相对于"内培"而言，即从外部引进教师，丰富学校的教师队伍。目前国内很多高校都采取"专职教师＋兼职教师"的模式，兼职教师一般由相关企业中的专业人员担任。会计专业本身就是以技术为主，重视实践，所以邀请企业中的专业人士为学生授课，也同样能够弥补校内教师实践经验不足的缺陷。因此，在通过多种途径对校内教师培训的基础上，学校还可以从外部引进教师，形成"专职教师＋兼职教师"的教师结构，从而进一步优化师资队伍，提升师资队伍的专业性。

四、会计师资培训质量评价

（一）培训质量评价的内涵

培训质量评价是对培训活动的效果和质量进行系统、全面的评估，它涉及培训内容的适用性、教师的教学质量、培训环境的优化程度，以及培训的实际效果等多个方面。一般来说，高质量的培训不仅能够满足受训者的学习需求，也能够提高他们的专业技能，同时帮助他们发展关键的职业素养。

在会计师资培训中，质量评价的内涵主要表现在以下几个方面：首先，培训质量评价关注培训内容的准确性和适用性。优秀的培训内容应反映会计行业的最新趋势和变化，具有针对性，能够满足会计教师在实际教学中的需求。其次，培训质量评价关注教师的教学质量。这包括教师的专业知识和技能、教学方法和手段、互动能力，以及对学习者需求的理解等。再次，培训质量评价关注培训环境的优化程度。良好的培训环境能够为受训者提供舒适的学习空间，有助于提高他们的学习效率和效果。最后，培训质量评价关注培训的实际效果。即培训活动能否帮助会计教师提升专业技能，能否提高他们的教学质量，能否推动他们的职业发展。

培训质量评价的意义主要体现在以下几个方面：一是帮助培训机构了解和改进培训活动。通过对培训质量的评价，培训机构可以了解培训活动的优点和不足，进一步优化培训内容和方法，提高培训质量。二是提供给培训者反馈，帮助他们了解自己的学习状况，指导他们改进学习方法，提高学习效果。三是为会计教师的职业发展提供参考。培训质量评价可以反映教师的专业技能和素养，帮助他们认识自我，明确职业发展方向。

（二）会计师资培训质量评价主体

会计师资培训质量的评价主体主要包括以下五种：一是上级评价，主要是通过培训组织或行政部门进行，重点是从培训内容的设计、培训的实施和管理、培训的效果等方面进行评价。这种评价体现了从组织层面对培训质量的监督和管理，是一个宏观的评价方式。二是培训学生评价，主要针对教师的教学方法、教学态度、教学效果、教材的适用性等进行评价。这种评价从学生的角度直接反映了教师的教学水平和培训的质量。三是培训教师评价，主要是通过教师自我反思和同行互评进行。教师可以从教学方法、教学效果等方面进行自我评价，同时，也可以通过观摩其他教师的教学，进行同行互评。四是培训机构自评，是对自身培训管理、培训效果、培训满意度等进行评价的一种方式，这种评价旨在促进培训机构对自身的反思和改进，以提升培训质量。五是参与者的领导、同事评价，主要是针对参与者在培训后的实际表现进行评价，如他们的工作效率、业务能力、团队合作能力等，这种评价可以体现出培训的实际效果和影响。

（三）会计师资培训质量评价方法

1.等级评价法

等级评价法是一种常见的评价方法，主要是根据评价指标的具体内容和标准，对被评价对象进行定级评价。在会计师资培训质量评价中，可以通过设置不同的评价等级，对教师的教学水平、培训的内容和管理、培训的效果等进行定性评价。这种评价方法操作简单，结果明确，易于进行统计和分析，但是，由于评价指标和标准的确定具有一定的主观性，可能会影响评价的公正性。

2.重要事件法

重要事件法是一种以任务结果为导向的评价方法。在会计师资培训质量评价中，主要是记录和评价教师在培训过程中发生的重要事件和处理方式，如解决学生的疑难问题、处理突发事件等。这种评价方法可以客观地反映教师的教学水平和能力，但是，由于重要事件的发生具有偶然性，可能无法全面地反映教师的日常教学表现。

3.内省法

内省法是一种自我评价和自我反思的方法。在会计师资培训质量评价中，教师可以通过自我观察、自我分析、自我评价，对自己的教学方法、教学态度、教学效果等进行评价和反思，以便发现问题和不足，提高教学水平。这种评价方法可以促进教师的自我成长，但是，由于受到个人主观因素的影响，可能存在自我认识的偏差和误区。

第四节 完善会计人才培养保障体系

一、会计人才培养保障体系的构成

会计人才培养保障体系由六大部分组成，具体如图 5-5 所示。

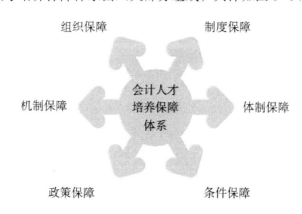

图 5-5 会计人才培养保障体系的构成

（一）组织保障

组织保障是会计人才培养保障体系的基础和前提，它主要涉及两个层次的管理体系，即校级和院（系）级。校级管理主要负责对人才培养的整体规划和执行，对教育资源的分配和利用，以及对教学活动的全面监督和指导，它在确保教学质量、促进教学改革和提升教学效果方面起着关键作用。一所高等学校的核心竞争力在很大程度上取决于其校级管理的能力和水平。院（系）级管理则是教学组织管理的基础环节，直接影响到教学活动的开展和人才培养的效果。它需要根据校级的教学政策和规定，针对具体的教学任务和学科特性，进行科学的教学组织和管理，包括课程设置、教学安排、教师配备、学生评估等各个方面。

在这个体系中，校级、院（系）级两级管理不仅需要协调合作，共同推进教学工作，还需要进行互动，进行有效的信息交流和资源共享，以提高管理效率和效果。同时，两级管理还需要明确自己的责任和权限，厘清责任关系和权责对应，确保各项工作的有序进行。

（二）制度保障

制度保障在会计人才培养中起到了举足轻重的作用，它确立了教学活动的规则，规定了教学资源的使用和分配，制定了人才培养的标准和要求，形成了对教师和学生行为的约束与引导。

制度保障首先表现在教学管理制度上。这包括了教学计划的制订和执行、教材的选定和使用、教学方法的选择和实施、教学评估的方式和标准等。这些制度对于确保教学活动的顺利进行、提高教学质量、防止教学事故的发生都具有至关重要的意义。例如，通过教学计划的制订和执行，可以有效地协调教学资源，保证教学的连续性和整体性；通过教材的选定和使用，可以保证教学内容的科学性和先进性；通过教学方法的选择和实施，可以提高教学效率，激发学生的学习兴趣；通过教学评估的方式和标准，可以客观地评价教学效果，为教学改革提供依据。

制度保障还表现在人才培养制度上。通过设定明确、具体的人才培养目标，以及相关的课程设置、教学安排、评价方式等，高校可以有效地指导和约束教师与学生的行为，保证人才培养的质量和效果。例如，通过明确的培养目标，可以使教师和学生对于人才培养的方向有一个清晰的认识；通过科学的课程设置和教学安排，可以使人才培养的过程更加系统、全面；通过合理的评价方式，可以激励学生的学习积极性，促进他们的全面发展。

制度保障还体现在教师队伍建设制度上。这包括教师职务聘任制度、教师工作评价制度、教师培训和进修制度等。这些制度可以有效地调动教师的积极性和创造性，提升教师的业务能力，保证教学的稳定性和持续性。例如，通过教师职务聘任制度，可以吸引和保留优秀的教师；通过教师工作评价制度，可以对教师的工作进行客观公正的评价，为教师的职业发展提供指导；通过教师培训和进修制度，可以保证教师的知识更新，提高教师的教学技能。

（三）体制保障

高校一般实行校、系、教研室三级管理，这种分层管理体制对于确保教学质量和人才培养的顺利进行至关重要。在校级管理层面，学校教学指导委员会负责制定教学政策，做出重大教学决策，进行宏观调控，确保学校教学质量的总体稳定。校长作为全校教学质量的第一责任人，负责协调各级教学管理工作，把握学校教学工作的大方向，保证学校的教育教学理念和教育教学政策得到有效执行。在系级管理层面，系教学指导委员会负责指导本系教学工作，对本系的课程设置、教学内容、教学方法等进行监督和指导。系主任作为本单位教学质量的第一责任人，负责组织和协调本系的教学活动，确保教学质量，推进教学改革，提高教学效果。在教研室管理层面，教研室负责人负责具体的教学组织、安排和教学研究工作，如制订教学计划，安排教学任务，开展教学研究，引导和监督教师的教学工作等。教研室负责人在教研室内部起到关键作用，是保证教学质量和教学效果的关键。

这样的三级管理体制，既能保证教学管理的高效性和准确性，也能有效地监督和指导教学活动，有利于形成良好的教学风气，提升教学质量，进而有效地培养出符合社会需求的高质量会计人才。

（四）条件保障

条件是制约和影响事物存在、发展的外部因素。事物的产生、变化和发展都是在一定的条件下完成和实现的。培养会计人才需要相应的外部条件保障。这主要包括人才队伍建设、硬件设施建设、校风学风建设、校园文化建设等几个方面。

人才队伍建设关乎教学质量和教学效果，因为优秀的教师队伍是培养高质量人才的关键。需要从教师的引进、培养、激励等方面进行深入研究，以构建既具备高级专业知识，又有丰富实践经验的教师队伍。同时，对教师的培训和发展进行持续投入，以保持其专业水平和教学能力的先进性。硬件设施建设是构建优质教学环境的物质基础。包括教学设施的现代化、网络化和智能化，以及教学资源的丰富和更新。现代化的教学设施可以提高教学效率，提升学习体验，使学生能更好地理解和掌握知识。而丰富、更新的教学资源可以拓宽学生的知识视野，满足其自主学习的需要。校风学风建设是培养学生良好学习习惯、发展学生独立思考和创新能力的重要手段。校风应以追求真理、务实创新、追求卓越为主导，鼓励教师严谨治学、献身教育；学风应以尊重知识、勤奋刻苦、追求卓越为主导，引导学生热爱学习、勇于探索。校园文化建设是培养学生全面素质、塑造学生人格魅力的重要途径。需要通过举办各类文化活动，提供丰富的社团组织，创建良好的学习环境，以促进学生的精神文化生活，培养其健康向上的生活态度和人生价值观。

　　这些条件保障环环相扣，相辅相成，只有营造出良好的教学环境，才能有效地推进会计人才培养工作，培养出满足社会需求的优秀会计人才。

（五）政策保障

　　政策保障是师资引进、职务晋升、教师专业技术职务评聘、校内津贴和课时津贴分配、专业建设和课程建设、教学教研等学校管理活动中的相关措施和办法。高等学校在制定和实施这些政策时，应充分考虑各种内外部环境和条件的变化，灵活应对，促进学校的良性运转。

　　师资引进政策是吸引优秀人才加入的关键。引进的教师应具备良好的教学和研究能力，以及适应高等教育环境的专业素质。同时，学校应为新引进的教师提供良好的工作环境和待遇，使其能专注于教学和研究工作。职务晋升和教师专业技术职务评聘政策是激励教师提升自身能力，提高教学和研究质量的重要手段。这些政策应公正、公平，能充分反映教师的工作表现和专业能力，并给予有突出贡献的教师适当的奖励。校内津贴和课时津贴分配政策应合理公平，能反映教师的工作量和工作效果，同时鼓励教师提高教学效率，保证教学质量。专业建设和课程建设政策是保证教学内容与社会需求和专业发展趋势相一致的重要措施。这需要学校定期进行专业和课程的审查与更新，适时引入新的教学内容和方法，以适应社会发展的需要。教学教研政策是提升教学质量和教师教学能力的关键。这包括支持教师进行教学研究，鼓励教师参与教学改革和创新，为教师提供进修和培训的机会，等等。

政策保障是会计人才培养工作的重要组成部分。合理有效的政策不仅可以为培养优秀人才提供有力的保障，也是推动高等学校不断发展和提高自身教学水平的关键。

（六）机制保障

机制保障是一个保证教学管理措施和制度能够有效运行与实施的体系，通过内在实施过程为各项工作提供保障。机制保障不仅仅是规定和措施，更重要的是如何实施这些规定和措施。对于任何的制度、规范以及管理措施，都需要具体的执行者来通过特定的程序和流程将其付诸实现，否则即使再好的制度和措施也只会停留在纸面上，无法在实际的教学管理中发挥作用。因此，对于会计人才培养体系来说，机制保障是将理论转化为实践，将规定和措施具体执行的关键环节，也是保证会计人才培养质量和效率的重要手段。机制保障的建立和完善，有助于实现会计人才培养工作的标准化、规范化，促进教学工作的高效运行，对提升会计人才的培养质量和水平具有重要意义。

二、会计人才培养保障体系的运行机制

我国正处于经济社会深刻变革的阶段，高等教育对于人才培养的需

求也随之发生了显著的改变。特别是在会计领域，对于基础坚实、创新能力强、知识面宽、实践能力出众的高层次应用型人才的需求日益增加。这就要求会计学专业院校必须重新审视和设定人才培养目标，以创新型会计人才培养作为自己的目标定位，并着力构建创新型人才培养的质量保障体系。

会计人才培养质量保障体系是一项系统性的工程，需要不断探索新的思维方式和措施，以保证创新型会计人才的培养质量。在构建会计人才培养的保障体系时，应遵循全面保障、有效保障、协同配合的原则，通过全员参与、全方位管理、全过程管理，打造一个全方位、立体的会计人才培养质量保障体系。

而为了保障会计人才培养保障体系的良好运行，需要建立一套行之有效的运行机制。主要包括工作推进机制、决策机制、监督反馈机制、调控机制和评价机制等（图5-6）。这些机制相互关联，相互促进，形成一个协调的关系，共同作用于会计人才培养质量的保障体系，最终达成优质、高效的会计人才培养目标。

图 5-6　会计人才培养保障体系的运行机制

（一）工作推进机制

工作推进机制是推动会计人才培养活动顺利进行的关键因素，它涵盖了一系列有组织的行动和措施，以保证教育培训目标的达成。作为整个培训体系的驱动力，它依赖于清晰、明确的工作计划，并借助督查等手段来确保各项计划的实施和执行。在这个机制中，特别重要的是要考虑到现实的资源配置，确保人力、物力和财力的合理使用。通过明确的执行标准和操作流程，工作推进机制能够将预定的教育目标转化为可行的行动，以期确保会计人才的有效培养。在这个过程中，工作推进机制还需要调整和协调各种关系，包括教师、学生、管理人员以及相关的社会方面，以确保整个培养工作的顺利进行。有效的工作推进机制不仅需要明确的目标和计划，还需要一种持续、稳定的内生动力，使得会计人才培养能持续地、有效地进行。

（二）决策机制

决策机制是保证人才培养质量保障体系可以正常运作的核心，一旦出现失误，后果就会十分严重。应以此机制为基础，对人才培养的目标、教育方式，以及激励、约束机制，进行合理、科学的决策，制定会计创新型人才培养的质量标准。决策机制的建立就是要建立更为完善的决策机构与制度，对决策的主体、程序进行有效规范，进而保证决策的科学性、合法性与权威性。

（三）监督反馈机制

监督反馈机制能够确保教学过程中信息的流通，并对学生的学习情况和教师的教学质量进行持续评估。监督反馈机制包含对学生学习的周期性检查，包括作业、考试以及其他形式的评估，通过这些手段收集学生的学习数据，评价学生的学习进度，同时也反映教学计划的实施效果。基于收集的数据，教师可以对学生提供学习反馈，帮助他们明确自己的优势和需要改进的地方，这对于学生的学习提升极为有利。同时，教师的教学效果也需要接受评估，学生、同行及管理者的反馈都能帮助教师改进教学方法，提升教学质量。简言之，监督反馈机制是一个循环的过程，通过评估、数据收集、反馈提供，以及依据反馈进行改进，这一机制的高效运行对于保证会计人才培养的质量至关重要。

（四）调控机制

调控机制确保教学计划和教学活动能够顺利地按照预设的目标进行。如果发现有偏离预期的情况，便会启动调控程序，进行必要的调整。这可能涉及课程内容的更改，教学方法的调整，甚至是教学计划的修订。例如，如果某门课程的教学效果不理想，可能就需要对课程设计进行调整，或者改变教学方法，以便更好地满足学生的学习需求。此外，调控机制也包括对教学资源的调度。对于热门的课程，可能需要增加更多的教学资源，例如，增加教师的数量，提供更多的教材等。总之，调控机制能够确保会计人才培养体系始终处于最佳的运行状态，从而提高教学效果，更好地培养出优秀的会计人才。

（五）评价机制

评价机制是会计人才培养保障体系的重要组成部分。评价机制旨在通过对学生学习成果的定期评估，对教学质量进行准确的判断，从而为改进教学方法提供参考。在实施评价机制时，需要设置明确的评价标准，例如，会计基础知识掌握程度、分析问题和解决问题的能力、实践能力等，并运用合适的评价方法进行评估，例如，笔试、口试、项目评估等。同时，评价结果需要做好反馈，以便学生和教师了解自己在学习或教学过程中的优点和不足，进一步提高学习和教学效果。此外，评价机制还涉及对教师的评估，以便从教学方法、教学态度、教学能力等多个方面全面地评价教师，提高教学质量。总的来说，通过有效的评价机制，可以确保会计人才培养工作始终处于高效、有序、有效的状态，从而达到优化人才培养的目标。

第六章　高校会计人才培养的评价
体系构建

在人才培养的过程中，有效的评价体系能对人才培养质量进行判断，为人才培养改进提供参考。针对会计专业的特性和需求，构建合理的评价体系显得尤为重要。本章将从高校会计人才培养评价体系基础认知、构建的原则与步骤、建设的内容以及完善策略四个方面深入探讨，力求提出一套科学、实用、有针对性的评价体系，以便更好地促进高校会计人才培养的质量和效果。

第一节　高校会计人才培养评价体系基础认知

一、高校会计人才培养评价的理论基础

（一）现代的教育观

现代的教育观是以学生为中心，强调教育的个性化、生活化和社会化。它倡导教育不仅仅是知识的传授，更重要的是人格的塑造和能力的提升，强调教育应当满足学生的个性化需求，注重学生的主动学习和创

新能力的培养。现代的教育观强调教育应满足社会和个人的需要,注重教育的实用性和应用性,倡导教育应当贴近生活,为学生的人生道路做好充分的准备。同时,教育不应仅仅是学校的事情,而且是社会的事情,需要家庭、学校和社会共同参与,共同肩负起培养人才的重任。此外,现代的教育观主张教育应该培养学生的创新能力和批判性思维,而不是简单的知识传授。它倡导鼓励学生独立思考,鼓励学生质疑权威,培养学生的问题解决能力和创新精神。

(二)正确的人才观

正确的人才观是认识和理解人才本质的重要视角,具体来说,应以德为先、能力为重、全面发展和个性发展。以德为先,这意味着在评价人才时,要注重对其道德素质的考查,而不仅仅局限于知识技能的考核。道德素质是人才内在素质的重要组成部分,是他们在社会中行为规范和价值取向的重要指南。因此,评价人才时应该将其道德素质作为评价标准之一。以能力为重,这就要求在评价人才时,要着重看他们的实际能力,而不仅仅是学习成绩。实际能力是人才在实际工作中解决问题的能力,是他们在社会生活中展示自我的一种重要方式。因此,评价人才时要注重他们实际工作中表现出来的能力,而不仅仅是他们的学习成绩。全面发展和个性发展是对人才全面素质的要求。全面发展是要求人才在知识、能力、素质等多方面进行发展而形成的人才结构。个性发展则是尊重和支持人才的个性与特长,让他们在发展中展现出自我特色。

正确的人才观不仅是一种人才评价的新视角,也是对人才培养模式的一种新要求。在这种人才观的指导下,人才评价将不再只看考试成绩,而是将内在品质、实际能力、全面发展和个性发展等多元化标准纳入评价范畴,使得人才评价更加科学、合理和全面。

(三)多元的考评观

多元的考评观是指对人才评价的方式和标准具有多样性和灵活性,

这种观点是对传统评价方式的一种重要补充和突破。在具体实施中，多元的考评观应当体现为三个方面的多元化：评价主体、评价标准和评价方法。评价主体多元化意味着评价者不仅限于学校或教师，还包括学生、家长、社会等多元的评价主体，这样可以更全面地评价人才的实际表现和素质。评价标准多元化则意味着不应仅仅依赖于单一的评价标准，例如，单纯的学业成绩，而应该综合考虑知识、能力、态度、技能等多方面的因素，从而使评价结果更为科学、全面。评价方法多元化则是指评价手段和方式的多样性，包括传统的笔试、口试，以及现代的实践能力考评、创新能力考评、个性特长评价等，以期更准确、有效地评估人才的实际表现。

二、高校会计人才培养评价的模式

（一）教育型目标调控模式

教育型目标调控模式是一种以教育目标为中心，进行动态调整和控制的人才培养评价模式。该模式强调对学生学习过程的实时监测和评估，以期及时发现问题并提供个性化的引导和帮助。此模式致力于通过系统性的评价，将学生的学习动态以及个体差异纳入人才培养的整体框架中。

教育型目标调控模式的主要特点可以归纳为以下几点：

（1）目标导向。在这种模式下，教育者会设定明确的教学目标，并以这些目标为基础进行教学活动的设计和实施。评价的依据也是根据这些教育目标来设定，从而保证了教学活动的方向性和目标性。

（2）动态调控。由于教育型目标调控模式强调的是实时的评估和反馈，因此在这种模式下，教育者需要时刻关注学生的学习情况，对学生的学习进行监控，并及时进行调整和引导。

（3）个性化引导。这种模式注重对学生个体差异的考虑，试图为每个学生提供合适的学习环境和方法，以最大限度地促进学生的学习和发展。

在教育型目标调控模式的实施过程中，一般包括以下步骤：一是确定教学目标。教育者需要根据课程的内容和学生的实际情况，设定合理的教学目标。二是设计评价方案。根据教学目标，教育者需要设计出合理的评价方案，这些方案需要能够全面地评价学生的学习情况，而不仅仅是学生的学习成绩。三是实施教学活动，在实施教学活动的过程中，教育者需要实时监控学生的学习情况，对出现的问题进行及时的调整和引导。四是进行实时评价。在教学活动的过程中，教育者需要不断地对学生的学习进行评价，并根据评价结果对教学活动进行调整。五是反馈评价结果。评价结果需要及时反馈给学生，以便学生了解自己的学习情况，调整学习策略。

教育型目标调控模式将评价与教学紧密结合，旨在及时调整教学策略，以促进学生的个体发展。其特点在于对教学目标和学生学习情况的实时调控，以及对学生个体差异的考虑，提供个性化的教学支持。这种模式为人才培养提供了新的理论支撑和实践参考。

（二）协同自评模式

1.协同自评模式的含义

协同自评模式是一种以被评价者自我评价为主，在评价人员的协同下，共同完成从制定评价目标开始的一系列活动的评价模式。在教育活动中，其实只有受教育者才全程地参与了教育活动，所以也只有他们能够全面地了解教育活动的相关信息。但由于学生评价的能力不能完全满足教育评价的需求，尽管学生全程参与了教育活动，但其评价却未能符合评价的要求，这就需要专门评价人员的参与。但专门的评价人员（包括教师）很多时候只能参与教育活动的部分过程，其评价难免存在一定的片面性。基于上述认知，形成了以被评价者自我评价为主，在评价人员的协同下，共同完成从制定评价目标开始的一系列活动的协同自评这一模式。

2.协同自评模式的步骤

协同自评模式作为一种学生和专门评价人员共同参与的评价模式，在评价的过程中，学生（自评者）和专门的评价人员（协同者）同心协力，经常性地进行协商，并在这一过程中取得共识，最后一起完成包括从确立评价目标开始，到制订评价方案、收集资料、处理资料、做出价值判断、撰写评价报告等一系列的评价活动。具体而言，协同自评模式可分为三步：准备阶段、实施阶段和撰写报告阶段。

（1）准备阶段。专门的评价人员撰写评价方案，然后学生依据评价方案选择专门的评价人员作为协同者。学生将其对评价方案的意见告知协同者，然后协商，修改评价方案，最终得到一个既能体现学生自评作用，又能凸显专业评价人员协同作用的评价方案。

（2）实施阶段。在实施阶段，首先由学生依据评价方案来评价教育活动，明晰哪些指标达到了预期的目标，哪些指标还没有达到。然后，协同者参与其中，与学生一起探讨，获得共识。在实施阶段，应采取多种评价方法，切忌局限于某一种评价方法。当然，无论采取哪种评价方法，都需要学生和协同者进行协商，最终取得共识。取得共识后，在双方的合作下共同针对教育活动进行评价，并在评价的过程中随时收集和整理相关资料。在这个过程中，双方可能会产生意见上的分歧，此时需要再次进行协商，再次取得共识。由此可见，实施阶段其实就是一个不断寻求共识的阶段，从而在双方的共识下不断推动评价的实施。

（3）撰写报告阶段。依据实施阶段收集和整理资料，撰写评价报告。在撰写评价报告的过程中，也需要学生和协同者不断交换意见，取得共识。评价报告通常由两部分组成：一部分是学生和协同者取得共识的部分，这部分是报告的主体，也是评判教育效果的主要依据；另一部分是学生和协同者未取得共识的部分，这些内容可融入下一轮的评价中，并期望在下一轮的评价中取得共识。

3.协同自评模式的特点

协同自评模式的特点表现在以下几个方面：一是评价主体多元化。协同自评模式强调多元评价主体的参与，包括学生、教师、同伴等，使得评价更加全面和客观。二是评价方式互动性。这种模式倡导的是一种互动的评价方式，评价主体之间可以通过交流和讨论，对学习过程和学习成果进行深入的理解和分析。三是评价过程自主性。协同自评模式强调学生的自我评价，让学生参与到自身的学习评价中来，增强了学生的学习自主性和自我驱动力。四是评价结果反馈性。通过学生自评、教师评价、同伴评价等多方面的反馈，可以让学生及时了解自身的学习情况，对自身的学习进行反思和调整。

（三）发展性目标评价模式

1.发展性目标评价模式的含义

发展性目标评价模式是一种以学生的发展为中心，以学习过程和学习结果为评价对象的人才培养评价模式。该模式强调以学生的发展需要为评价目标，关注学生的学习过程，注重评价结果的反馈和利用，以实现学生的持续发展和进步。

发展性目标评价模式的核心是"发展性"和"目标评价"，其中，"发展性"指的是评价的目标不仅仅是学生的学习成果，更重要的是学生的发展和进步；而"目标评价"则是指评价的过程和结果都要与教学目标紧密相关，以实现教学目标。

2.发展性目标评价模式的基本内容

发展性目标评价模式的基本内容主要包含以下几点：

（1）依据社会发展需求以及会计教育开展教育活动的现实条件，确定和检验人才培养目标。

（2）依照人才培养目标、评价对象和条件、与教育评价活动有关人员的愿望和需要，以及现有的各种规章制度和科学理论等因素，设计出以评价标准为核心的评价方案。

（3）依据评价方案开展评价活动。在实施评价活动的过程中，注重评价方法的多样性，同时有效运用现代教育技术，促进评价效率的提高。

（4）完成和反馈教育评价报告。

（5）用教育评价制度调控整个评价过程，确保评价质量。

3.发展性目标评价模式的主要特点

发展性目标评价模式的主要特点可以概括为以下几点。

（1）学生中心。该模式强调以学生的发展为评价的核心，不仅关注学生的学习成果，更关注学生的学习过程和进步，体现了人才培养的长远目标。

（2）过程与结果并重。这种模式不仅对学生的学习结果进行评价，同时也重视学生的学习过程，尤其是学生的思维能力、学习策略和学习态度等方面。

（3）反馈与调整。发展性目标评价模式强调评价的结果要及时反馈给学生，以便学生根据评价结果对自身的学习进行反思和调整，以实现更好的发展。

发展性目标评价模式下，评价的目标是学生的持续发展和进步，评价的过程与结果都与教学目标紧密相关，评价结果的反馈和利用是评价的重要环节。这种模式将学生的发展需要作为评价的出发点和归宿，注重对学生的全面评价，关注学生的学习过程，强调评价结果的反馈和利用，从而实现学生的持续发展和进步。这种模式为人才培养提供了新的评价理论和实践方法，有助于更好地实现教育的发展性目标。

三、高校会计人才培养评价体系构建的意义

高校会计人才培养评价体系构建的意义主要体现在三个层面，具体

如图 6-1 所示。

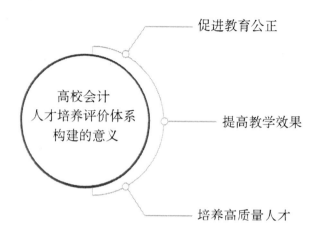

图 6-1　高校会计人才培养评价体系构建的意义

1.促进教育公正

　　构建人才培养评价体系有利于促进教育公正。教育公正是教育质量的重要组成部分，关乎每个学生的发展权益。然而，传统的评价体系往往过于依赖单一的考试成绩，无法全面反映学生的学习情况，容易忽视学生的个体差异，从而影响教育公正。而一个科学的人才培养评价体系，通过对学生的全面评价，不仅考虑学生的学习成绩，还包括学生的学习过程、学习态度、学习策略等多个维度，可以更公正地评价学生的学习表现。此外，这种评价体系还重视对学生的个性化教育，尊重学生的个体差异，注重发现和培养学生的特长与优点，避免了因为单一的评价标准而产生的教育不公。通过构建人才培养评价体系，可以使每一个学生在公正的环境下得到充分的发展，实现每个学生的全面发展，这也是教育公正的真正含义。因此，构建人才培养评价体系，无疑是促进教育公正的有效手段。

2.提高教学效果

　　构建人才培养评价体系对提高教学效果具有重要作用。教学效果是教学活动成功与否的重要标志，而有效的评价是提高教学效果的关键因素。在人才培养评价体系中，评价不再是简单的考试成绩的衡量，而是将学习过程和结果相结合，这种对教学过程和学习过程的全面考查，可以让教师更准确地把握学生的学习情况，及时发现并解决教学中的问题，从而提高教学效果。同时，科学的评价体系可以给学生提供清晰的学习目标和反馈，使学生了解自己的学习状态，认识自身的优势和不足，从而提升学习效果。例如，通过对学生的学习过程进行评价，可以引导学生建立良好的学习习惯，发展有效的学习策略；通过对学生的学习成果进行评价，可以激励学生提高学习效率，增强学习动力。此外，构建人才培养评价体系也可以促进教学方法的创新。在这种评价体系下，教师可以根据学生的学习情况，灵活调整教学方法和教学策略，使教学更加符合学生的实际需求，从而提高教学效果。因此，构建人才培养评价体系有助于提高教学效果，是提升教育质量的有效途径。

3.培养高质量人才

构建人才培养评价体系，无疑有助于高质量人才的培养。人才的培养不仅仅是传授知识，更重要的是培养学生的综合素质和能力，而一个全面、科学的评价体系正是实现这一目标的重要手段。

在人才培养评价体系中，评价的内容不再局限于学生的知识掌握程度，而是扩展到了学生的能力、素质、态度等多个方面。这种全面的评价可以更全面地了解学生的实际情况，从而有针对性地进行教学，帮助学生提高各方面的能力。同时，全面的评价也可以鼓励学生全面发展，避免片面追求分数，从而培养出更具实际能力的高质量人才。另外，科学的评价体系还可以让学生了解自己的优点和不足，了解自己的学习状态，从而指导自己的学习，这对于学生的自我成长也非常重要。通过反馈，学生可以明确自己需要提高的地方，调整自己的学习策略，这样不仅可以提高学习效率，还可以有针对性地提高自己的能力和素质。

第二节 高校会计人才培养评价体系构建的原则与步骤

一、高校会计人才培养评价体系构建的原则

在高校会计专业人才培养中，评价体系也发挥着重要的作用，但传统的评价体系并不完善，这在很大程度上影响着会计人才培养的效果。因此，学校应针对自身评价体系存在的问题，进一步完善其建设。为了形成一套可操作的、科学的评价体系，在具体的建设工作中，需要遵守的原则，如图 6-2 所示。

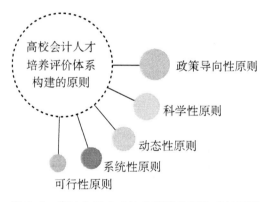

图 6-2 高校会计人才培养评价体系构建的原则

（一）政策导向性原则

在构建高校会计人才培养评价体系的过程中，政策导向性原则是至关重要的一项原则。政策导向性原则强调的是整个评价体系的构建需要符合国家的教育政策、高等教育法律法规，以及会计专业的教育和培养标准。在遵循政策导向性原则的前提下，评价体系的设计和实施将与当

前的政策环境保持一致，从而确保了评价体系的合规性和有效性。

在我国，高等教育和会计专业的教育均受到了明确的政策规定和指导。这些政策和规定为会计人才的培养提供了明确的方向和标准，也为会计人才培养评价体系的构建提供了基本的框架和指导。在构建评价体系的过程中，应当充分考虑这些政策和规定，确保评价体系的设置与国家的教育目标与要求相一致。此外，政策导向性原则还强调了评价体系需要紧密结合会计专业的实际情况，适应会计专业的特点和发展需要。会计是一门实践性很强的学科，会计人才的培养和评价不能脱离实际的工作需求和岗位能力要求。因此，评价体系的设置需要结合会计专业的特点，依据会计工作的实际需求，设置符合实际的评价标准和方法。

政策导向性原则是构建高校会计人才培养评价体系的基础和前提，是保证评价体系合规性、有效性和实用性的关键。只有在遵循政策导向性原则的基础上，才能构建出一个既符合国家教育政策，又适应会计专业实际需求的评价体系，为会计人才的培养提供有效的评价和指导。

（二）科学性原则

科学性原则在构建高校会计人才培养评价体系的过程中起着核心的作用。这一原则要求评价体系的设计和实施必须建立在科学的理论基础上，应用科学的方法和技术，以保证评价的有效性和公正性。

科学性原则首先体现在评价体系的设计上。一个科学的评价体系应该包括明确的评价目标、合理的评价标准、丰富的评价内容和合适的评价方法。评价目标需要符合会计专业的教育目标，反映会计人才培养的重要方面；评价标准需要有明确的量化指标，以保证评价的客观性和公正性；评价内容需要全面，既包括学生的知识掌握程度，也包括学生的能力、态度和学习过程；评价方法需要多元化，结合定量评价和定性评价，以全面反映学生的学习情况。其次，科学性原则还体现在评价的实施上。一个科学的评价体系应该有明确的评价过程和程序，以保证评价的公正性和有效性。评价过程需要公开透明，避免任何可能影响公正性的因素；评价程序需要明确，规定评价的步骤、时间、责任人等，以保证评价的顺利进行。

（三）动态性原则

动态性原则在构建高校会计人才培养评价体系时具有关键性影响。这一原则意味着评价体系需要不断适应并反映教学实践和社会需求的变化，其设计、执行和改进应是一个持续的、动态的过程。

会计专业培养的目标、内容和方式与社会经济环境、会计职业发展、技术进步等因素紧密相关，这些因素都在不断变化，因此评价体系需要具备敏感性和适应性，能够及时发现和反映这些变化，以便及时调整教学目标和方法，以满足社会的需求。例如，随着信息技术的发展，会计工作中的数据处理和信息管理能力越来越重要，评价体系需要及时反映这一变化，增加对学生这方面能力的评价。动态性原则也强调评价应以学生的发展和进步为中心，应注意评价学生的学习过程，而不仅仅是学习结果。学生的学习是一个持续的过程，学生的知识和能力在这个过程中不断积累和发展，评价体系需要能够反映这种发展和进步，以激励学生的学习积极性，促进学生的全面发展。例如，通过定期的、连续的评价，可以更准确地了解学生的学习情况，发现学生的学习问题，为学生的学习提供及时的反馈和指导。

（四）系统性原则

系统性原则强调了评价体系必须是一个整体，评价的各个部分需要协调一致，共同支持教育的目标。系统性原则的核心在于，所有评价活动都需要在一个统一、协调的框架中进行，以避免孤立、零散的评价行为，确保评价的全面性和一致性。

系统性原则的一方面体现在评价目标、内容、方法和标准的协调一致上。评价的目标需要明确，体现教育的总体目标，以便指导评价的其他部分；评价的内容需要全面，覆盖学生的知识、能力、态度和学习过程；评价的方法需要多元，既包括定量方法，也包括定性方法，以全面、真实地反映学生的学习情况；评价的标准需要公正、客观，反映学生的实际表现，而不是个别表现。另一方面，系统性原则强调评价活动与教学活动的紧密联系和互动。评价不仅是对学生学习成果的判断，也是教学活动的一部分，可以反馈教学效果，指导教学改进。因此，评价活动需要与教学活动相协调，互为支持。例如，教师可以根据评价结果调整教学计划和方法，学生可以根据评价反馈调整学习策略和行为。此外，系统性原则还强调评价体系与教育体系、社会环境的协调一致。评价体系是教育体系的一部分，应与教育体系的其他部分协调一致，支持教育的总体目标。同时，评价体系也应与社会环境相适应，反映社会对人才的需求，以满足社会发展的需要。

（五）可行性原则

可行性原则是人才培养评价体系必须遵守的原则，因为只有可行才有意义，如果不可行，不能实现，即便书面上的策略或计划再完美，也只是纸上谈兵，空中楼阁，没有任何的意义。可行性原则强调评价体系的设计和实施必须考虑实际条件，以保证评价的可行性和有效性。

一个重要的方面是要考虑评价资源的利用。评价活动需要消耗大量的教育资源，包括时间、人力、财力等。因此，在设计评价体系时，必须充分考虑教育资源的分配和利用。评价体系的设计需要简单有效，避免过度复杂，增加执行的难度和成本。例如，评价方法的选择需要考虑教师的评价能力和时间，评价内容的确定需要考虑学生的学习能力和时间。另一个需要重点考虑的方面是评价活动的组织和管理。评价活动需要有明确的组织和管理机制，以保证评价的顺利进行。例如，评价过程的规划需要明确，规定评价的步骤、时间、责任人等，以保证评价的执行；评价数据的处理和利用需要有明确的规定，以保证数据的准确性和安全性。

二、高校会计人才培养评价体系构建的步骤

高校会计人才培养体系构建的步骤如图 6-3 所示。

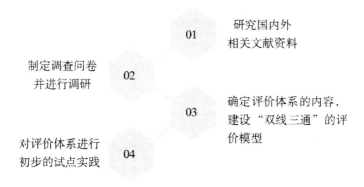

图 6-3 高校会计人才培养体系构建的步骤

（一）研究国内外相关文献资料

在构建高校会计人才培养评价体系的过程中，研究国内外相关文献资料是首要步骤。该步骤的核心目标是获取并理解当前最先进、最实用的教育评价理论和实践，为后续步骤提供理论基础和实践参考。

进行文献资料研究的过程需要深度阅读各类相关研究文献，包括教育评价理论研究、评价方法研究、评价实践报告等。在这个过程中，研究者可以全面了解和理解教育评价的基本概念、理论框架、方法技术等，也可以了解国内外各类教育评价实践的具体情况、效果评价、问题反思等。同时，进行文献资料研究的过程也是对现有研究成果的评价和批判过程。研究者需要根据自身的研究目标和实践需求，对各类研究文献进行评价和筛选，识别出最有价值、最可用的理论和方法，为后续步骤提供指导。这个过程可能需要研究者对各类研究文献进行深度的比较、分

析和批判，以提炼出最有价值的研究成果。

通过研究国内外相关文献资料，研究者可以全面了解教育评价的前沿理论和实践，对教育评价有一个系统、深入的理解，为构建高校会计人才培养评价体系打下坚实的理论基础和实践基础。

（二）制定调查问卷并进行调研

制定调查问卷并进行调研是构建高校会计人才培养评价体系的关键步骤，这一步骤的目的是了解实际情况，收集数据，为评价体系的设计和实施提供基础。

制定调查问卷需要根据研究目标和需要，设计适当的问题和选项，以收集相关的数据。例如，需要了解学生的学习情况、教师的教学情况、课程的设置情况等。问卷的设计需要精确、清晰，以确保数据的准确性和可靠性。在进行调研的过程中需要选择合适的样本，以代表总体。样本的选择需要考虑各种因素，如学生的年级、专业、性别等，以保证数据的代表性。同时，调研的过程也需要保证数据的质量，如提供适当的指导，确保数据的真实性和完整性。收集的数据可以用来了解实际情况，为评价体系的设计和实施提供基础。例如，可以了解学生的学习需求和困难，以便调整评价内容和方法；可以了解教师的教学情况，以便提供相应的支持和指导；可以了解课程的设置情况，以便进行相应的调整和优化。

（三）确定评价体系的内容，建设"双线三通"的评价模型

在大量研究国内外文献资料及调研的基础上，确定评价体系建设的内容，构建"双线三通"的评价模型。评价体系包括评价的内容、评价的维度、评价的方式和评价的标准，其详细内容本书会在下节做详细的论述。"双线三通"的评价模型中的"双线"指线上和线下相结合，"三通"则是指对学生的评价要符合学校教育对学生的要求、符合企业用人对学生的要求、符合学生家长对学生成长的期望，从而实现学校、企业、

学生家长三方相通。

（四）对评价体系进行初步的试点实践

高校会计人才培养评价体系构建之后，其真正的效用在于应用实践。开始阶段，可以在多个班级中挑选 1 ~ 2 个进行试点实践，这种方式允许教育工作者在有限的、可控的环境中观察和理解评价体系的实际运作及其效果。试点实践不仅包括评价体系的执行，更关键的是在实践中进行反思、观察和记录，以便及时捕获评价体系在实际运用中的优点和不足。这种系统性的、结构化的实践和反思能够产生丰富的信息，帮助教育工作者对评价体系进行更加具体、具有针对性的修改和完善。

试点实践完善后，评价体系可以在全校范围内推广。然而，这个过程并非简单的复制粘贴，而需要认识到不同专业的教育目标、教学方法和学习环境可能存在差异。因此，在向其他专业推广应用的过程中，必须让各专业的教育工作者参与进来，根据自身专业的特点和要求，对评价体系进行适应性调整。只有这样，评价体系才能真正成为促进教育质量提高的工具，而不是成为教育创新和多样性的桎梏。

第三节　高校会计人才培养评价体系建设的内容

本节从评价内容、评价维度、评价方式和评价指标四个层面构建高校会计人才培养评价体系。

一、评价内容

评价体系中的评价内容包括对学生职业化技能、职业化道德与综合性素养三个方面的评价，如图 6-4 所示。

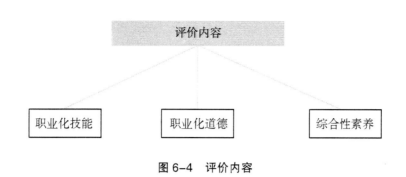

图 6-4 评价内容

（一）职业化技能

职业化技能是高校会计人才培养评价体系中关键的评价内容之一。它涉及学生对会计理论知识的掌握程度、会计技术操作能力、会计信息系统运用技巧等。

会计理论知识的掌握程度是构建职业化技能的基础。它包括会计基础理论、财务管理、成本计算、审计原则等各个方面。这些知识为学生提供了全面而深入的会计知识结构，使他们能够对会计信息进行科学的理解和准确的解读。

会计技术操作能力是实际工作中不可或缺的技能。它包括熟练进行各类会计凭证的编制、熟悉会计报表的编制流程和规范，以及能够运用会计软件等现代信息技术手段进行会计处理等。这些技能使得学生在接触到实际的会计工作时，能够迅速地适应和进行工作。

会计信息系统运用技巧的掌握是当今数字化时代的必要技能。这不仅包括对会计信息系统的操作熟练度，更重要的是对会计信息系统背后的逻辑、对数据的处理和分析方式有一定的理解。这种技巧使得学生能够在复杂的信息环境中进行有效的决策支持。

这些技能并非孤立存在，而是相辅相成。理论知识的掌握为技术操作提供了理论支撑，技术操作能力的提高又使得理论知识得到实际应用，进一步加深了对理论知识的理解。同时，会计信息系统运用技巧的掌握，能够让学生在真实的工作环境中，有效地应用理论知识和技术操作能力。这种相互支持和相互促进，使得职业化技能的培养能够更加全面和深入。

（二）职业化道德

职业化道德在会计人才培养评价体系中占据重要地位。会计专业人士在从业过程中不仅需要深厚的专业知识和技术能力，更需要坚定的道德立场和高尚的职业道德。

会计是关乎公众利益的职业，因此，会计人才的道德素养应该体现在对公众利益的尊重和维护上。这就要求他们在执行会计工作时，始终坚守公正、公平、公开的原则，对待各方的利益保持中立，尽最大的努力避免利益冲突，以确保会计信息的准确性和公信力。诚实和诚信是会计职业道德的基石。无论是在业务处理，还是在编制、披露会计信息过程中，都应坚守真实、公正、完整的原则。任何对真实性的掩饰或歪曲，都是对会计职业道德的严重违背。

对法律和职业规范的遵守是会计职业道德的重要表现。会计人才应该熟悉并遵守国家的有关法律法规、会计职业道德规范等，确保自己的行为符合规定，尊重和保护公众的利益。此外，在会计工作中，保密是非常重要的职业道德。因为会计人员在工作过程中会接触到大量的敏感信息，如财务数据、业务秘密等。他们必须严格保守这些信息，不能将其泄露给无关的人员。

因此，职业化道德是会计人才的重要素质，是他们成功完成工作，赢得公众信任，维护公众利益的关键。高校会计人才培养评价体系应该将其作为重要的评价内容，通过各种方式，如课程学习、案例分析、实践教学等，培养和提升学生的职业道德素养。

（三）综合性素养

综合性素养指学生除了职业化技能与职业化道德之外应具备的其他素养，主要包括思想政治素养、身心素养和文化素养。思想政治素养是指学生在思想意识、道德品质、法律意识等方面的素质。对于会计专业人员来说，坚定的政治立场和清晰的价值观是其职业生涯中不可或缺的。他们应熟悉并遵守国家法律法规，对社会主义核心价值观有深刻理解和积极拥护，积极履行社会责任，抵制各种违法违规行为。身心素养主要涵盖健康的身体状况和良好的心理状态。会计工作的繁重和压力使得健康的身心状态成为其成功完成工作的必要条件。他们需要具有良好的生活习惯，定期进行体育锻炼，保持良好的心理状态，适当的压力释放和心理调适能力。文化素养主要包括一般教育知识、人文社科知识、外语能力等。会计工作并非仅仅是数字的处理，更需要对社会、经济、文化等有深刻理解。这就要求会计人员需要具有一定的人文社科知识，能看到数字背后的社会现象和经济规律。此外，随着国际化程度的加深，会计人员更需要有良好的外语能力，以便于处理跨国会计问题。

二、评价维度

关于评价体系的维度，也可以理解为评价体系中学生评价的角度或者说参与评价的对象，即从以往的一元维度（教师评价）转变为多元维度（教师、学生、企业、学生家长）。多元维度的学生评价可以为教师提供多个了解学生的角度，从而使教师更加客观、全面地了解学生，进而使形成的评价更加的科学、客观和全面。评价的具体维度如图6-5所示。

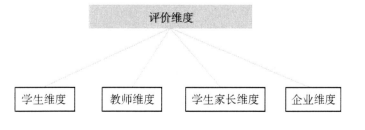

图 6-5　评价维度

（一）学生维度

学生维度的评价包括学生自评与学生互评两种模式。

1.学生自评

学生自评模式是学生自我评价的过程，通过这个过程，学生可以了解自己的学习状态，发现自己的优点和不足，明确自我改进的方向。学生自评模式鼓励学生积极参与到评价过程中，促使他们主动思考自身的学习情况，从而提高自我认知和自我管理能力。例如，在完成一个会计项目后，学生可以自行评估自己的理论知识掌握程度、操作技巧运用情况以及解决问题的能力等，通过自评过程，学生可以更好地理解自己的学习状态，进一步明确自己的学习目标。

2.学生互评

学生互评模式是学生对同学学习表现的评价过程。这种评价方式可以促进学生之间的交流和合作，帮助学生从他人的角度看待自我，更全面地认识自己。例如，当学生们一起完成一个会计案例分析时，他们可以相互评价彼此在团队合作、问题解决等方面的表现。学生互评模式可以使学生更加关注团队合作和沟通技巧的培养，也能通过同伴的反馈，更深入地了解自己的优势和需要改进的地方。

（二）教师维度

对于任何学科的学生，特别是会计专业的学生，教师的评价都占据着重要的地位。作为传授专业知识和技能的关键角色，教师的评价具有无可比拟的专业性和权威性。

在教师维度的评价中，教师需要对学生的学习表现、专业能力、思考分析和实践操作进行全面、深入的评价。这种评价不仅限于课堂表现，也包括课后的独立作业、团队项目、竞赛成果等各个方面。在这个过程中，教师能够通过观察和评估学生的学习表现，了解学生的学习进度和存在的问题，提供必要的指导和帮助，也能帮助学生对自我进行更准确的评估。然而，由于教师面对的学生数量众多，精力有限，这就使得教师的评价在一定程度上受到限制。因此，为了提高评价的准确性和全面性，建议由不同学科的教师组成评价小组。这样做的好处在于，不同的教师可以从不同的角度观察和评价学生，看到学生在各个学科中的不同表现，提供更全面的评价。此外，组成评价小组还可以分散单个教师的评价压力，提高评价效率。

（三）学生家长维度

在构建人才培养评价体系时，不能忽视学生家长的评价维度。他们的评价不仅可以提供更全面了解学生的渠道，也可以作为对教师评价的补充，从而更好地帮助学生提高和进步。

作为学生的首任教师和长期陪伴者，家长对学生的理解和认识深入到骨髓。在学生的行为习惯、性格特点、兴趣爱好等方面，家长的观察和了解往往比教师和同学更为精准。对于会计专业的学生来说，家长的评价可以从更宏观的角度对学生的学习态度、职业规划、个性特点等进行评价。通过家长的评价，教师可以更好地了解学生在学习、生活等多方面的表现，以及他们对于专业知识的理解和运用。需要注意的是，由于家长对子女的关爱和期望，他们的评价可能存在一定的主观性，更加强调学生的优点，而对缺点视而不见。但这并不意味着家长的评价没有价值。相反，他们对学生的深入了解，使他们的评价在一定程度上具有了独特的参考价值。即使是在青春期，学生的许多表现仍然无法逃过家长的双眼，这使得家长成为教师了解学生的又一窗口。

（四）企业维度

企业维度是高校会计人才培养评价体系中重要的一环。特别是会计实习单位，对学生的评价具有独特的实践导向和职业化视角。由于企业实习的环境与学校教学环境差别较大，对学生的要求也不尽相同。故企业评价能够提供从另一个角度对学生的全面评价。

在企业实习过程中，学生需要将所学的会计知识应用到实际工作中，这既考验他们的理论知识掌握程度，也考验他们的实践操作能力和解决问题的能力。而企业的人员则负责指导和监督学生的实习活动，他们可以清晰地看到学生在实习过程中的表现，从而对学生的实践操作能力给出更加真实的评价。企业评价除了反映学生的实践操作能力，也能揭示出学生在职业素养、沟通能力等方面的情况，这些都是在学校环境中难以全面考查的。因此，企业的评价对于更全面地了解和评价学生的能力和素质有着重要的意义。

企业的评价可以为教师提供宝贵的参考，帮助教师对学生的实践操作能力有更加深入和全面的了解。在构建高校会计人才培养评价体系时，必须将企业维度纳入其中，以实现对学生全方位的评价。

三、评价方式

会计人才培养的评价方式包括表现性评价、发展性评价和过程性评价，如图 6-6 所示。

图 6-6　评价方式

（一）表现性评价

表现性评价，也被称为结果性评价或成果性评价，是评价学生在一定时间内，特别是在学期结束或者课程结束时，对所学知识、技能的掌握情况以及在个人发展方面的表现。在高校会计人才培养的评价体系中，表现性评价通常通过期末考试、课程报告、课程设计或者综合性实训等形式进行。

表现性评价的核心是衡量学生的学习成果。在会计教学中，学生的学习成果主要表现在他们对会计理论的理解程度，对会计业务处理的熟练度，以及对会计职业道德的认识和遵守情况等方面。通过这种评价方式，教师可以了解学生在掌握会计专业知识、技能和态度方面的情况，从而对学生的学习效果进行评价。表现性评价具有明确性和客观性。明确性体现在评价标准和要求上，学生知道他们需要达到什么样的标准，才能获得满意的成绩。这样有利于学生明确学习目标，调整学习策略。客观性体现在评价的结果上，评价结果主要取决于学生的表现，而不受教师主观因素的影响。

然而，表现性评价也存在一定的局限性。一方面，它侧重于评价学生的短期学习成果，可能忽视了学生的长期发展和个体差异。另一方面，表现性评价可能过于强调分数和排名，导致学生过分追求分数，而忽视真正的学习和提高。因此，在进行表现性评价时，需要结合其他类型的评价，如发展性评价和过程性评价，以获得更全面、更准确的评价结果。同时要关注评价结果的合理运用，如用于改进教学、引导学生学习等，而不仅仅是用于给学生打分或者排名。

（二）发展性评价

所谓发展性评价，简单来说就是以促进学生全面发展为目的的学生评价方式。发展性评价改变了传统评价方式过于强调甄选和选拔功能的理念，它是以多元智能理论、构建主义理论等为基础的，追求的不是给学生下一个精确的结论，更不是给学生一个等级或分数并与他人比较、排名，而是要通过对学生过去和现在状态的了解，分析学生存在的优势和不足，并在此基础上提出具体的改进建议，促进学生在原有水平上的提高，逐步达到基础教育培养目标的要求。

学生的发展是一个过程，这个过程是漫长的，需要教师在这个过程中不断给予学生关注，而不是只关注最后的结果。发展性评价既重视学生的现在，也考虑学生的过去，更着眼学生发展的未来，所以在该评价方式中，往往通过具体关注各个环节来促进学生的发展。发展性学生评价还强调收集并保存学生发展过程中能表明状况的所有关键资料，这些资料的呈现和分析，能够帮助人们形成对学生发展变化正确而全面的认识，并在此基础上针对学生的优势和不足，给予学生激励或具体的、有针对性的改进建议。

（三）过程性评价

过程性评价关注的是学生的学习过程，这一点与发展性评价相似。不同的是发展性评价是站在一个比较宏观的角度上，也就是学生整体发展的过程视角，而过程性评价是站在一个比较微观的角度上，也就是学生学习的过程视角。传统的评价方式只关注学生的学习结果，很少会考虑导致该结果的原因，很多时候只是下一个结论便草草了事。其实，如果从学习的整个过程去看就不难明白，不同学习结果的出现往往是由于不同学习方式导致的。二者的关系是表层（学习结果）和深层（学习方式），传统评价方式关注的是表层，这种浅层次的评价很难触及深层次的学习方式，但如果学习方式不改变，便很难改变学习结果，最终陷入恶性循环中。过程性评价关注的是学生的学习过程，即学习方式，通过评价学生的学习方式，使学生认识到自己学习方式上存在的问题，进而在不断的调整与完善中趋于向好的学习结果。

四、评价指标

结合前文所提到的评价内容，本书构建了较为细化的评价指标，以便对高校会计人才培养评价体系建设有一个直观化的了解，具体见表6-1。

表 6-1　评价指标

一级指标	二级指标	三级指标
职业化技能	专业基础技能	专业核心课成绩
		专业方向课成绩
	专业综合技能	取得技能等级证书的数量、类别和级别
		实训教师对学生职业态度、行为的评价
		实习单位对学生职业态度、行为的评价
	专业创新技能	获得市级以上技能大赛奖项
		获得技能专利
职业化道德	职业道德	遵守学校或企业的各项规章制度
		有正确的职业观，爱岗敬业
综合素养	思想政治素养	正确的政治认识
		正确的世界观、人生观和价值观
	身心素养	较好的身体素养，达到《国家学生体质健康标准》对高校大学生的要求
		健全的人格，能管理好自己的情绪，有积极的心理品质
		自我认知，能正确判断和评估自我
	人文知识	具备人文知识，如艺术知识、历史知识、文学知识
	人文精神	具备人文精神，如民族精神、时代精神、人文思想

第四节　高校会计人才培养评价体系的完善策略

一、加强高校会计人才培养评价体系的科研建设

加强高校会计人才培养评价体系的科研建设对于提升其有效性和适应性具有重要的作用。要实现这一目标，需要在科研领域投入更多的资

源，不断更新教育理念和评价模式，与时俱进，满足当前教育环境和社会需求的变化。此外，还需要通过引入跨学科的研究方法，促进评价体系的理论创新和实践创新。例如，应用大数据分析、人工智能等先进科技，提升评价体系的科技含量，使评价更加精准、及时和动态。

研究人员需要深入研究当前的教育环境、社会环境和行业发展趋势，通过理论研究和实证研究，找出影响高校会计人才培养效果的主要因素，并据此优化评价体系。同时，需要与业界进行紧密的合作，获取第一手的行业信息和需求，使评价体系更符合行业实际，更好地服务于学生的就业和发展。

要加强高校会计人才培养评价体系的科研建设，关键在于建立一个科研团队，拥有教育专家、会计专家、心理学家、统计学家等多元化的人才构成，利用各自的专业知识和研究方法，共同推动评价体系的科研建设。此外，高校应为科研团队提供必要的资源支持，包括资金、设备、时间等，创造良好的研究环境，激励科研团队积极投入到科研工作中，为高校会计人才培养评价体系的完善和发展做出更大的贡献。

二、提升教师在高校会计人才培养评价体系中的能力和作用

教师作为高校会计人才培养评价体系的重要角色，其自身能力的提升和作用的发挥有着重要的影响。

教师在自我提升中，对新知识、新技能的学习热情和探索精神是非常重要的。更新和完善自身的知识结构与教学方法是提升教学效果的基础。同时，教师还需要提升自己的沟通能力，这是理解学生的学习需求和问题的关键，有助于准确全面地评价学生的专业能力、道德素质和综合素养。此外，为了提升教师在高校会计人才培养评价体系中的能力和作用，学校应该提供定期的评价培训，让教师更加熟练地掌握评价的方法和技巧。同时，学校也应该鼓励和支持教师参与学生评价研究，以此

方式不断提升教师的评价能力。

三、确保高校会计人才培养评价体系的有效实施和持续改进

确保高校会计人才培养评价体系的有效实施和持续改进，需要的是系统的策略和持久的耐心。首要的目标是实现评价体系在各个层面的深度融合和广度应用。高校应做好详细的实施计划，并充分调动教师、学生、家长和企业等各方的积极性和主动性，共同参与到评价体系的实施中来。同时，对于评价体系的实施效果，需要有一个全面、科学和公正的评估机制。这个评估机制应该包括对学生的学习效果、教师的教学效果、家长的参与程度、企业的满意度等多个方面的评估。通过这种方式，可以及时发现评价体系的问题，然后进行必要的调整和改进。

持续改进是评价体系能够持久有效的关键。评价体系并不是一成不变的，它需要根据学生的学习需要、教师的教学经验、家长的期望和企业的反馈等多方面的信息，进行不断的自我调整和优化。因此，高校应建立一个持续改进的机制，对评价体系进行定期的审查和更新。高校还需要对评价体系的实施进行长期跟踪和监督。具体来说，可以通过定期的调查和研究，了解评价体系在各个层面的实施情况，从而为评价体系的持续改进提供科学的依据。同时，高校还应定期对评价体系的实施结果进行分析和总结，以便进一步完善评价体系。

确保高校会计人才培养评价体系的有效实施和持续改进，需要高校的全面计划和持续努力。只有这样，才能使评价体系真正地服务于学生的学习，提高人才培养质量，最终实现教育的目标。

四、注重评价标准的多元化

我国的高等院校具有多类型、多层次、多学科、多专业等特征。众多高校在办学目的、学科专业建设、课程设置、师资队伍、学术水平等

多方面存在着显著差异，而评价标准是评价主体对评价活动进行价值判断的依据，是开展评价活动的准则和行动指南，对制订评价方案和指导评价实践都具有重要意义，应该由各层级利益相关者共同参与。因此，高校人才培养评价标准的制定要遵循分层级、分类别、分区域、分专项的多元评价原则（见图6-7），这种多元化的评价标准可以凸显出针对性和指导性，有利于调动各级各类高校的积极性，鼓励高校在自身基础上不断发展和提高，使人才培养评价科学客观、公平公正。[①]

图 6-7　多元评价原则

（一）分层级制定评价标准

评价标准的制定应该根据政府、高校、用人单位、师生等各层级的具体需求和特点，充分吸纳各方的意见和建议。政府作为宏观调控者，需要从国家和社会发展的角度出发，制定具有统领性、总纲性、全局性的评价标准，这些标准具有广泛的适应性和指导性，能够为高校会计人才培养评价提供宏观的导向。同时，政府应将已经制定好的评价标准向社会发布，让社会各方面了解并监督评价工作。高校则需要发挥计划者、协调者的角色，综合高校管理者、教学者、学生等主体对评价标准

---

① 陈洪玲，于丽芬.高校扩招后人才培养模式的理论与实践[M].北京：北京师范大学出版社，2011：70-75.

的意见，制定出具有高校特色和教育目标的评价标准。这种评价标准既符合高校的教育理念和目标，又充分考虑了师生的需求和期望，具有很高的接受度和执行性。高校师生作为建议者、监督者，需要积极向高校管理层提出评价标准的改进意见，建立良好的互动机制。他们既是评价的对象，也是评价的参与者，他们的意见和建议能够使评价标准更加符合实际，更有利于学生的成长和发展。用人单位则需要发挥反馈者的角色，主动提出社会对高校会计学生类型、质量、能力等方面的要求，为高校会计人才培养评价标准提供有效的参考意见。他们是高校人才的最终使用者，他们的需求和反馈能够使评价标准更加符合社会和市场的需求，提高高校会计人才培养的质量和效益。

（二）分类别制定评价标准

在我国，普通高等学校的数量众多，办学层次和类型各异，如研究型、教学型、教学研究型、研究教学型，综合类、文科类、理科类、工学类、医学类，以及专科、本科和研究生等不同的办学层次。然而，实际中，部分高校在制定评价标准时，并没有充分考虑自身的办学层次和类型，甚至有的高校盲目模仿重点大学和一流大学的评价标准，导致其人才培养评价标准具有同质性，缺乏特色性。高校在制定评价标准时，应明确自身的办学定位，根据自身的办学层次和类型，设立符合本校教师和学生发展的评价标准。例如，研究型高校的评价标准应主要关注其是否符合培养和造就高层次的研究型人才，或产生高水平的学术研究成果的要求，而教学型高校的评价标准应以是否为社会培养出高素质应用型人才为导向。除参考同类别学校的评价标准外，高校还应找准自身的特色所在，以特色立校、以特色强校、以特色取胜，打造品牌学科和专业。这不仅可以增强高校的竞争力，也有利于调动师生的积极性，激发他们的创新精神。同时，这也要求高校不应一味追求一流大学的评价标准，而应注重评价标准与特色建设的一致性，使评价标准更具有针对性和可操作性。

（三）分区域制定评价标准

由于我国地域广大，不同地区的经济发展水平、社会环境和文化背景都有所不同，因此，同一套评价标准可能无法满足所有高校的需求。应根据各地区的具体条件和特点，适当调整人才培养评价标准。以东、中、西部地区为例，这三个地区的经济发展状况、政府财政收入和人才吸引能力都存在显著的差异。因此，这三个地区在设立会计人才培养评价标准时，应考虑本地区的实际发展情况，设置不同的侧重点。例如，东部地区的高校可能更侧重于培养高水平的研究型和应用型人才，注重学生的创新能力和实践能力的培养，以适应当地发达的经济和技术发展需要；而中、西部地区的高校则可能更侧重于培养适应本地区经济社会发展需要的应用型和实用型人才，注重学生的职业素养和社会服务能力的培养。

（四）分专项制定评价标准

由于高校在人才培养目标、科研贡献、社会服务方式以及文化传承创新等方面的需求各有差异，因此，不同高校在设立人才培养评价标准时，应避免出现标准的相同或相似情况。具体来说，高校的人才培养评价标准应进行细致的横向与纵向比较。例如，可以对比不同高校同一学科或专业的培养目标、科研成果、师资配备等评价标准，或者对比同一所高校在不同时间点的教学、科研、服务评价标准。这样的对比分析，旨在关注评价标准在不同维度上的合理性与适应性，为构建和完善高校的人才培养评价标准提供重要依据。

第七章　基于校企合作的高校会计
人才培养

在当前的社会经济背景下，基于校企合作的高校会计人才培养模式的重要性日益凸显。校企合作可以为学生提供更加接近实际工作环境的学习平台，使他们在接受专业知识教育的同时，有机会实践和提高实际操作能力。同时，企业通过参与学生的培养，也能直接影响教育内容，从而得到满足自身需求的人才。本章将从校企合作概述、会计专业推行校企合作的重要性、影响校企合作会计人才培养的因素、完善校企合作会计人才培养的策略四个方面进行探讨。

第一节　校企合作概述

一、校企合作的概念

校企合作简单地界定为学校与企业之间建立起一种合作模式，通过该模式培养人才。如果要进一步理解校企合作的概念，本书认为可以从目前关于校企合作的几种说法入手。

（一）模式说

模式说主张将校企合作视为一种特殊的人才培养模式。在这一观点中，校企合作被视为教育与职业训练两种不同环境和资源的有机结合，使课堂教学和实际工作环境得以紧密联系，共同培养出符合各种用人单位需求的具有专业素养和创新能力的人才。另外，这种模式还强调了校企合作在培养创新技术人才和应用型人才之间的平衡。即校企合作不仅是为了培养出能够适应市场经济发展，满足企业需求的应用型人才，也是为了培养出具有创新精神和技术实力的人才。校企合作将学校的理论教育与企业的实践训练相结合，实现了学校教育环境中的间接知识传授与企业生产现场中的直接实践经验的有机统一。此外，校企合作还被视为解决学校实验和实训资源不足、改善学生就业困难以及构建"双师型"教师队伍的有效途径。同时，企业通过校企合作可以获取优秀的技术人才，解决科研问题，实现员工的零距离顶岗就业，满足其对人才的需求。因此，模式说主张的校企合作是一种双赢的人才培养模式，既满足了学校的需求，也满足了企业的需求。

（二）机制说

机制说将校企合作看作一种以市场和社会需求为导向的运行机制。这种机制注重提升学生的全面素质、综合能力和就业竞争力，同时利用高校和企业不同的教育环境与教学资源，将课堂教学与实践活动有机结合，以培养适应各类用人单位需求的高级应用型人才。其基本内涵在于产学合作的双向参与，通过工学结合、顶岗实践等手段，旨在提高学生的全面素质，满足市场经济发展对人才的需求。具体实现方式包括资源共享和技术合作，专业设定与课程体系开发的合作，岗位培训与实验实习的合作，以及师资培养与科研的合作等多个方面。

（三）中间组织说

中间组织说视校企合作为一种结构，其中，学校、企业、行业、服务部门等组织共同参与，形成一个广泛的合作网络。目标是通过将理论学习与实际操作或训练紧密结合，提高高校教育的质量和未来劳动者的素质。校企合作不仅强化了教育和实践的连贯性，也增强了企业部门与毕业生之间双向选择的可能性。更重要的是，这种合作模式有利于提高教育的适应性和敏感性，从而使教育更能反映和适应社会经济发展的需要。因此，中间组织说强调了校企合作在连接学校与社会，理论与实践，以及教育与就业等多个层面的重要作用，并认为这种连接是提升教育质量，提升劳动者素质，增强就业选择，以及推动社会经济发展的关键手段。

综合以上说法，本书认为，校企合作是一项涉及学校、企业、院校主管部门和政府等的系统工程，是一种利用学校与企业不同的教育资源和教育环境，借助院校主管部门和政府等外界力量，以培养适应经济社会发展、适应行业企业所需人才为根本目的的办学模式。

二、校企合作的发展历程

校企合作在我国的发展呈现出逐步升级和扩大的趋势，从最初的单点合作逐渐拓展到多元化的面向合作，合作内容由表面化的浅层次深化到实质性的深层次，合作形式也从基础化的形式扩展到多样化的形式，而合作的质量和水平也在不断提高。这种变化的过程不仅揭示了校企合作在适应社会经济发展和教育改革需求过程中的逐步演变，也展示了校企合作在不断吸取实践经验、适应社会变化、满足教育发展的需求过程中的时代特征。从历史发展的角度看，我国校企合作的发展过程可以划分为四个阶段（见图7-1），每个阶段都有其特定的合作特征和发展模式，而每个阶段的过渡和变化又标志着校企合作的发展深度和广度的提升。①

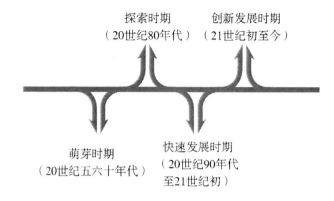

图 7-1　校企合作的发展历程

（一）萌芽时期（20 世纪五六十年代）

在 20 世纪五六十年代，随着我国军工研制实验的开展，高校和企业之间的合作初见端倪。这一阶段的校企合作主要以高校的人才和资源为依托，为我国军工科技事业的发展做出贡献。受到当时教育和科技方针的影响，高校的教学和科研人员积极参与生产实践，与企业展开合作。这一阶段的校企合作模式以政府推动为主，具有两大特点：一是合作目标主要是提升我国在国际领域的地位，合作内容多为国家计划内的重大课题，目的在于解决关乎国计民生的重要问题；二是合作行为多是依据国家的调配进行，并未充分考虑市场需求，由于合作行为的主体不完全是利益相关者，因此利益冲突相对较少。总的来说，这一时期我国的校企合作虽已萌芽，但发展速度相对缓慢。

（二）探索时期（20 世纪 80 年代）

在 20 世纪 80 年代的改革开放初期，大力发展科技与教育为各地区

---

① 邹卒，袁敏，黎芳霞. 新建本科院校校企合作协同创新人才培养模式研究与实践 [M].
成都：电子科技大学出版社，2019：28.

和各部门之间的广泛合作开启了新的可能性，也为校企合作注入了新的生机。这一阶段的校企合作模式从原先的政府推动型转变为双方利益驱动型。高校由拨款体制改革转为面向市场的科技体制，提供了有偿技术转让、咨询和服务。这一变革借助了高校强大的科研技术能力，推动了校企合作的迅速发展。然而，由于发展过于迅猛，相应的法律规定和实施细则尚未完善，一旦出现知识产权纠纷，校企双方的法规观念淡薄，无法依靠相应的法律措施维护自身权益。此外，双方缺乏生产经营经验，技术成果转化为实际生产力的能力不足，使得经济效益和社会效益难以得到充分的发挥。

（三）快速发展时期（20 世纪 90 年代至 21 世纪初）

20 世纪 90 年代至 21 世纪初，我国校企合作进入快速发展时期。在这一时期，我国在 1991 年成立了"产、学、研合作"教育协会，并在次年由国家经贸委、国家教委和中国科学院共同倡议，全国范围内实施了"产、学、研联合开发工程"。通过校企联合，构建起稳定的高校与国有大中型企业之间的联系，逐渐形成了紧密发展的运行机制，探索出一条具有中国特色的科技与经济相结合的道路。该阶段校企的主要特点是以科技成果转移为主，提升国有企业的市场竞争力，推动高新技术的改造，从而驱动中国的经济发展。因此，校企合作模式转变为市场拉动与科技驱动的联合型。

（四）创新发展时期（21 世纪初至今）

21 世纪，我国进入全面建成小康社会的阶段，高等院校肩负起培养高素质人才的重要职责，校企合作进入创新发展阶段。教育部与相关部门及行业协（学）会共同实施了卓越工程师教育培养计划，旨在培养一大批具有强烈创新能力、能适应经济社会发展需要的高质量工程技术人才，以服务于国家新型工业化发展道路、建设创新型国家和人才强国战略。在此过程中，校企合作被看作培养高素质劳动者和技能型人才的重要手段，构建校企合作的长效机制，从而进一步推动校企合作的创新发展。

三、校企合作的特点

校企合作的特点如图 7-2 所示。

图 7-2　校企合作的特点

（一）职业性

高校教育中的校企合作，其中一个目标维度就是培养满足行业要求的人才，并呈现出较强的职业性。通过将学校教育和企业实训相结合，使学生在掌握技能知识的同时，也初步养成良好的职业素养，并提高其专业能力、方法能力和社会能力，从而帮助学生更好地实现从学习生涯向职业生涯的过渡。

（二）教育性

校企合作的另一个重要特点是教育性。在校企合作中，教育的角色是关键的。一方面，企业为学生提供实际工作环境，让学生在实际的工作环境中获取技能和知识，这是对学校教育的重要补充。同时，学校教育通过与企业的紧密合作，也可以更好地适应社会和产业的发展需求，实现教育的现代化。另一方面，校企合作也是一种教育方式的创新。通过与企业的合作，学校可以将教学、科研和服务有机结合，提供更具实践性的教育方式，提高教育的实效性。同时，企业也可以借助学校的教育资源，提高自身的人才培养和知识更新能力。教育性是校企合作的重要特点，也是其价值所在。校企合作不仅可以提高教育的效果和效率，也有利于提高教育的社会服务能力和社会影响力。

（三）目标一致性

无论是学校还是企业，他们的最终目标都是提高劳动者的素质，并为社会的发展做出贡献。具体来说，学校的目标是通过教育和培训，为社会输送合格的劳动者和专业人才，提高人民群众的素质和社会的生产效率。而企业的目标则是通过吸纳高素质的劳动者和专业人才，提高企业的生产效率和经济效益，从而推动社会经济的发展。因此，学校和企业在校企合作中的目标是一致的。这种目标的一致性，不仅有利于学校和企业更好地开展校企合作，而且也有利于他们共同努力，实现共同的目标，从而推动社会的进步和发展。

（四）资源的协调性

在校企合作模式中，学校和企业的资源得以共享和优化配置。学校利用自身在教育、研究上的资源优势，为企业提供人才培养和科研服务；而企业则利用其在市场、技术、资金等方面的资源优势，为学校提供实践平台和研究资金，以此满足学校对实践教学和科研活动的需求。同时，政府作为第三方，也在其中发挥重要角色。政府通过出台各种政策，提供资金支持，为校企合作搭建桥梁，推动合作进程。校企合作就像是一个生态圈，各方通过资源共享和协调，不断推动这个生态圈的平衡和发展。在校企合作过程中，资源的协调性并不仅仅体现在硬资源上，更表现在软资源的调动和整合上，如知识产权、研发能力、创新理念等。这种协调性使得学校、企业、政府三者能更好地实现利益最大化，共同推动社会经济的发展和进步。

资源的协调性是校企合作成功的关键因素，只有各方的资源得到有效协调和整合，才能真正实现校企合作的目标，推动人才培养和科技进步。

（五）多样性

校企合作的一个突出特点是其多样性。这种多样性表现在校企合作的层次、方式、内容和形式上，呈现出高度的灵活性和广泛性。例如，校企合作可以在职业教育和培训、研究开发、技术转移、知识创新、人才培养等多个层次上进行。在方式上，可以是长期的战略合作，也可以是针对具体项目的短期合作。在内容上，可能涉及技术交流、共享设施、联合研发、实习实训、定向培养等多种可能。多样性是校企合作健康发展的必然要求，也是其独特魅力所在。只有充分发挥和利用各方的优势，调动所有可用的资源，校企合作才能真正实现其目的，即满足社会对人才和知识的需求，推动社会经济的发展。这样，校企合作才能逐步形成互利互补、良性循环、共同发展的长效机制，满足经济社会的迅速发展和人力资源的动态性需求。

与此同时，校企合作的多样性也要求学校和企业在实际操作中要具有开放、包容的心态和多元、创新的思维，以便在不同的层次、领域和环境下，找到最适合的合作模式，最大限度地实现校企双方的利益，推动校企合作的深度和广度，提高合作的效益和效果。

（六）文化性

校企合作的文化性在于校企合作过程中，不仅仅是知识和技术的交流，更是价值观和工作态度的传递，以及学校和企业两种不同文化的融合和互动。企业文化，如企业的理念、价值、精神、制度、风格、传统等，是企业在长期生产经营活动中形成的独特的精神风貌和行为规范。在校企合作中，企业文化对于学生的教育和培养具有重要作用，能够帮助学生理解企业文化，体验企业生活，形成良好的职业素养。同时，校企合作也是学校文化和企业文化的相互交融与影响。在校企合作中，企业可以参与到学校的教育和管理中，将企业的开放理念和服务精神引入学校，对学校的教育方式和管理模式产生深远影响。学校则可以通过与企业的合作，借鉴企业的管理经验，优化学校的教育环境和服务体系，提升学校的教育质量。

校企合作的文化性不仅可以提升校企双方的文化水平和文化质量，还有助于校企双方形成更广阔的视野，更开放的心态，更强的创新能力，推动校企共同更好更快地发展。这一方面体现了校企合作的深度和广度，另一方面也反映了校企合作的内涵和价值。

四、校企合作的原则

（一）校企合作的基本原则

校企合作的基本原则包括互利原则、互动原则、统管原则和服务原则。如图 7-3 所示。

校企合作的基本原则

互利原则

互动原则

统管原则

服务原则

图 7-3　校企合作的基本原则

1.互利原则

校企合作的互利原则强调合作双方在合作过程中都能得到利益。学校通过与企业的合作可以获取实践教学的平台，让学生有更多机会接触和理解行业内的具体工作，提升学生的就业竞争力。同时，学校可以利用企业的技术和经验来优化教育内容，提高教育质量。对于企业来说，与学校合作可以获得优秀的人才资源，降低人力资源的成本。企业还可以通过合作来进行知识和技术的更新，提高企业的竞争力。这种互利原则既满足了学校对于优质教育资源的需求，也满足了企业对于人才和技术的需求，推动了校企双方的共同发展。

2.互动原则

校企合作的互动原则强调在合作过程中学校与企业之间的积极互动。这种互动可以是教育教学的互动，也可以是资源利用的互动，甚至是管理决策的互动。学校可以将企业的实际需求，如新技术、新技能等，引入课堂教学，使得教学内容更加贴近实际，更有针对性。同时，学校也可以邀请企业的专业人士作为嘉宾讲师，为学生讲解实际工作中的问题和经验，提高学生的就业技能。对于企业而言，通过和学校的互动，可以积极参与人才培养，为企业自身的发展提供有保障的人才储备。此外，企业也可以通过与学校的合作，获取最新的理论研究和技术成果，提升企业的科研水平和产品竞争力。互动原则使得校企合作成为一个真正的合作，而不仅仅是单向的提供和接受。

3.统管原则

统管原则在校企合作中体现为合作双方必须在相同的管理框架下共同推进合作，进行统一的领导、管理、规划、实施、检查和考评。在领导层面，统管原则强调必须有一支集合了学校和企业精英的领导团队，提供明确的方向和强有力的引导。在管理层面，统管原则意味着双方需要有共同的管理机制和操作规范，保证合作过程的顺畅进行。在规划层面，统管原则要求双方有共同的目标，以确保校企合作的方向和步骤与这些目标一致。在实施层面，统管原则强调的是双方的具体行动要协调一致，避免资源的浪费和效率的降低。在检查和考评层面，统管原则要求双方共同对合作的效果进行考评，以实现持续改进和优化。这种统管原则的实施，不仅可以减少管理的摩擦和冲突，更能推动合作双方形成真正的合力，实现校企合作的最大价值。

4.服务原则

服务原则是指校企合作应以服务行业和地方经济建设为核心目标。这意味着学校和企业的合作应围绕地方经济发展的需求展开，以满足社会的人才需求和技术进步需求。根据服务原则，学校需要主动走进企业，深入了解企业的人才需求、技术需求，根据这些需求调整教学方案和课程设置。同时，学校还需要积极开展对企业员工的培训活动，提高员工的专业技能和理论知识。此外，学校还应积极推广新材料、新技术、新工艺的应用，帮助企业提高生产效率和产品质量。这样，校企合作就能真正发挥其作用，为社会经济发展提供有力支持，实现校企合作的成功。

（二）企业应坚持的原则

1.遵纪守法原则

在校企合作中，遵纪守法原则对于企业来说至关重要。这是因为企业需要在合作过程中严格遵循国家的法律法规，这不仅是企业行为的基本准则，也是企业社会责任的重要体现。无论是在合作的形式、过程，还是结果上，企业都需要确保所有的行动都符合国家的相关法律法规。例如，在合作协议的签署过程中，企业需要确保协议的内容不违反法律法规；在人才培养的过程中，企业需要确保其提供的实习、培训等机会符合国家的劳动法规；在合作成果的共享过程中，企业需要确保所有的操作都符合知识产权的相关法律。只有这样，校企合作才能够在健康、有序的轨道上进行，也能够为企业赢得良好的社会形象和信誉。

2.人才引进原则

企业在与学校合作过程中，应该重视从学校引进高质量的人才。这种引进并不仅仅是物理性的招聘，而是要通过深化与学校的合作，理解并满足学生的职业发展需求，为他们提供实习、研究以及发展的机会，从而吸引他们加入。同时，企业也应该注重人才的培养，这不仅包括技能的培养，更包括为员工提供良好的职业生涯发展规划和学习环境。只有这样，企业才能在人才竞争中立于不败之地，吸引并留住最优秀的人才，推动企业的长期发展和创新。因此，企业必须遵循人才引进原则，将其视为企业战略的重要组成部分，并以此为导向，做好与学校的合作。

3.承诺兑现原则

承诺兑现原则是企业与学校合作的重要准则。在企业与学校的合作过程中，信任是极为重要的因素。企业向学校做出的每一项承诺都应当严格执行，无论是对学生的实习机会，还是对学校科研项目的投资，甚至是对学校设备设施的更新，都应当兑现。这种原则不仅有利于建立并维持良好的合作关系，还可以增加学校对企业的信任，促使校企之间的合作更加深入。同样，这种信任也能传达给学生，让他们感到企业是值得信赖和期待的，从而激发他们对未来工作的积极性和热情。此外，承诺兑现原则也是企业社会责任的一部分，体现了企业的诚信和责任。因此，企业在与学校的合作中，必须严格遵守承诺兑现原则，将其作为合作的基石。

（三）学校应坚持的原则

1.人才培养原则

人才培养原则是学校在进行校企合作时的核心指导方针，这是因为任何形式的合作都应以此为基础，其目的就是更好地培养人才。这种原则要求学校在合作过程中始终将学生的发展和学习需求置于首位，关注学生的个体发展，关注他们的专业技能和实践能力的提升，同时也注重他们的创新精神和团队合作能力的培养。学校需要借助企业的资源和场景，设计出符合学生发展的实践课程和项目，使学生在真实的工作环境中学习和成长，从而提高其综合素质和职业技能，使他们能够更好地适应社会的需求，满足企业的用人需求。人才培养原则在校企合作中起到了导向作用，为合作的双方提供了明确的目标和方向。

2.坚持稳定原则

在校企合作中，学校应遵循稳定原则，这一原则要求学校在与企业合作的过程中要保持合作的稳定性和持久性。尽管在合作的过程中可能会遇到一些困难和挑战，但是学校需要保持冷静和决心，用长期的视角看待合作，努力解决合作过程中出现的问题，以实现校企合作的持久发展。同时，稳定原则也要求学校保持与企业的良好关系，不断加强与企业的沟通和协调，以保持合作的稳定。此外，稳定原则还要求学校在合作过程中要有计划和步骤，避免盲目冒进和频繁变动，以免影响合作的稳定性和效果。实施稳定原则，可以帮助学校在校企合作中实现长期、稳定的合作，从而更好地推动学生的学习和成长，实现校企合作的目标。

（四）政府应坚持的原则

1.政府参与原则

政府参与原则需要政府积极参与到校企合作中，作为校企之间的桥梁和纽带，提供必要的指导和支持。政府需要制定和实施鼓励校企合作的政策，并在政策层面为校企合作提供清晰的指导和明确的方向，调动各方的积极性和主动性。在实践操作层面，政府需要参与到校企合作的各个环节，促进双方的沟通与协作，解决可能出现的问题和矛盾。政府的参与有利于推动校企合作的深入开展，保障合作的顺利进行，促进人才培养的质量和效率，服务社会经济的发展需求。

2. 政府引导原则

政府引导原则在校企合作中发挥着至关重要的作用。政府不仅通过制定相关政策和法规，引导校企合作朝着满足国家和社会需求的方向发展，而且以统筹和引导的角色，建立起健全的校企合作体制、机制和制度，降低合作风险，增强合作的稳定性，调动企业积极性，使校企合作成为技能人才培养的主要途径。政府可以成立校企合作指导委员会和专业理事会，一方面提供宏观的指导，另一方面为校企合作的具体实施提供专业的服务和建议。这些专业理事会可由相关行业主管部门、行业协会、企业和职业教育机构代表及有关专家组成，能根据行业发展需求，明确技能人才需求和岗位技能要求，对申报开展校企合作的院校及专业给出评估意见，指导校企双方制订和实施合作培养方案，协助进行课程调整改革和"双师型"教师培养等工作。

政府引导原则充分发挥政府在校企合作中的积极作用，推动校企合作朝着更健康、有效的方向发展，为我国高等教育和社会经济发展做出积极贡献。

3. 政府扶持原则

政府应当以财政投入和税收优惠等方式，为校企合作提供必要的经济保障，以刺激和激励更多的学校与企业进行合作，共同推进技能型人才的培养。同时，政府还需要在政策层面为校企合作创造有利条件，如优先审批校企合作项目，给予人才培养项目优惠政策，提供技术更新、产品研发和创新创业的扶持等。政府也需要积极进行服务创新，提供方便快捷的政务服务，为校企合作的顺利实施创造条件。政府扶持原则的实施，不仅为校企合作提供了坚实的物质基础，也为其提供了良好的外部环境，使其能够更好地实现目标，推动国家经济社会发展。

第二节　会计专业推行校企合作的重要性

会计专业推行校企合作正在成为教育和企业的共同焦点。这一模式将学术界的理论研究与实际企业运营相结合，实现了教育与职业实践的无缝对接。校企合作的意义不仅涵盖了教学质量、实践能力培养等方面，更延伸至社会需求、教育创新与地区经济发展等层面。其深远的影响已经为越来越多的教育机构和企业所认可，从而推动了一场针对会计教育的深刻变革。为了深入探讨会计专业推行校企合作的意义，本节将对其进行全方位的分析与论述。

一、校企合作能够提升会计教学质量

在校企合作中，企业可以提供最新、最前沿的专业知识和技术，与学校教育相结合，使得教学内容更贴近实际，更具实用性。此外，通过实地参观和实习，学生可以观察和体验实际工作环境，更好地理解和掌握理论知识。这种理论与实践的结合，极大地提升了会计专业的教学质量，让学生在毕业后可以更快地适应职场环境，提高就业竞争力。

二、校企合作能够培养学生的实践能力

会计专业推行校企合作，对学生实践能力的培养具有重要的影响。学生在校企合作的项目中，可以直接参与到实际的会计工作中，体验和学习到实际操作的技能和程序。通过这种方式，学生可以将课堂上学到的理论知识应用到实践中，增强理解和掌握的深度，提高实践能力。同时，也让学生对会计行业有更直接、更深入的了解，对未来职业规划有更明确的方向。

三、校企合作能够满足社会需求

会计专业推行校企合作有助于满足社会对高质量会计人才的需求。校企合作模式的推行，可以使教育与市场需求更好地匹配，减少人才供需矛盾。企业可以直接参与到教学过程中，传递实时的职场需求和期望，帮助教育机构调整课程内容和教学方法，使之更适应市场变化，提供更符合社会需求的会计人才。

四、校企合作能够推动会计教育创新

会计专业推行校企合作可以推动教育的创新。在校企合作的过程中，企业的参与可以为教育提供新的思路和方法，打破传统的教学模式，激发教育创新。同时，企业可以提供丰富的实践资源，提高教学实效性，为教育创新提供实践基础。这种教育模式的创新，不仅可以提升学生的学习效果，也可以提高教育机构的教学效益，实现双赢。

五、校企合作能够促进地区经济发展

会计专业推行校企合作也有助于促进地区经济的发展。校企合作可以使得更多的高质量人才留在本地，为地方经济的发展提供人才保障。同时，通过校企合作，学校和企业可以共享资源，优化资源配置，提高资源使用效率，推动经济发展。此外，校企合作也可以增强企业的竞争力，提升地方经济的整体实力。

第三节　影响校企合作会计人才培养的因素

一、校企合作的主体因素

（一）高校

高校是参与校企合作的主体之一，高校中的因素主要包括高校领导班子、专业建设情况与硬件设施条件三个方面。

1.高校领导班子

高校的领导班子就好像高校这台机器的中央处理器，是机器的控制核心，其重要性显而易见。就校企合作来说，高校领导班子的影响主要体现在以下三个方面。

第一，影响对市场信息的捕捉与反应速度。市场信息有些是显性的，有些是隐性的，那些隐性的市场信息不容易捕捉，但恰恰是这些隐性的信息往往关系着市场的动向。而只有对市场具有一定的灵敏度，才能够快速捕捉到那些隐性的信息，然后对其进行分析，并指导下一步校企合作计划的推动。因此，对这些隐性信息的捕捉往往依靠高校的领导班子，因为一线教师的精力大多放在教学上，没有过多的时间和精力来考虑市场的情况。

第二，影响合作企业的信任度与积极性。校企合作需要高校和企业双方互动，而只有企业对高校充分信任，企业参与合作的积极性才更高，也愿意拿出更多的资本来支持校企合作项目的实施。在高校与企业针对合作进行洽谈的过程中，通常由高校领导班子作为高校代表，而高校领导班子的能力会在一定程度上影响校企合作洽谈的情况。一个对高校办学理念有着清晰思路和规划、对合作伙伴友好和尽责的领导班子，无疑会赢得企业的信任。

第三，影响校企合作的长期稳定运行。高校领导班子的办学观、决策观、管理观和格局观直接决定着高校的发展机遇，影响着高校的社会形象，关乎着高校的未来，也会影响企业与高校合作的长久性。一方面，高校领导班子对校企合作的理解、态度、重视程度和全局的掌控能力直接决定了合作的可能性、合作的深入程度和合作的预期效益，关系着企业与高校进行合作的积极主动性；另一方面，高校领导班子的办学理念代表着整个高校的办学思路和未来方向，影响着全体教职工、在校生和毕业校友的利益和工作态度，进而影响着校企合作机制在具体操作环节的执行顺畅程度和效率，影响着主体双方的创新性、紧密性、友好性，影响校企合作的实际成效，最终影响着校企合作是否能够长期稳定运行。

2.专业建设情况

从大的方面来看，校企合作是高校与企业的合作，如果将其进一步具体化，则是高校的某个专业和行业中的某个企业进行深入的合作。以会计专业为例，高校的会计专业建设情况必然会对校企合作产生影响。其具体影响主要表现在以下两个方面。

其一，影响着企业合作的投入力度。高校的会计专业建设与当前经济发展的趋势以及行业发展的契合度越高，对企业的吸引力越大，企业则更加愿意投入更多的资源；反之，对企业的吸引力越小，企业则不愿意合作或不愿意投入过多的资源。这是因为高校会计专业建设与当前经济发展的趋势以及行业发展的契合度越高，其培养的人才越能满足行业发展的要求，企业能够从中获得更多的利益，所以更倾向于与高校合作。

其二，影响着政府对学习的支持力度。政府虽然大量支持校企合作，但政府能够投入的资源是有限的，而要使有限的资源发挥出最大的效用，政府就需要从众多的高校中选择出更具代表性和更具发展潜力的高校。在对高校进行选择或审核时，高校的会计专业建设是一个重要的因素，如果其建设具有特色，且在人才培养上具有较大的成效，政府的支持力度自然更大；反之，则相反。

3.硬件设施条件

硬件设施条件是指静态固定的、辅助教学任务的基础设施，主要涉及高校的学习环境、教学环境与休闲环境三个方面，例如，高校的教学设备仪器、图书馆、教学楼、实验（实训）器材、信息化设备等都属于高校的硬件设施条件。对高校来说，硬件设施条件不仅能够为学生提供优良的学习环境，提高学生学习质量，而且也是综合评价一所高校教学质量的指标之一。从某种程度上来说，高校的基础设施条件是开展教学活动的基础，也是高校设施校企合作的一个重要基础，直接影响着校企合作中高校承担某些项目的能力。与上述两个因素相比，高校基础设施条件对校企合作的影响更加直接，所以为了推动高校校企合作项目的进行，高校也不能忽视自身基础设施条件的建设。

（二）企业

作为参与校企合作的另一个主体，企业同样影响着校企合作的实施。具体而言，企业中影响校企合作的因素主要有企业参与合作的经济效益与企业的价值观两个方面。

1.企业参与合作的经济效益

企业参与合作的经济效益也可以理解为投入产出比，即在参与校企合作的过程中，企业投入资金与产出的资金之比。在市场化的大环境中，企业是自负盈亏的社会组织，对企业来说，要想实现可持续的发展，就需要对任何项目的投入和产出进行衡量，总体思路就是以较低的投入，获得较高的产出，从而提高企业的经济效益。站在企业的角度，校企合作其实可以看作一种投资，当投入产出比较高时，企业参与校企合作的积极性便高，企业投入的资源也可能更多；反之则相反。当然，企业的投入产出比是站在校企双方共同利益的基础上，企业不能因为要实现投入产出比的最大化而损害高校的利益，因为从长远来说，这样既不利于校企合作长期稳定地运行，也不利于企业的发展。

2. 企业的价值观

企业的价值观影响着企业的经营理念与企业的道德观念，其中，企业的经营理念决定着企业的经营方向；企业的道德观念影响着企业的社会责任意识。对于企业来说，企业的经营理念和企业的社会责任意识都会影响企业参与校企合作的积极性和程度，所以作为企业发展的宏观价值观，自然也成为企业参与校企合作的一个重要因素。

从企业经营理念的层面来看，企业的经营理念决定着企业合作的目的、合作的方向、合作的内容以及合作的形式。对于企业来说，校企合作是一种合作形式，这种合作形式涉及哪些内容、能够达到什么目的是企业需要考虑的因素，只有当企业进行综合分析和考虑之后，确定校企合作是否符合其经营理念，才会决定是否进行校企合作。另外，企业经营理念中对利益的追求是短期或长期也会影响企业对校企合作的决策，因此，校企合作对企业产生利益一般是长期的，并且随着时间的推移，其利益愈加凸显。因此，如果企业追求短期利益，则参与校企合作的意愿便会较低；如果企业追求长期利益，则企业参与校企合作的意愿便会较高。

从企业道德观念的层面来讲，企业能否担任起其所具有的社会责任意识也是影响其参与校企合作的一个重要因素。因此，仅仅从利益的角度分析，企业合作的对象有很多，可以实现经济效益的途径也很多，校企合作只是其中一种，但与其他途径不同的是，校企合作有助于高校培养更多符合社会发展需要的会计人才，这对社会发展来说具有重要的意义。如果企业能够站在社会发展的价值高度上，承担起其促进社会发展的社会责任，便会在众多可以获得利益的途径中选择校企合作的方式，与高校一起为了培养会计人才而贡献自己的一份力量。

二、校企合作的环境因素

（一）内部环境因素

内部环境因素主要指影响高校和企业达成合作目的的内力，主要包括主体战略因素、经济效益因素与潜在风险因素三个方面。

1.主体战略因素

主体战略因素主要是从主观意识形态层面对校企合作机制产生积极促进作用。这种战略视角不仅具有宏观和长期的特性，而且其定位决定了主体的未来发展路线和行动方向。尽管高校和企业在本质与运行机制上有显著的差异，但主体战略对于它们的重要性相等。在实施校企合作时，它不仅会受到主体战略因素的影响，而且这种影响程度也取决于是否将校企合作提升到战略高度。如果高校和企业能将校企合作视为一项战略任务，那么它们在日常科研、生产和运营中，将更加积极地寻找与自身发展相符、条件相适应、目标相似的合作伙伴，进一步确立合作关系。这样的行为不仅有助于稳定自身的生产和创新能力，还有助于校企合作的深化和持续发展。

2.经济效益因素

经济效益是影响校企合作，并维持其稳定长期发展的最直接和最根本的内因。对于企业来说，追求的是利益的最大化；对于高校来说，追求的是教育资源的积累。二者虽然追求的目标不同，但都是站在彼此发展的立场上，追求效益的最大化。

3.潜在风险因素

就校企合作来说，虽然有政府的支持和扶持，但就合作的本质而言，合作便存在着风险，存在着不确定性，这些潜在的风险也是影响校企合作的一个内在的环境因素。在校企合作中，无论是企业还是高校，都需要投入较大的资源，这些投入的资源最终能否产出，或者说能否转化为成果，存在着不确定性，而且有些影响因素是不受参与主体控制的，这就增加了合作的潜在风险。对于企业来说，企业是合作机制中资源的主要承担者，主要提供设备、场所等高校所不具备的资源，通过与理论知识积累丰富的高校进行合作就可以削减风险指数，提高成功和资源共享的可能性；对高校而言，经费缺乏是高校中普遍存在的问题，因此对于学生的管理和培养等方面的创新就会在数量与规模上受到限制，而且高校本身承担风险的能力也不强，通过与企业进行合作就可以将此风险降低。由此可见，降低校企合作中一些潜在风险对推动校企合作无疑起到非常积极的作用。

（二）外部环境因素

校企合作涉及高校、企业、政府三方，所以是一个相对开放的系统，不仅受内部环境因素的影响，同样也受外部环境因素的影响。因为该系统是开放的，所以对其产生的外部环境因素是复杂的，所以为了能够全面、系统地对外部环境因素进行分析，以下内容从政治因素、市场经济因素、社会环境因素、科学技术因素四个方面展开，如图 7-4 所示。

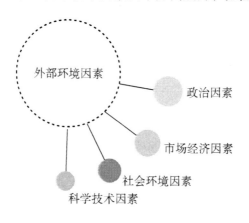

图 7-4　外部环境因素

1.政治因素

政治因素是影响校企合作的决定性影响。就政治因素产生的主体来说，可分为中央政府与地方政府。中央政府作为国家意志的具体执行者，通常站在国家发展的高度进行战略布局，对包括会计行业在内的各行各业产生着深刻的影响。地方政府则站在更为具体的层面，从地方发展的实际情况出发，在中央政府政策的指导下，制定更加具体的政策。

从中央政府这一政策制定的主体来看，中央政府主要从三个方面影响校企合作。其一，中央政府对校企合作进行顶层设计，即充分考虑企业与高校的需求和相关要素，站在最高层次对校企合作进行全局性的构想，并将校企合作的总体规划和整体理念具体化。其二，中央政府制定相应的支持性政策，推动校企合作的稳定、长期发展，其三，中央政府制定相关的法律法规，法律法规具有约束性的作用，能够对校企合作中企业、高校以及政府的行为进行规范、统治和保护，进而为校企合作提供必要的保障。

从地方政府这一政策制定的主体来看，地方政府主要从两个方面影响校企合作。一是地方政府对行业发展的重视程度。如果政府高度重视会计专业的发展，并为此制定了相应的政策支持，那么企业和高校将更有动力进行合作，共同培养满足行业需求的会计人才。二是地方政府对中央政府政策的落实情况。中央政府可能推出鼓励校企合作的政策，如税收优惠、研发补贴等，地方政府有效执行这些政策，则能为校企合作提供良好的外部环境。在会计领域，政府可能会出台鼓励企业与学校合作培养会计人才的政策，通过提供资金支持或税收优惠来刺激企业更加积极地与学校进行合作，这样就可以为学生提供更多的实习和就业机会，同时也可以提高会计人才的质量和数量，更好地满足社会需求。

2.市场经济因素

校企合作的产生、形成过程所处的社会经济发展状况和国家经济战略统称为市场经济环境因素。如果从经济学的角度分析，校企合作其实可以看作一个微型经济体，是在市场经济体制下的一种特殊经济行为和产业发展模式。由此可见，校企合作从产生到其发展总是在市场的大经济环境下进行的，自始至终都会受到市场经济环境中的各种因素的影响。另外，校企合作的最终目的是获得一定的收益，这些收益之所以被认为是收益，是因为这些收益最终会对市场产生反应。举例来说，高校的收益是资源积累以及培养合格的人才，资源的积累可以帮助高校持续培养合格的人才，而这些合格的人才能够满足市场的要求。由此可见，校企合作与市场经济有着千丝万缕的联系，所以也必然会受市场经济因素的影响。

3.社会环境因素

社会环境是影响人的心理和活动及其社会过程的社会系统，家庭、高校、团体、组织、社区、社会、文化等是其重要的组成部分。[①]社会环境因素是诸多外在环境中最为复杂的因素，为了便于分析，本书将此处的社会环境因素限定在社会文化环境因素。社会文化是指人类在长期发展历程中所积累形成的受教育水平、特定价值观念（伦理道德规范、审美观念、宗教信仰及风俗习惯等）、人口因素、行为方式、文化传统、社会流动性消费心理等内容。社会文化包含的内容中，每一点看似与校企合作都无关，但仔细分析便会发现，每一点又都会对校企合作产生有一定的影响。以受教育水平为例，一个地区人口受教育水平的高度在一定程度上影响着他们的认知，包括对校企合作的认知，而这种认知与校企合作的深化程度呈正相关的关系。因此，社会环境因素也是影响校企合作的一个重要的外在环境因素。

4.科学技术因素

在现代社会，科学技术的重要性不言而喻，作为社会生产中最活跃

---

① 王思斌.社会工作导论[M].北京：高等教育出版社，2004：102.

的因素，科学技术的进步对社会发展产生有重要的影响。具体到校企合作中，科学技术同样是一个重要的影响因素。其一，科学技术的发展能够改变校企合作的方式。以当前发展的信息技术为例，借助信息技术，高校与企业之间能够更高效地进行互动，而互动效率的提高无疑能够推动校企合作的实施。其二，面对科学技术的快速发展，无论是高校还是企业，都存在追求技术发展的愿望，因为只有在技术上跟上时代发展的潮流，高校才能在人才培养中取得更好的成果，企业也才能赢得更多的利益。在前文中提到，高校和企业存在资源互补的关系，这种互补性有助于双方科技的发展，满足双方对科技发展的追求，因此能够推动校企的合作。

上述四个外部环境因素不是相互独立的，而是彼此联系、彼此影响的，并共同对会计人才培养的校企合作模式产生影响。

第四节　完善校企合作会计人才培养的策略

一、完善校企合作领域的相关法律制度

完善校企合作领域的相关法律制度是提高会计人才培养质量的重要方法。法律制度的完善可以为校企合作提供明确的指引，保障校企合作的顺利进行，维护各方的权益。例如，可以制定关于校企合作的条款和协议，明确规定学校和企业在合作中的职责与权利，保障合作的公平公正。完善的法律制度可以为校企合作中的问题解决提供法律支持。在校企合作中，难免会出现一些矛盾和问题，如合作协议的解除、权利义务的履行等。这时，完善的法律制度可以为问题的解决提供依据，保障各方的权益。

二、成立校企合作组织

（一）成立校企合作组织的意义

　　成立校企合作组织可以有效地整合校企资源，推动校企合作，提升会计人才培养质量。首先，成立校企合作组织可以促进学校和企业之间的深度交流，使得双方可以充分了解对方的需求和资源，从而更有针对性地进行人才培养。学校可以根据企业的实际需要，调整课程设置，强化实践教学，提高学生的职业技能和素质。企业可以通过合作组织，了解学校的人才培养方案和学生表现，提前布局人才储备，也可以提供企业实习和实训机会，帮助学生提前熟悉职业环境，锻炼职业技能。其次，校企合作组织可以起到桥梁和纽带的作用，推动校企之间的长期合作。在组织内部，可以设立专门的协调机构和协调人，负责联系学校和企业，处理校企之间的问题和冲突，维护双方的合作关系。合作组织也可以通过定期举办校企交流活动，加强双方的沟通和交流，提高合作效率。最后，校企合作组织可以推动校企共享资源，优化人才培养环境。学校可以利用企业的生产实践、案例研究等资源，丰富教学内容，提高教学质量。企业可以利用学校的科研、教育等资源，提升企业的技术研发和人才培养能力。通过这种方式，校企合作组织不仅可以优化学校的教学环境，提高教学质量，也可以帮助企业提高人才培养和技术研发能力，实现双赢。因此，成立校企合作组织，是推动学校在会计人才培养中发挥主导作用的重要措施。

（二）成立校企合作组织的方法

　　成立专门的校企合作委员会，设定各子委员会，能够在宏观和微观层面有效地推动校企合作，更好地实现人才培养的目标，真正做到校企共赢。

成立一个专门的工作委员会对校企合作会起到非常重要的作用，委员会负责对各项合作事务进行统领与协调，从全局的角度考虑校企合作项目的需求，明确需要参与培训的学生规模，并出面与合作企业进行沟通和交流，交换想法，了解彼此的诉求。因此，工作委员会的人员构成也起到重要的作用。设置一个由学校高级教师以及各个专业负责人组成的专业委员会，其任务是针对会计专业设计人才培养方案，明确课程改革的方向和内容。设置一个由学校科研人员和企业技术人员组成的技术合作开发委员会，由其负责推广和应用校企合作生产的产品，并通过引导和鼓励，激发校企双方开发新产品的积极性和能动性，确保校企合作真正取得突破性的效果和成绩。设置由校方管理人员、企业管理高层、行业带头人所组成的企业职工培训委员会，由其负责设计和规划校企合作的各项事宜，尤其是统筹调度和安排校企合作中的各位工作人员，还要认真评估与审核校企合作过程中的重大决策事项。

三、健全校企合作运作机制

（一）校企合作决策机制

高校可以牵头建立有效的决策机制，对合作中的各种事项进行决策，同时保证这些决策的实施不会损害任何一方的利益。作为校企合作的主体，高校需明确合作关系建立后的权利和义务，而企业需结合实践情况，发现并解决合作中的问题，共同确定学生的培养目标和方案。在意见不合时，应及时协调，确保对决策的方案和结果达成共识。

这样的决策机制能有效规范和限制双方在合作中的行为，形成对双方利益的有效保障，维护良好的校企合作关系。高校管理层、企业高管等对校企合作决策机制的建立起着至关重要的支撑作用。他们通过开展专题研究和实地考察，提出建设性的建议，针对双方的利益诉求科学地安排课程与学科，适应社会发展需求，制订和完善人才发展规划，客观评估校企合作效果。这样的决策机制有助于高校培养出更符合企业和社会需求的会计人才。

（二）校企合作约束机制

在校企合作中，需要建立并加强约束机制，以保障双方利益并促进合作的稳定和持续。学校应明确校企合作的目标，制定一系列的规章制度和操作流程，为校企合作的各方面活动提供清晰的指导。这些规章制度应包括合作条款的约定、合作过程中权责的明确、风险的防控等，让所有参与者了解并遵守这些规定。通过这样的约束机制，学校可以保护自身和学生的权益，维护校企合作的公正和公平，同时也可以提高会计人才培养的效果，使得学生更好地适应会计行业的需求。

（三）校企合作激励机制和交流机制

在校企合作过程中，高校应该更加积极、主动，如牵头构建激励和定期交流的机制。对于学校和企业而言，合作应保证平等与公平，两者难免会在合作中出现利益相冲的问题，此时需要开诚布公地进行沟通和交流，了解彼此的利益诉求和想法，如此才能不断地摸索出一种协调双方利益的方法，维持好彼此的合作关系，使校企合作朝着更加规范的方向发展。可见，利益趋同是双方得以长期合作下去的重要决定因素，因此合作时要保持联系，及时发现和解决合作中的问题。

1.强化校企之间的信息交流和沟通

在合作的全过程中，重大事项、决策变动，以及政策调整等应通过双方的协商和讨论进行。只有通过这种方式，双方才能明确这些变动是否可能影响或侵害自身的合法权益。同时，深度沟通也有助于增进双方的理解，以更准确地把握对方的需求和期望。随着双方沟通的加深，可以找到价值的交集，进一步推动合作的深入发展。通过此种方式，可以确保双方在会计人才培养方面的合作能够顺利进行，以最大限度地满足行业和市场需求。

2.加强校企双方人员上的往来

在校企合作中，学校与企业除了进行信息上的沟通之外，还应该加强双方人员上的往来，即让校企双方的工作人员进行定期的交流，同时派遣人员到对方的场所进行学习。对于学校与企业的工作人员而言，双方在对电子商务专业知识与技能的认知上各有侧重，学校工作人员更偏于理论，对知识的掌握更加系统；企业工作人员偏于实践，对知识的掌握虽然不够系统，但对某一方面知识或技能的认知更加深入。由此可见，校企双方工作人员彼此之间存在很多可以相互学习的地方，所以定期组织双方人员进行交流，对双方工作人员的成长与发展具有非常积极的意义。另外，学校可以定期派遣一部分教师到企业进行实践学习，提高教师实践教学的能力；企业可以定期派遣一些理论知识比较薄弱的员工到学校学习，这对于一些实践能力较强但理论知识较为薄弱的员工来说，在大量的实践后，一些理论知识的融入也许能够使其对实践理解得更为透彻，从而使员工在理论知识的学习中实现进一步的质变。企业员工获得了能力的提升，企业人力资源机构会得到优化，企业的效益也会得到相应的增长，企业参与校企合作的积极性也能够最大限度地调动和维持。

四、政府应充分发挥主导作用

（一）将校企合作理论研究纳入国家科研规划

将校企合作理论研究纳入国家科研规划，是推进校企合作的一种有效方法。在这个过程中，政府应引导和支持学校与企业就会计人才培养开展深入的合作和研究。政府可以设立专项科研基金，鼓励和资助针对会计人才培养的校企合作研究，推动教育方法和培训模式的创新。同时，可以设立评价机制，对研究项目的实施和成果进行评估，激励更多的高效、高质量的研究项目出现。

（二）通过转变政府职能支持校企合作

政府在校企合作中的主导作用是不可或缺的，通过转变政府职能来支持校企合作则是一种关键的手段。首要的是政府需要对内部机构进行改革与调整，以期达到自我整合职能、优化服务效能的目标。此外，政府需要明确并推动统一的校企合作目标，让各职能部门、学校和企业在行动上能够高效协同。在此过程中，政府不仅要提供必要的资金支持，如给予税务、劳动、教育等相关部门资金以维持他们对校企合作的积极支持，同时也要进行合适的政策宣传，帮助学校和企业更好地理解与执行相关政策。而对于合作中出资建设实训基地或购买设备的企业，政府更应给予财政补贴和税收优惠，以鼓励更多的企业参与到校企合作中。同时，政府还需要建立资源信息共享机制，帮助学校和企业对校企合作有更深入的了解，并消除其中的疑虑和顾虑。对于在合作中表现优秀的企业和学校，政府应公开表扬，树立起良好的典范，进一步激发社会各界对校企合作的热情和参与度。总之，通过转变政府职能，可以有效地推动和支持校企合作的深化与广泛开展，为培养更多优秀的会计人才提供有力的支持。

五、构建服务机构促进校企合作

构建服务机构是推动校企合作的重要策略。服务机构可以有效地缓解高校与企业间的信息偏差问题。通过服务机构的协调和引导，学校能够更好地了解市场和企业对会计人才的需求，进一步优化会计人才培养方案，提高会计人才培养的针对性和效率。同时，服务机构可以增强学校和企业的联系，使双方更好地理解对方，更积极地维护合作关系。学校可以借助服务机构提供科研人才和科研资源，企业则可以利用服务机构加速科研成果的转化，提高企业的经济效益。

参考文献

[1] 罗健,刘小海.会计教学改革新路径探索:互联网时代的呼唤 [M].沈阳:沈阳出版社，2020.

[2] 王海燕，王亚楠.会计信息化教学研究 [M].长春:吉林大学出版社，2020.

[3] 邵瑞庆.会计教育改革与发展 [M].上海:立信会计出版社，2008.

[4] 韦克俭.经济管理专业本科教育教学改革与创新 [M].北京:人民日报出版社，2019.

[5] 葛金田，原雪梅.协同创新与教学改革 [M].北京:中国财富出版社，2014.

[6] 董海慧.应用型人才培养视角下的会计教学改革研究 [M].北京:北京工业大学出版社，2020.

[7] 危英.互联网时代会计教学改革的创新策略研究 [M].成都:电子科技大学出版社，2017.

[8] 刘赛，刘小海.新时期高校会计教学创新改革与实践教学研究 [M].北京:北京工业大学出版社，2021.

[9] 鲍新中，孟秀转.财务会计类专业教学改革研究 [M].北京:知识产权出版社，2016.

[10] 章新蓉，曾林.会计专业教育教学改革研究 [M].成都:西南交通大学

出版社，2011.

[11] 阎达五 . 面向 21 世纪会计学类系列课程及其教学内容改革的研究 [M].
北京：经济科学出版社，2000.

[12] 刘峥 . 会计学原理教学模式改革研究 [M]. 长春：吉林教育出版社，
2020.

[13] 吴脊，闫红，段琼 . 互联网时代会计人才培养的教学改革研究 [M]. 太
原：山西经济出版社，2021.

[14] 罗惠玉，程文莉 . 会计教育教学改革与创新探索 [M]. 北京：经济科学
出版社，2018.

[15] 梁丽媛 . 我国高校会计人才培养与教学研究 [M]. 北京：北京工业大学
出版社，2019.

[16] 郑爱民 . 大数据时代会计人才培养模式的改革与创新 [M]. 长春：吉林
人民出版社，2020.

[17] 孙玲 . 大数据时代职业院校会计人才培养模式的改革与创新 [M]. 北京：
中国纺织出版社，2021.

[18] 张妙凌 . 会计人才培养与实践性教学研究 [M]. 成都：电子科技大学出
版社，2015.

[19] 潘琰 . 应用型本科人才培养的探索与实践——基于财务与会计人才培养
视角 [M]. 厦门：厦门大学出版社，2013.

[20] 李靖 . 大数据背景下应用型人才培养教学模式创新研究——以会计专业
为例 [M]. 长春：吉林大学出版社，2021.

[21] 石道元 . 会计电算化专业人才培养模式与课程体系改革研究与实践
[M]. 重庆：重庆大学出版社，2013.

[22] 张林，王佳 . 卓越会计人才培养模式研究与实践 [M]. 北京：中国财政
经济出版社，2018.

[23] 赵浚 . 数字化管理会计人才培养研究 [M]. 北京：中国商业出版社，
2021.

[24] 缪启军.应用型会计人才培养研究 [M].上海：立信会计出版社，2017.

[25] 章新蓉.大数据＋会计人才培养及教学改革研究 [M].成都：西南财经大学出版社，2018.

[26] 白君贵.吉林高端会计人才培养实践与创新发展 [M].长春：吉林科学技术出版社，2020.

[27] 郑军，张振，周运兰，等.会计教学理论与方法创新研究 [M].北京：经济科学出版社，2012.

[28] 魏萌.OBE 理念下高职管理会计教学改革研究 [J].佳木斯职业学院学报，2023，39（4）：142-144.

[29] 李丽.案例教学法在高职会计教学中的创新性应用 [J].岳阳职业技术学院学报，2023，38（2）：36-39.

[30] 覃娟.微课在中职会计教学中的应用与研究 [J].数据，2023（3）：167-168.

[31] 于远航.基于"大智移云"视角下高校会计教学改革的创新探索 [J].中国新通信，2023，25（2）：179-181.

[32] 陈珊娜.翻转课堂教学模式在中职基础会计教学中的应用策略研究 [J].教师，2022（36）：105-107.

[33] 李秋茹，程可辉.双创背景下高校创新创业教育与管理会计教学融合研究 [J].科教导刊，2022（31）：66-69.

[34] 李雯.工学结合背景下提高中职基础会计教学实效性的有效途径 [J].职业，2022（19）：57-59.

[35] 柴瑞.会计技能竞赛对中职会计教学的影响及对策分析 [J].科技风，2022（27）：10-12.

[36] 杨柳.信息化环境下中职会计教学高效课堂的构建 [J].科学咨询（科技·管理），2022（8）：243-245.

[37] 程心.高校会计教学模式改革与"立体多向互动式"模式构建分析 [J].老字号品牌营销，2022（13）：182-184.

[38] 许炎鑫. 基于"1+X"证书制度的高职会计教学思考 [J]. 营销界，2022（13）：65-67.

[39] 崔琳. 互联网背景下高校会计教学改革策略探析 [J]. 学周刊，2022（19）：3-5.

[40] 程心. 基于应用型人才培养视角的高校会计教学改革探究 [J]. 质量与市场，2022（10）：136-138.

[41] 李玄. 基于应用型人才培养模式的管理会计教学课程改革探索 [J]. 产业与科技论坛，2022，21（9）：222-223.

[42] 张玉静. 现代职业教育背景下会计教学改革创新对策 [J]. 财会学习，2022（11）：145-147.

[43] 和丽芬，张丹，王巧义. 高校会计人才培养目标分层探讨：基于人才培养的供给侧改革 [J]. 中国乡镇企业会计，2021（6）：173-174.

[44] 胡翠，李勇. 基于"精财务·善管理"培养目标的高职会计专业"会计+"人才培养模式研究 [J]. 装备维修技术，2020（2）：359，361.

[45] 石华丽. 职业院校管理会计人才培养目标定位及实现途径研究 [J]. 商讯，2019（27）：35-36.

[46] 卢芳敏. 高职管理会计人才培养目标定位及实现途径研究 [J]. 当代教育实践与教学研究，2019（12）：174-175.

[47] 黄小丽. 中职会计人才培养目标及对策——"报账型"财会人员培养 [J]. 现代职业教育，2017（32）：180-181.

[48] 潘丹青. 会计人才培养与会计教育理论创新与发展——基于应用型人才培养目标的本科院校会计双语教学的探讨 [J]. 财会学习，2016（13）：247-248.

[49] 谭旭红，霍影. 卓越会计人才培养目标定位及实现途径——基于"德、知、行、思"四维度的思考 [J]. 黑龙江高教研究，2015（11）：149-151.

[50] 王彩，金湖江. 会计人才培养目标下的学赛融合路径研究 [J]. 商场现代化，2015（28）：184-185.

[51] 王长莲，林钟高，刘萌.数字化转型背景下会计本科人才培养目标研究 [J].安徽工业大学学报（社会科学版），2021，38（5）：72-76.

[52] 黄筱卉.独立学院应用型人才培养目标下的管理会计教学改革思考 [J].现代商贸工业，2020，41（30）：84-85.

[53] 孙朝霞，王辉.基于能力架构的会计人才培养目标研究 [J].合肥学院学报（社会科学版），2011，28（6）：97-100，119.

[54] 岳璞.构建会计人才培养目标与社会需求标准一致性模式的思考 [J].经济师，2011（4）：127-128.

[55] 周华.浅谈高职高专会计人才培养目标及其途径 [J].中国商界（上半月），2009（6）：39-40.

[56] 黄铁梅.基于会计人才培养目标探讨高职会计实践教学模式改革 [J].价值工程，2009，28（5）：48-50.

[57] 黄晓榕，岳方.高职高专会计人才培养目标定位研究——论小型企业实战型会计的培养 [J].财会通讯（学术版），2007（12）：122-125.